AF330327

GALERIE AMÉRICAINE

DU

MUSÉE D'ETHNOGRAPHIE

DU TROCADÉRO

Choix de Pièces

Archéologiques et Ethnographiques

DÉCRITES ET PUBLIÉES

PAR

Le Dʳ E.-T. HAMY

MEMBRE DE L'INSTITUT, PROFESSEUR AU MUSÉUM D'HISTOIRE NATURELLE,
CONSERVATEUR DU MUSÉE D'ETHNOGRAPHIE,
PRÉSIDENT DE LA SOCIÉTÉ DES AMÉRICANISTES DE PARIS

PARIS
ERNEST LEROUX, ÉDITEUR
28, RUE BONAPARTE, 28

1897

INTRODUCTION

La plupart des photographies qui composent cette collection avaient servi à former un album exposé à Chicago, en 1893, par le Ministère de l'Instruction Publique. L'épreuve-type, tirée au platine, fut offerte par le Gouvernement, après l'Exposition, au Musée National des États-Unis, et il ne resta entre mes mains qu'une série de tirages d'essai, que MM. Berthaud avaient bien voulu m'offrir.

M. le duc de Loubat, dont tous les Américanistes apprécient le zèle éclairé pour l'étude des antiquités du Nouveau-Monde, vit un jour, sur une table de mon laboratoire, ce recueil dont je venais de montrer quelques pages à l'une de mes leçons. Il fut frappé de l'intérêt que présentait cet ensemble de planches où se trouvent rapprochés des spécimens choisis entre les milliers d'objets des deux Amériques que possède le Trocadéro, et, avec le généreux enthousiasme qui le caractérise, il mit aussitôt à ma disposition les moyens nécessaires pour faire tirer le bel album que je présente aujourd'hui aux savants spéciaux.

Cet album se compose de soixante planches in-folio, accompagnées de commentaires explicatifs. Je me suis efforcé d'y faire entrer des reproductions de pièces caractéristiques de *toutes les régions du Nouveau-Monde*, en choisissant les formes les plus accentuées, les décorations les plus typiques. J'ai toutefois donné, dans un certain nombre de cas, la préférence à divers objets remarquables par leur rareté, ou offrant une sorte de *caractère historique*.

C'est ainsi que le lecteur trouvera dès les premières feuilles des figures et des descriptions de *wampums* ou d'autres objets disparus, rassemblés au Canada par les premiers missionnaires, et des représentations de sculptures tout à fait uniques recueillies par nos explorateurs en diverses localités des États-Unis et du Mexique. Telle pièce de l'album lui rappellera le séjour de La Galissonnière à Québec, telle autre évoquera le souvenir du voyage de Du Petit-Thouars; son attention sera aussi tout particulièrement attirée sur l'ornement de tête qu'a porté Guatimozin, la victime résignée de Cortez, ou sur des portraits indigènes des anciens Incas faits au commencement du xviie siècle au Pérou.

J'ai commenté de mon mieux les cent soixante-quatorze figures que contiennent mes soixante planches, en m'aidant de notes personnelles recueillies dans les musées spéciaux au cours de nombreux voyages ou prises dans les grandes publications consacrées depuis Dupaix et Humboldt à l'archéologie des deux Amériques.

J'espère que cette publication, ainsi comprise, répondra au but que poursuit le généreux Mécène américain, auquel elle doit le jour, et que je remercie de nouveau de sa munificence en terminant cette courte introduction.

E.-T. HAMY.

Paris, 4 juillet 1897.

PLANCHE I

Nᵒˢ 1 A 9

WAMPUMS DU CANADA

(XVIIIᵉ SIÈCLE)

Le mot *wampum*, d'origine algonquine, s'applique généralement à toute sorte de perles (*beads*) façonnées avec des coquilles, mais on l'emploie d'une manière plus spéciale pour désigner les petites perles cylindriques, blanches ou violettes, dont sont fabriqués les colliers et les ceintures des anciens Indiens.

Ces cylindres de coquille, que les artisans des villes de l'Est, et surtout ceux d'Albany[1] et d'Hackensak[2], fabriquent à l'aide du tour pour servir de moyen d'échange dans les *reservations*, étaient jadis péniblement polis et percés à la main par les indigènes, dans les valves du *clam* ou *Venus mercenaria*, qui abonde en certains points du rivage de l'Atlantique, entre Long Island et la baie de Chesapeake.

« Ces coquilles ont une épaisseur considérable, dit Peter Klam, et sont surtout blanches, à la réserve de la pointe qui est violette ou pourprée, tant en dehors qu'en dedans[3]. » C'est de cette partie colorée de la coquille que les sauvages font le plus de cas.

« Ils vont, avait écrit longtemps auparavant le Fr. Gabriel Sagard, ils vont à la traite en de certaines Nations, d'où ils rapportent de grosses coquilles de limaçons de mer, qu'ils rompent par petits morceaux, et les polissent sur vn grais ou autre pierre dure, fort industrieusement les vnes en quarré gros comme vne noix, et les autres vn peu en rondeur gros comme vn pois chiche et plus, qu'ils percent auec ie ne sçay quel instrument, auec grand peine et trauail pour la dureté de ces os desquels ils font les chaînes et brasselets[4]. »

Ces chaînes étaient diversement disposées, ajoute le même voyageur, « les vnes en colliers larges de trois ou quatre doigts, comme vne sangle de cheval qui en auroit ses fisselles toutes enfilées ou accommodées, et ces colliers ont environ trois pieds et demy de tour ou plus, qu'elles mettent en quantité à leur col selon leur moyen et richesse, puis d'autres enfilées comme nos chaînes et chapelets de diverses longueurs pour pendre de mesme à leur col et aussi à leurs oreilles. » Champlain a vu ainsi « en des dances » au Canada « telle fille qui auoit plus de douze liures de pourceline sans les autres bagatelles, dont elles sont chargées et attourées[5]. »

« Elles en font encores d'autres, continue Sagard, de vignols gros comme noix assez mal arondis (à cause de leur dureté) qu'elles attachent sur les deux hanches, et viennent par deuant arrangées de haut en bas par dessus leurs cuisses et brayes. Il y en a de celles qui portent encores des brasselets de pourceleine aux bras, et de grandes plaques accommodées de mesme par devant leur estomach, et d'autres par derriere en rond et en quarré comme vne carde à carder la laine[6]. »

La planche I de notre album montre, en bas et au milieu du panneau, trois de ces chaînes ou colliers, l'un à droite composé de fragments de coquilles blanches, grossièrement arrondies, et dont le plus volumineux atteint 0ᵐ,014 de diamètre. Les deux autres sont des wampums plus fins ; les grains violets dominent dans celui du milieu, ils alternent avec des grains blancs dans celui de gauche, qui est orné, en outre, de petits pendentifs soigneusement polis et découpés en forme de poissons.

Les six autres pièces de notre planche, façonnées en manchettes, en ceintures, en scapulaires, appartiennent à la catégorie beaucoup plus intéressante des wampums *mnémoniques*. Les enfilages de perles perforées, disposés en séries parallèles solidement assujetties, forment des bandeaux sur le fond desquels se détachent en blanc sur violet, en violet sur blanc, des dessins géométriques, des figures animées et des inscriptions. La paire de manchettes est ornée d'un double escalier et d'une bordure de perles blanches, le bandeau du bas, le plus long de tous et le plus étroit (il n'a que huit rangs de largeur), porte une sorte de grecque interrompue à jambages obliques.

Un second bandeau, le plus large des quatre (il a dix-sept rangs et compte environ 3,750 grains), représente en blanc les silhouettes de quatre Indiens tirant de l'arc alternativement à droite, puis à gauche. J'ai montré ailleurs qu'ils symbolisent les Quatre Nations des Hurons[7].

Un troisième, en forme de scapulaire, qui paraît avoir fait jadis avec les deux manchettes une parure du plus grand luxe, porte de chacun des côtés de la fente où passait la tête, trois petits carrés. L'une des pointes est ornée de deux croix; l'autre en porte trois.

Chacune de ces figures avait sa signification particulière : un orateur qui prenait la parole dans une assemblée solennelle, ne manquait jamais en effet d'assurer son discours à l'aide d'un wampum approprié, et l'on voit ces bandeaux mnémoniques intervenir dans les premières relations avec les Canadiens.

---

1. P. Klam, *Travels into North America*, translat. into English by J. R. Forster. London, 1771, in-8°, vol. II, p. 261 ; vol. III, p. 179.

2. William H. Holmes. *Art in Shell of the Ancient Americans* (Second Annual Report of the Bureau of Ethnology, 1880-81, p. 238, etc.).

3. P. Klam, *ed. cit.*, vol. I, p. 243.

4. Fr. Gabriel Sagard, *Histoire du Canada et Voyages que les frères Mineurs Récollets y ont faicts pour la conversion des Infidelles*. Paris, 1636, in-8°, p. 267. — Le frère Sagard était mal renseigné quand il faisait de la coquille à wampums, un *limaçon*, un *vignol*, une *pourcelaine*. Cette coquille, appelée alors au Canada *onocoirota* (Sagard, p. 375), est le *hard-shell clam*, la *Venus mercenaria*.

5. *Voyages et descouvertures faites en la Nouvelle France depuis lannée 1615 jusques à la fin de lannée 1618*, par le sieur de Champlain, cappitaine ordinaire pour le Roy en la mer du Ponant. Paris, 1619, in-12, f° 87 r°.

6. Fr. Gabriel Sagard, *op. cit.*, p. 372.

7. E.-T. Hamy, *Note sur un wampum représentant les Quatre Nations des Hurons* (Journ. de la Soc. des Américanistes de Paris, 1896).

« On ne sauroit faire aucune affaire, disait Lahontan, ni entrer en négociations avec les sauvages de Canada, sans l'entremise de ces coliers qui servent de contracts et d'obligations parmi eux, l'usage de l'écriture leur étant inconnu[1]. »

« Lorsqu'on tient conseil, écrit Long, on les distribue avec les discours, toujours proportionnés dans leur grandeur et dans le nombre des rangs de *wampums*, à l'idée que se font les Indiens de l'importance de l'entrevue... Ceux donnés à Sir William Johnson, d'immortelle mémoire parmi les Indiens, étoient à plusieurs rangs, noirs de chaque côté et blancs dans le milieu. Ce blanc, placé au centre, exprimoit la paix et signifioit que le *chemin au milieu d'eux étoit beau et ouvert*. Dans le milieu du collier même étoit la forme d'un diamant, faite de wampum blanc. Les Indiens l'appellent le *feu du Conseil*.

« Lorsque Sir William Johnson fit un traité avec ces sauvages, il prit le collier par un bout tandis que le chef des Indiens tenoit l'autre : si le chef avoit à parler, il remuoit le doigt le long de la raie blanche. Sir William avoit-il à lui communiquer quelque chose ? il touchoit le diamant placé au milieu[2]. »

Ces colliers sont aussi des fastes ou des archives. « Chaque nation sçait ses guerres, ses pertes, ses avantages, dit Cavelier de la Salle[3], et ils en conservent la mémoire sans escriture par deux moyens : l'un est de faire de certains colliers avec quelques marques pour désigner ce qui est arrivé de plus considérable durant un certain temps. Ils enferment ces colliers, qui leur servent de registres, dans un coffre. L'autre est de députer tous les ans les uns vers les autres les plus anciens de chaque canton pour réciter cette histoire en présence du canton assemblé et de la vérifier par les colliers, dont la jeunesse apprend la signification pour l'enseigner à ceux qui les doivent suivre et conserver ainsi de génération en génération la mémoire des événements les plus considérables. »

Chez les Onondagas, l'une des nations iroquoises, il y avait, suivant Morgan, un *conservateur* héréditaire des wampums, et une collection de douze de ces bandeaux existe encore, parmi les derniers survivants de la tribu, dans l'État de New-York. Le Rev. W. M. Beauchamp les a décrits en 1879[4] et M. Holmes en a donné en 1883 d'excellentes figures[5]. Ils présentent de grandes analogies avec une partie des nôtres, qui proviennent des Hurons, voisins et ennemis des Iroquois ; ces derniers wampums se trouvaient dans une des collections privées confisquées au moment de l'application des décrets contre les Émigrés.

La neuvième et dernière pièce de notre planche I est d'une origine très différente. C'est, en effet, un bandeau de douze rangées, où on lit, tracée en perles violettes sur fond de perles blanches, l'inscription :

VIRGINI · IMMAC · HVR · D · D
Virgini Immac[ulatæ] Hur[ones] d[ono] d[ederunt].

C'est une des précieuses offrandes que, à l'instigation des missionnaires jésuites, les Hurons convertis envoyaient dès le milieu du xviiᵉ siècle à des sanctuaires renommés. Une de ces bandes, portant l'inscription en lettres noires sur fond blanc,

AVE MARIA GRATIA PLENA

fut ainsi donnée par les congréganistes du P. Chaumonot à la chapelle de la Vierge de la maison professe des Jésuites de Paris[6]. Un collier, avec ces mots :

BEATA QVAE CREDIDISTI

fut fabriqué de même pour Notre-Dame de Foy, près Dinant. Puis ce fut un autre grand collier, avec la formule :

ECCE ANCILLA DOMINI, FIAT MIHI SECVNDVM VERBVM TVVM

qui partit pour Lorette, où il fut reçu le 17 juillet 1674.

On peut voir, enfin, dans la crypte de Notre-Dame de Chartres, vis-à-vis l'autel de la chapelle des Saints-Savinien et Potentien, un collier de 1ᵐ,445 de long sur 0ᵐ,07 de large, portant en lettres foncées sur fond clair, de 0ᵐ,045, la dédicace :

VIRGINI PARITVRÆ VOTVM HVRONVM

et un autre collier, encore plus long (2ᵐ,18) et plus large (0ᵐ,15), dont les lettres, hautes de 0ᵐ,10, blanches sur un fond violacé, forment l'inscription :

VIRGINI MATRI ABNAQVÆI D · D ·

Ces deux derniers *ex-voto*, tout semblables à celui du Musée d'ethnographie du Trocadéro, ont été présentés au célèbre sanctuaire chartrain en 1678 et en 1695, avec des vœux et remerciments écrits en langue huronne et traduits en latin. On a plusieurs fois publié ces curieux documents, dont les originaux sont conservés aux Archives d'Eure-et-Loir[7].

---

1. *Nouveaux voyages de M. le baron de Lahontan dans l'Amérique septentrionale*. La Haye, 1703, in-12, t. I, p. 48.
2. J. Long, *Voyages chez différentes nations sauvages de l'Amérique septentrionale*, trad. fr. Paris, an II, in-8°, p. 90-92.
3. Cf. P. Margry, *Découvertes et établissements des Français dans l'ouest et dans le sud de l'Amérique septentrionale*, t. I, p. 226-227. Paris, 1879, in-8°.
4. W. H. Beauchamp, *Wampum Belts of the Six Nations* (*The American Antiquarian*, vol. II, p. 228-230, 1879) — Cf. *Smithson. Rep.*, 1879, p. 389-390, fig.
5. W. H. Holmes, *op. cit.*, pl. XXXVIII-XLIII. — On voit dans la planche 8 du tome VI du *Zeitschrift für Ethnologie* la reproduction d'une photographie de M. Horatio Hale, représentant les Anciens des Six Nations déchiffrant leurs wampums, que l'on pourra comparer avec une vieille planche de Lafitau représentant une scène analogue.
6. Cf. *Un missionnaire des Hurons. Autobiographie du R. P. Chaumonot, de la Compagnie de Jésus...*, par le R. P. E. Martin. Paris, 1885, in-12, p. 119-120, 178-179, 193.
7. Doublet de Boisthibaut, *Les vœux des Hurons et des Abnaquis à Notre-Dame de Chartres*. Chartres, 1857, 1 vol. in-12. — L. Merlet, *Histoire des relations des Hurons et des Abnaquis du Canada avec Notre-Dame de Chartres*. Chartres, 1858, 1 vol. in-8°.

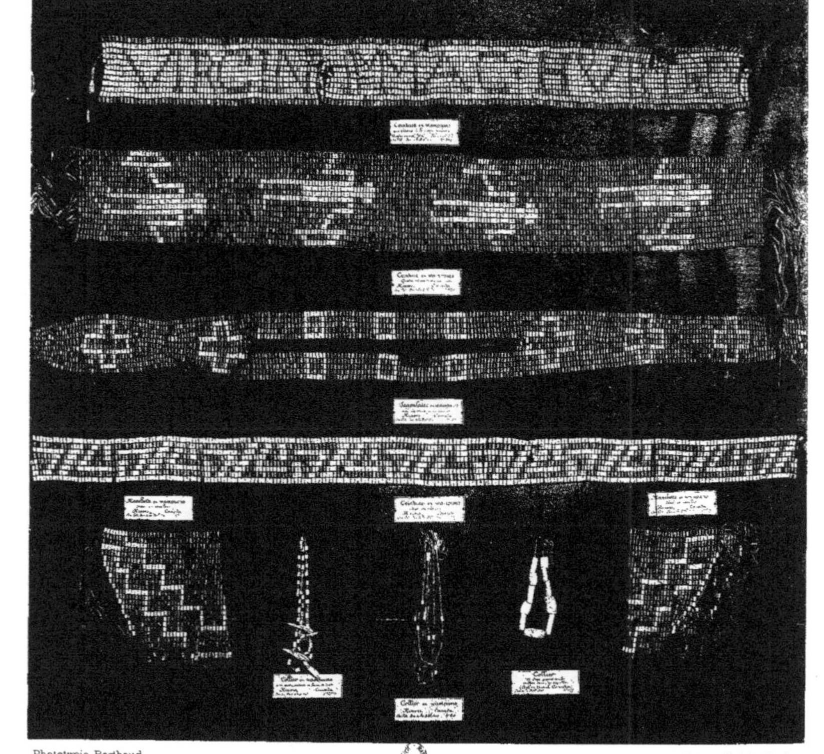

WAMPUMS DES HURONS.

CANADA, XVIIe siècle.

PLANCHE II

PANIERS EN ÉCORCE DE BOULEAU

(CANADA, XVIIᵉ SIÈCLE)

Il est déjà question, dans le frère Gabriel Sagard cité plus haut, des paniers en « escorces de bouleaux » fabriqués par les femmes Huronnes (1636) [1]. Ces paniers ou valises, destinés à renfermer les objets de prix, tels que les *wampums*, dont il vient d'être question, les ornements de plumes d'aigles, etc., avaient à peu près les proportions de nos petites caisses d'emballage. J'en ai fait photographier, dans la planche II, deux spécimens de structure assez différente.

Le premier de ces paniers (n° 200 du catalogue du Musée), d'un type plus primitif, est représenté en haut de la planche (n° 10); il mesure 0ᵐ,46 de long, 0ᵐ,32 de large et 0ᵐ,19 de haut. Ce panier est fabriqué d'un seul morceau d'écorce de bouleau (*Betula papyracea* Ait. Paper or Canoe Birch), fendu aux quatre angles, et relevé pour former les quatre côtés. Les grands côtés débordent dans les angles sur les petits auxquels ils sont fixés par des points de couture faits avec une sorte d'osier fort résistant.

Le bord de la boîte ainsi délimitée est consolidé par une bande de bois mince, de 0ᵐ,007 d'épaisseur sur 0ᵐ,17 de largeur, repliée trois fois après avoir été entaillée en V et entièrement enveloppée d'osier enroulé.

Le couvercle, coupé dans un morceau d'écorce, a la marge consolidée en dedans par une petite planchette de 0ᵐ,004 d'épaisseur et de 0ᵐ,022 de largeur, garnie d'osier comme les bords de la boîte. Ce couvercle s'articule à l'aide de deux lanières de cuir formant charnières; une troisième lanière semblable servait à fermer le panier en avant. Le couvercle et trois des côtés du panier sont ornés d'un décor en couleur, fort remarquable. On y reconnaît, en effet, au milieu de figures purement géométriques, une ornementation curieusement empruntée à la *fleur de lys* des armes de France; ce qui porte à croire que cette boîte, qui a d'ailleurs exigé un long travail et représentait par conséquent aux yeux des indigènes une valeur considérable, a été destinée à contenir quelque précieux envoi des Quatre Nations au roi Louis XIV, ou tout au moins à l'un de ses représentants à Québec.

L'esquisse de ce décor a été tracée à l'aide d'une pointe fine [2], et, le long de chaque trait, on a successivement percé l'écorce de petits trous dans lesquels on a introduit les extrémités des étroites bandelettes brillantes aux teintes vives qui couvrent toute la surface.

Cette matière décorative, qui ressemble au premier abord à de la paille colorée, n'est autre que le piquant d'un porc-épic d'un genre particulier, répandu dans tous les États-Unis, sans être bien commun nulle part, celui que Buffon appelait l'*urson* et qui est désigné dans la nomenclature actuelle sous les noms d'*Erethizon dorsatus* (Fr. Cuv.), *white-haired porcupine*. C'est un animal sensiblement plus petit que le porc-épic de l'Europe méridionale (*Hystrix cristata*) et dont les piquants sont à la fois bien plus courts, bien plus étroits et bien moins rigides. Les plus grands de ces piquants, cachés le long de la croupe, dans de longs poils rudes d'un brun rougeâtre, n'atteignent pas, en effet, 0ᵐ,10; ils sont d'ailleurs entièrement creux et cèdent aisément à la pression de l'ongle. Mais la pointe très acérée forme une aiguille solide et résistante.

---

1. Fr. G. Sagard, *op. cit.*, p. 277.
2. Le quatrième côté de notre boîte montre ce tracé à la pointe, dont il est seulement décoré.

C'est à l'aide de cette pointe que les femmes indiennes arrivaient à exécuter les ornements polychromes dont nous admirons encore les patientes complications. Tantôt, comme dans le décor que nous décrivons, la pointe une fois entrée dans le premier trou, on coupait le piquant à la longueur voulue pour en rabattre l'extrémité tronquée dans le trou correspondant, mais sans traverser complètement l'écorce[1] ; tantôt, sur les bords garnis d'osier de notre boîte et de son couvercle, on faisait chevaucher le piquant, choisi le plus gros possible, à travers les brins d'osier, comme dans la trame d'une étoffe; tantôt encore, on tournait le piquant très fin autour d'un fil de tendon de daim ; tantôt enfin, sur certaines robes de peau, sur certains mocassins l'ornementation était obtenue en passant alternativement de fins piquants bien aplatis, entre deux fils de tendons, maintenus parallèles : on allait de l'un à l'autre, tantôt dessus et tantôt dessous, de manière à former des V superposés.

Le deuxième panier (n° 201 du Catalogue), dont on voit le dessus au bas de la planche II (n° 11), long de 0ᵐ,40, large de 0ᵐ,32 et haut de 0ᵐ,15, est d'une structure un peu plus compliquée, mais son décor a été exécuté par les mêmes procédés que le premier. Les couleurs sont aussi les mêmes : blanc, jaune, brun rouge, orange et vert[2]. Le fond et le couvercle seuls sont en écorce de bouleau : les côtés sont formés d'une planchette en sapin de 0ᵐ,125 de haut sur 0ᵐ,08 d'épaisseur, entaillée en V aux angles, repliée trois fois et enfin fixée à l'aide de quatre petites chevilles de bois. Les côtés sont en outre renforcés extérieurement par deux autres planchettes minces, de 0ᵐ,045 seulement sur 0ᵐ,003, repliées aux angles et venant se rejoindre sur l'une des faces. Elles sont entourées, comme sur l'autre boîte, d'osier contourné et fixées au corps du panier par des points de suture aussi d'osier. Le décor en porc-épic aplati chevauche à travers cette sorte de trame, sous laquelle on voit engagées les pointes des piquants.

Le couvercle, bordé de planchettes de 0ᵐ,044 sur 0ᵐ,002, est construit comme la boîte et décoré de même.

Ces paniers ne sont pas les seuls objets anciens en écorce venus de la Nouvelle-France au Musée d'Ethnographie. Nos collections possèdent encore une boîte ronde (n° 14725), un sac (n° 16714), un petit plateau (n° 598), un petit seau (n° 603) en bouleau. Sur ce dernier le décor en piquants de porc-épic *traverse entièrement* l'écorce en couture oblique. Il en est de même des bandes et des rosaces qui ornent un modèle de petit canot (n° 596).

Un grand canot, plus moderne, qui vient du Prince de Joinville, mesure 4ᵐ,55 sur 1ᵐ,05 de largeur maxima et 0ᵐ,45 de profondeur. Il est entièrement en écorce, doublé intérieurement d'autres pièces de la même matière placées dans un autre sens. L'écorce est consolidée par quarante-quatre barres cintrées en bois de cèdre, et l'écartement est obtenu par cinq traverses. Les bordages sont entourés d'osier et les joints, cousus aussi avec de l'osier, sont bouchés avec de la résine. Les extrémités recourbées se rejoignent en flèche, dépassant quelque peu le niveau du bordage[3].

---

1. On devait faire tout ce patient travail sur l'écorce fraîche, qui en se séchant se resserrait autour des piquants et en assurait l'adhérence.

2. Il y a toutefois un peu de bleu dans le premier. Suivant Peter Kalm, la couleur jaune serait tirée des tiges et des feuilles de la *Tissavoyane jaune, Helleborus trifolius* (P. Kalm, *trad. cit.*, vol. III, p. 161). D'après le prince Maximilien de Wied-Neuwied, les Indiens se seraient servis d' « une espèce de mousse jaune citron qui croît sur les arbres ». Le rouge, qui est si vif et tient de telle sorte qu'il *fait honte à l'escarlate* (Gabr. Sagard, *op. cit.*, p. 372), viendrait d'une racine. Les autres couleurs étaient tirées de « matières que fournissoient les Blancs » (Max. de Wied-Neuwied, *op. cit.*, t. II, p. 205). Le commerce français importait notamment dès le milieu du xviiiᵉ siècle de notables quantités de vermillon et de vert-de-gris (Peter Kalm, *éd. cit.*, vol. III, p. 272-273).

3. Les Algonquins étaient particulièrement réputés pour leur habileté de constructeurs de barques. « Il n'y a que les peuples qui parlent algonquin qui bastissent bien ces canots », écrivait en 1670 l'abbé de Gallinée, « je n'ay rien trouvé icy de plus beau et de plus commode » (*Relation de ce qui s'est passé de plus remarquable dans le voyage de MM. Dollier et de Gallinée* (1669-1670) (cf. P. Margry, *Découvertes et établissements des Français dans l'ouest et dans le sud de l'Amérique septentrionale*, t. I, p. 118. Paris, 1879, in-8°) On trouvera de longs détails sur la fabrication des canots d'écorce dans les voyages déjà cités de Peter Kalm (vol. II, pp. 298 et suiv.).

10

11

PANIERS EN ÉCORCE DE BOULEAU.

Canada, XVIIe siècle.

PLANCHE III

N° 12 à 17

ANCIENS SACS A PÉTUN

(Canada, xviiie siècle)

Le Frère Gabriel Sagard, parlant des travaux exécutés par les femmes huronnes, ajoute qu'elles fabriquent aussi « comme une espèce de gibecière de cuir ou *sac à pétun*, sur lesquels elles font des ouvrages dignes d'admiration, avec du poil de porc épic coloré et teint en rouge cramoisy, noir, blanc, et bleu, qui sont les couleurs qu'elles font si vives, que les nostres ne semblent pas en approcher »[1]. *Pétun* est le terme employé en français depuis le xvie siècle pour désigner le tabac[2]. Les Indiens des Prairies ont toujours été de grands fumeurs[3], et il n'y a pas lieu de s'étonner que le sac à pétun ait conservé une place importante parmi les articles de fabrication de leurs *squaws*.

Des six sacs à pétun, du xviiie siècle, que nous avons groupés[4] sur la planche III, cinq (n°s 12 à 15 et 17) sont largement bordés d'un décor, exécuté ainsi avec des piquants appliqués sur une sorte de frange en minces lanières de cuir.

Tous ces sacs à pétun étaient faits avec de la peau de cerf ou de daim préparée suivant une méthode fort primitive, qui donnait cependant, malgré sa rudesse, des résultats assez satisfaisants[5].

On commençait par immerger la pièce à préparer pendant quelques jours sous une couche d'eau et de cendres, jusqu'à ce que le poil se détachât; puis on la *passait* sur un châssis ou sur le sol, après l'avoir tendue avec des piquets plantés le long des bords. Elle restait ainsi exposée plusieurs jours au contact de cervelles broyées de buffalo ou d'élan. On finissait par la *grainer* à l'aide d'instruments spéciaux. L'un de ces outils, qui portait en Dakota le nom de *weubaja*, était fait d'un gros manche d'os de bison, coupé de façon à se terminer par un coude à angle droit et armé à l'extrémité ainsi courbée d'un petit ciseau en fer; l'autre, le *webajebe*, était fabriqué d'une portion de canon du même ruminant, encore adhérent aux os du pied et dont l'extrémité, taillée en biseau, était denticulée[6]. Les femmes enlevaient avec ces deux grattoirs les aponévroses, les chairs et la graisse demeurées adhérentes.

---

1. Fr. G. Sagard, *op. cit.*, p. 227. — Par le mot *poil* le voyageur indique certainement ici le *piquant* de l'*Erethizon dorsatus*.

2. Cohory a publié dès 1572 un petit volume intitulé : *Instruction sur l'herbe* petum *dite en France* l'herbe de la Royne *ou* Medicée, *etc.* Paris, Galiot du Pré, 1 vol. in-12.

3. Les pipes ne leur sortent point de la bouche, écrit Gallinée, pendant tout le temps du Conseil, et disent que les bonnes pensées viennent en fumant. (Cf. P. Margry, *op. cit.*, t. I, p. 129.) — C'est sur cette passion favorite des Indiens que spéculait le Jésuite, dont parle La Salle, qui inventa cette « confrairie meslec de chevalerie, qu'il nomma la *confrairie du Calumet*... « il les fit... assembler et, les ayant preschez, il leur fit voir des colliers qu'il avoit préparez pour mettre au col de ceux qui voudroient enroller dans sa confrairie, leur faisant entendre que ce collier les distingueroit et leur serviroit de lettres de noblesse à la Françoise, et il avoit attaché à chaque collier, pour médaille, un louis d'or. Il y en eut beaucoup qui s'enrollèrent et la cérémonie fut de leur donner à chacun une pipe bénite et du tabac bénit. Ils fumèrent, s'estant mis en rond dans le milieu de l'assemblée et je ne sçais si le Jésuite ne fuma pas aussi. Quoy qu'il en soit, les Sauvages estant entrez en quelque deffiance des prerogatives du collier, apres s'en estre parez quelque temps dans leurs villages, s'en informèrent à quelques François qui leur dirent ce que c'estoit, et depuis ce temps là les Sauvages n'en ont fait non plus de cas que d'un louis d'or » (P. Margry, *op. cit.*, t. I, p. 375-376).

4. L'echelle de cette planche est de 1/3.

5. G. Catlin, *Letters and Notes*, etc., vol. I, p. 45. — Cf. Otis T. Mason, *Aboriginal Skin Dressing. A Study based upon Material in the U. S. National Museum* (Report of the Nat. Mus., 1888-89, p. 553-589, pl. LXI-XCIII).

6. Cf. E.-T. Hamy, *Les Omahas du Jardin d'Acclimatation* (*Revue d'Ethnogr.*, t. II, p. 528, et fig. 181-183, 1883). — On peut voir ces instruments au Musée d'ethnographie du Trocadéro.

Le plus souvent il s'ajoutait une dernière opération aux précédentes, qui augmentait la valeur de la peau, en la rendant beaucoup plus maniable. On la *fumait*, en la roulant en cône, au-dessus d'un foyer de bois pourri, ce qui la rendait plus douce et plus souple.

Il restait à la décorer : c'était une opération minutieuse et compliquée. Les traits étaient dessinés en creux à chaud, sans doute aussi avec des os de formes appropriées, qui produisaient des dépressions tantôt plus étroites et tantôt plus larges, ayant même parfois l'apparence d'un véritable *gaufrage*.

Le décor des sacs à pétun de la planche III, en particulier, représente le plus souvent des formes géométriques, rosaces simple ou double avec plaques centrales ornées d'une sorte de croix et d'où émanent en divers sens des lignes plus ou moins ornementées. Une seule de ces poches (n° 16) est couverte de triangles avec figure inscrite subtriangulaire, et d'ellipsoïdes coupés de bandes transversales. La bordure de cette dernière pièce est en forme de dents de loup tailladées sur les bords et ornées aussi de triangles. Tous les autres sacs sont garnis d'une sorte de lacis léger recouvert de piquants d'*Erethizon* blancs, jaunes, orangés, rouges ou noirs, qui dessinent soit des silhouettes humaines, soit encore des triangles ou des lignes de créneaux.

Les filets marginaux sont bordés dans les angles et le long du bord inférieur de franges aussi couvertes de piquants repliés et qui se terminent par des passants coniques en cuivre jaune[1].

L'entrée de presque tous ces sacs est à coulisse et munie d'un cordon, qui chevauche dans des trous percés autour de l'orifice. Un seul spécimen (n° 15) a son ouverture fermée en manière de portefeuille par un repli de peau découpée.

On peut voir dans la planche XVI du second volume du grand ouvrage de Schoolcraft les figures de plusieurs sacs à pétun analogues à ceux dont il est ici question.

Quatre des pièces, au moins, de notre planche III faisaient partie jadis de la collection ethnographique du Jardin du Roi. Elles sont ainsi décrites dans le catalogue du 3 thermidor an V[2] :

« 19. Quatre petits sacs à l'usage des mêmes peuples (Canadiens). Ils les portent au col et y mettent tous les petits meubles à leur usage, tabac, pipes, etc. »

Les deux autres semblent provenir d'un lot assez important d'anciens objets canadiens, confisqués chez les d'Esclignac, en vertu de l'application de la loi sur les émigrés.

---

1. Ils sont aussi quelquefois en fer-blanc, mais jamais on n'en trouve en plomb, comme l'a imprimé Wied-Neuwied (t. I, p. 373).

2. *Catalogue des Objets enlevés au Muséum d'Histoire naturelle pour le Muséum des Antiques de la Bibliothèque nationale, le 3 thermidor an V* (21 juillet 1796) (E.-T. Hamy, *Les origines du Musée d'ethnographie*. Paris. 1890, 1 vol. in-8, p. 81-82).

SACS A PÉTUN.

Canada, XVIIIᵉ siècle.

ROBE BIOGRAPHIQUE

EN PEAU DE BISON

D'UN GUERRIER DAKOTA

Les peaux de cerfs ou de daims, passées et fumées ainsi que je viens de le dire, servaient aux squaws indiennes à fabriquer un grand nombre d'objets usuels, sacs à pétun, pochettes, culottes, chemises, blouses ou tuniques en usage chez les deux sexes. Mais, pour les grandes robes de chefs, on recourait de préférence au cuir d'un jeune mâle de *buffalo* (*Bison americanus*).

La préparation en était quelque peu différente, car il fallait que la robe gardât en dedans sa fourrure. On se bornait donc à nettoyer, avec les instruments décrits plus haut, la face interne de la peau, que l'on fumait ensuite pour l'assouplir, ainsi qu'il a été dit.

On procédait enfin au décor de la robe qui s'obtenait par la pression d'un outil chauffé, traçant sur la peau un sillon superficiel noirci du même coup par un commencement de carbonisation. Les surfaces noires s'obtenaient de même par une brûlure superficielle; les surfaces rouges, jaunes, vertes, etc., étaient produites à l'aide du frottement.

Les figures ainsi obtenues étaient extrêmement variées. Il y avait en effet des robes simplement ornées dont les dessins avaient un caractère religieux; comme celles que M. James Owen Dorsey a données dans sa curieuse étude sur le culte des Sioux[1]. Il y en avait d'autres, plus compliquées (M. Garrick Mallery en a longuement parlé dans ses recherches sur la pictographie indienne), qui remplissaient le rôle de calendriers (*winter counts*)[2].

Mais le plus grand nombre étaient exclusivement destinées à conserver le souvenir des aventures guerrières de leurs propriétaires. C'étaient, à proprement parler, des robes *biographiques*. Les unes *illustraient* la carrière entière d'un chef, les autres rappelaient isolément quelque événement ayant marqué d'une manière plus importante dans sa vie.

La peau que j'ai fait représenter, à l'échelle de 7/10 environ dans ma planche IV (nᵒ 18), a certainement pour objet de célébrer dans ses six rangées de figures les exploits d'un personnage extrêmement belliqueux, dont j'ai peut-être retrouvé les noms et les qualités, mais dont je ne parviens pas à démêler la biographie compliquée.

Les ennemis tués ou faits esclaves, les chevaux pris, les femmes enlevées signalent les divers épisodes d'une carrière terriblement active. Comme dans tous les monuments de ce genre, les routes suivies par le redoutable guerrier sont figurées, tantôt par les traces que ses pas ont laissées sur le sol et tantôt par les empreintes des sabots de son cheval.

En haut et à droite du tableau[3] d'innombrables lignes de fers de chevaux semblent signaler un grand village indien : vers le centre on voit l'image symbolique d'un wigwam, autour duquel gisent sur le sol des têtes d'hommes coupées et la tête d'un cheval. Une piste nous conduit vers la gauche à une scène où notre guerrier, reconnaissable à son bouclier garni de plumes, mi-partie vert et rouge, tient un cheval par la bride, tandis qu'un ennemi râle, frappé à la tête d'un coup de sabre. Le signe de la mort qui marque les nombreuses victimes de ce héros de la Prairie est bien parfois la javeline, parfois encore le fusil, mais le plus souvent, c'est le sabre, un sabre européen dont la garde d'une forme spéciale nous reporte vers 1830. Or ce sabre caractéristique, dont le dessin revient six fois sur la peau peinte du Trocadéro, est l'arme favorite dont, seuls entre tous les chefs indiens représentés en 1838 dans le grand album de Mac Kenney[4], se servaient deux

---

1. J. O. Dorsey, *A Study of Siouan Cults* (*Eleventh Annual Report of the Bureau of Ethnology*, 1889 90. Washington, Governm. Print. Off., 1894, in-4ᵒ, p. 395, 397, 398, 403, 406, 409.

2. Garrick Mallery, *On the pictographs of the North American Indians* (*Fourth Annual Report of the Bureau of Ethnology*, 1882-83, Washington, Governm. Print. Off., 1886, pl. VIII et p. 89-146). — Cf. *A Calendar of the Dakota Nation* (*Bull. of the U. S. Geogr. and Geol. Surv.*, April 1877).

3. On retrouve quelque chose d'analogue en bas et à gauche de la peau.

4. Thomas L. Mᶜ Kenney, *History of the Indian Tribes of North America, with biographical Sketches and Anecdotes of the principal Chiefs*, Philadelphia, 1838, in-fᵒ, vol. I, *in fine*.

redoutables guerriers Sioux Yanktons, Mon-Ka-Ush-Ka, *The trembling earth*, *La terre qui tremble*, et To-Ka-Con, *The that inflict the first wound*, *Celui qui porte la première blessure*.

L'un et l'autre avaient reçu cette arme du Gouvernement américain : le premier avait mérité cette marque d'honneur en exposant généreusement sa vie pour venger la mort d'un Blanc traîtreusement assassiné par un Yankton ; le second a maintenu dans sa tribu l'ordre et la discipline pendant de longues années, à titre de chef d'une sorte de police indienne.

L'un et l'autre ont été d'ailleurs de vaillants guerriers et les exploits racontés par la peau pourraient leur être également attribués. Je suis porté toutefois à préférer, dans ma détermination, Mon-Ka-Ush-Ka à To-Ka-Con, parce qu'il a été un des délégués des Sioux à Washington en 1837, qu'il est mort de maladie la même année à Baltimore, et que, par suite, il est bien plus aisé de s'expliquer comment sa robe de parade a pu parvenir en Europe.

Quoi qu'il en soit, le guerrier dont notre peau peinte raconte les hauts faits, se montre successivement sous des aspects assez divers, et porte notamment diverses armoiries où dominent toutefois les deux couleurs, déjà associées plus haut, le rouge et le vert. En outre, à plusieurs reprises, son bouclier nous montre des totems inexpliqués, souvent confus, parmi lesquels nous croyons reconnaître un serpent, une figure solaire, etc. Une fois, et cette indication est bonne à relever en passant, notre personnage a la tête entourée d'un large éventail de plumes rayonnantes, qui n'était guère usité que chez les Sioux ou Dakotas, et quelques tribus de Pawnies. Son tomahawk, qu'il porte à la main dans cette curieuse petite figure, est orné d'un pendentif de plumes et une touffe de scalps est suspendue à la bride de son coursier, lancé au galop sur un adversaire qui vient d'être frappé en pleine poitrine.

Les ennemis pourchassés victorieusement par notre grand chef sont d'origines fort diverses. J'en vois qui ont les cheveux longs, et d'autres qui les portent courts ; il en est un qui est tout quadrillé comme l'Arikara d'un *Winter Count* de Battiste Good[1] ; un autre dont le bouclier porte peut-être la figure d'un bison, animal emblématique de plusieurs tribus des Prairies.[2]

Ces six rangées de petits personnages, nettement mais sommairement tracés[3] suivant les procédés et les types en usage chez les Nations des Prairies, sont également distribuées, trois au-dessus, trois au-dessous d'une longue bande de broderie en *Erethizon*, exécutée entre deux lignes de fils en passant de dessous en dessus. Quatre petits médaillons brodés aussi de piquants disposés en cercles concentriques ont été appliquées après l'achèvement de la robe à des distances égales le long de cette bande médiane.

Cette ornementation complémentaire se rencontrait fréquemment autrefois chez les Pawnies et chez les Dakotas et notamment dans les tribus des Arikaras, des Assiniboins, des Crows, des Mandans, des Minnetaries, etc. Catlin, Wied-Neuwied et quelques autres ont figuré des spécimens qui rappellent d'ailleurs plus ou moins exactement par tous leurs autres caractères la pièce du Musée du Trocadéro.

J'allais oublier de dire que cette dernière m'a été offerte par le capitaine Chaplain-Duparc, qui l'avait rapportée du Havre, et ne possédait aucun renseignement sur sa provenance.

Quoique ces peaux peintes soient devenues fort rares, la tradition de leur fabrication n'est pas complètement oubliée. On a même pu voir encore à Paris, il y a environ onze ans, une superbe robe, toute neuve, qui venait d'être exécutée chez les Pieds Noirs, et que Mgr Martin Merry apportait au pape Léon XIII, de la part du célèbre chef Sitting-Bull.

Cette robe, monument de la conversion du fameux guerrier au christianisme, était disposée un peu différemment de celles dont il vient d'être fait mention. On y distinguait, en effet, trois bandes ou enceintes concentriques entourant un sujet central. « La bande extérieure, écrit M. de Sémallé, nous montre Sitting-Bull, armé généralement d'une lance, détruisant ses ennemis, prenant des chevaux, etc. La seconde bande ou enceinte représente les squaws debout par groupes. Dans la troisième sont accroupis les guerriers du conseil. Enfin au milieu on voit l'évêque debout, et à sa droite Sitting-Bull incliné lui présentant le calumet. Les sorciers se sauvent, effrayés par la présence de la Robe Noire, et emportent avec eux les engins de leurs sorcelleries[4]. »

---

1. Cf. Garrick Mallery, *op. cit.*, fig. 69.

2. On remarquera encore un personnage qui porte en travers une peau préparée et un weubaja, comme s'il accompagnait le chef dans les batailles pour retracer ses exploits sur peau.

3. Il y a lieu de remarquer en passant, que tout ce qui est *cercle* dans ces dessins, pourtant si sommaires, est d'une correction parfaite : ce qui donne à supposer que les Indiens des Prairies connaissaient un compas !

4. R. de Sémallé, *La robe de Sitting-Bull* (*Revue d'Ethnographie*, 1885, t. IV, p. 369).

E.-T. HAMY. *Galerie américaine du Trocadéro.*

ROBE BIOGRAPHIQUE, EN PEAU DE BISON
d'un guerrier DAKOTA YANKTON.

(Vers 1835).

PLANCHE V

N°s 19 et 20

COIFFURE DE CHEF ORNÉE DE CORNES

ET

COLLIER DE GRIFFES D'OURS GRIS

(Canada, XVIIIe siècle)

I. — COIFFURE DE CHEF, ORNÉE DE CORNES

Comme s'ils avaient voulu imiter ce qui passe dans la nature, où la tête du mâle est fréquemment ornée de brillantes couleurs, les Indiens de l'Amérique septentrionale, semblables en cela à beaucoup d'autres sauvages, ont attaché à tout ce qui concernait leur parure céphalique une minutieuse attention [1].

Il s'agissait, avant tout, pour eux, de rendre bien apparents les honneurs que leur avaient valus leurs prouesses belliqueuses; le port de la plume d'aigle signalait, par exemple, le guerrier qui avait *levé un scalp*; les cornes montées et taillées étaient un autre emblème de la puissance militaire [2].

On rencontre cette coiffure cornue, accompagnée ou non de la plume d'aigle, sur un grand nombre de figures qui représentent de grands chefs.

Ainsi Noah-Peh, guerrier Assiniboin, peint par Bodmer, porte en travers de la tête une bande de cuir, à chacune des extrémités de laquelle est attachée une corne; dans l'intervalle des deux cornes est fixé un bouquet de plumes noires. « Les cornes, convenablement taillées dans celles de l'antilope, dit le prince de Wied, ont à leur pointe une touffe de crins teints en jaune, et sur les côtés retombent des cordons de cuir garnis de plumes au bout et entourés de piquants de porc-épic également colorés en jaune [3]. »

Mato-Topé, le grand chef Mandan, peint également par Bodmer, a aussi un superbe bonnet orné de cornes [4]. Dans Schoolcraft, un Otoe a la tête couverte d'une sorte de bandeau avec la plume d'aigle dressée et deux cornes vers les tempes [5]. Dans Catlin, le fameux guerrier Pied-Noir, Pe-To-Pee-Kiss, porte un bonnet de peaux d'hermines avec des cornes de buffalo polies, « insigne du brave des braves » [6]. Ma-To-Toh-Pe, second chef des Mandans, Eo-Ah-Sa-Pa, chef des Sioux Neo-Caw-Wee-Gee, bien d'autres encore, ont la tête ornée de même [7].

La Gallissonière a rapporté du Canada, qu'il a gouverné de 1745 à 1749, deux coiffures avec cornes, dont la plus belle est photographiée dans la planche V de cet album (n° 19). Cette pièce a figuré au Cabinet du Jardin du Roi, jusqu'au 3 thermidor an V; à cette date, elle fut transportée avec les sacs à pétun dont il était question plus haut, et un certain nombre d'autres objets ornés de semblable façon et recueillis de même, au Muséum des antiques de la Bibliothèque nationale. Toute cette collection nord-américaine est restée là en dépôt, jusqu'en 1880, époque de la création du Muséum d'ethnographie du Trocadéro.

Cet ornement de tête se compose d'une coiffe de cuir recouverte de touffes de crins et d'un double bandeau découpé, et d'une paire de cornes.

Les touffes de crins se superposent sur cinq rangées, dont chacune est composée d'une lanière de cuir tendue entre les deux cornes et autour de laquelle chaque petit paquet de crins se contourne en boucle Les touffes antérieures plus courtes sont teintes en rouge vif. Quatre bandelettes de cuir entourées de piquants aplatis colorés en brun, en jaune et en orange, sont appliquées sur un bandeau de peau de 0^m,025 de large, dont les bords sont ornés de perles blanches, et forment avec un autre cuir, de 0^m,045 de largeur, teint en

---

1. Schoolcraft, *Information respecting the History, Condition and Prospects of the Indian Tribes of the United States*. Part. III, Philadelphia, 1853, in-4°, p. 67. — Maximilien de Wied-Neuwied, *Voyage dans l'intérieur de l'Amérique du Nord exécuté pendant les années 1832, 1833 et 1834*. Paris, 1841, in-8°, t. III, p. 105.

2. Schoolcraft, *op. cit.*, vol. II, Philadelphia, 1851, in-4°, p. 57; vol III, p. 68. — Cf. Stephen R. Riggs. *Dakota Grammar, Texts, and Ethnography*, Ch. VI : *Armor and eagle's feathers* (*Contributions to North American Ethnology*, vol. IX, p. 221. Washington, 1895, in-4°).

3. Cf. Maximilien de Wied-Neuwied, t. II, p. 90-91 et pl. 12.

4. Id., *ibid.*, pl. 13.

5. Pl. X, fig. 2.

6. Catlin. *Letters and Notes on the Manners, Customs and Condition of the North American Indians*. London, 1844, in-8°; vol. I, p. 34 et pl. 14.

7. Id., *ibid.*, pl. 64 et 91. — L'association des Ehtskinna, chez les Pieds-Noirs, était caractérisée extérieurement par les cornes que portaient à leurs bonnets les affiliés quand ils dansaient (Wied-Neuwied, *op. cit.*, t. II, p. 214).

vert, et découpé en forme de dents, un élégant frontal qui recouvre la base de la crinière artificielle. Les deux cornes taillées à quatre pans et soigneusement polies s'élèvent des deux côtés à une hauteur de 0^m,25, et se terminent par une touffe de crins blancs et de petites plumes rouges.

Chon-Mon-I-Case, chef Otoe représenté dans une des planches du premier volume de Mac-Kenney, portait un bonnet à cornes presque identique à celui de notre collection. Les seules différences que je relève concernent les crins qui sont entièrement rougis et le bord en cuir dentelé qui est simple et sans ornement [1].

Chon-Mon-I-Case n'était pas seulement un guerrier célèbre, c'était aussi un grand chasseur, et c'est pourquoi, dit Mac-Kenney, sa tête était ornée des dépouilles de ses victimes. L'historien américain suppose que les cornes de buffalo dont il ornait sa coiffure devaient consacrer le souvenir de quelque événement de chasse peu ordinaire, et il attribue à une cause analogue le collier de griffes d'ours, qu'il voit au cou du même personnage.

II. — ANCIEN COLLIER DE GRIFFES D'OURS GRIS

Mais on observera que les Indiens ont toujours recherché, au double titre d'ornement et d'amulette, ces colliers fabriqués avec les griffes du grand ours gris des Montagnes Rocheuses (*grizzly bear*), l'animal le plus courageux et le plus féroce de l'Ouest, dont ils se figuraient acquérir les qualités en portant ses dépouilles.

Les griffes du grizzly sont particulièrement longues au printemps; elles ont souvent alors trois pouces et sont blanchâtre à la pointe. C'est dans cet état qu'elles sont le plus recherchées. On n'emploie d'ailleurs que celles des pieds de devant, que l'on monte le plus souvent sur « un cordon de peau de loutre, qui retombe sur le dos comme une longue queue et qui est doublé de drap rouge et garni de perles de verre. Ces griffes sont, en outre, séparées les unes des autres, vers le milieu de leur longueur, par une rangée de grains de verre bleu et leur surface latérale est peinte en rouge, en sorte que le tout ensemble forme un demi-cercle, d'une épaule à l'autre, au-dessous de la poitrine [2]. » Le prince Maximilien de Wied-Neuwied a vu de ces colliers chez les Meunitaris qui comptaient jusqu'à quarante griffes [3].

Les Dakotas, comme les Pawnies, les Algonquins comme les Iroquois, avaient une prédilection pour cette parure [4], et lorsque, naguère encore, Kiokuk le jeune et les autres chefs Sacs-and-Foxes sont venus assister à la lecture du traité que leur apportait le commandant Bogy, ils se sont tous présentés ornés d'énormes colliers en griffes de *grizzly* [5].

Le collier (n° 498) de notre planche (n° 20) donné au Jardin du Roi, par La Gallissonière, en 1753, en même temps que la coiffure cornue qui l'accompagne, est formé de treize griffes, de 0^m,072 à 0^m,085 de longueur, enfilées dans une lanière de cuir et rattachées par un fil de tendon d'animal, sur un bandeau de cuir plié, large de 0^m,025 et longue de 0^m,080. En avant de cette bande qui forme ainsi le support du collier est fixée à l'aide de quatre points de couture, piqués à intervalles irréguliers, une seconde bandelette de 0^m,03 de largeur et 0^m,30 de longueur découpée en cinq lanières entortillées de piquants d'*Erethizon* aplatis, blancs, rouges, jaunes, et orangés.

C'est une variante décorative, assortie fort probablement à quelque décor marginal de tunique ou de blouse, portée en même temps que ce collier par quelque Nemrod élégant. En parcourant le beau recueil de Mac-Kenney, on trouverait d'autres variétés de ces colliers. Je me borne à indiquer celui de la page 8 du volume III, porté par l'Otoe, No-Way-Ke-Sug-Go.

1. Thomas L. Mc Kenney, *op. cit.* Philadelphia, 1838, in f°, vol. J, p. 77.
2. Prince Maximilien de Wied-Neuwied, *op. cit.*, t. II, p. 379. — Il est rare, ajoute l'auteur, que l'on puisse acheter un de ces colliers pour moins de 12 dollars (66 francs), mais, en général, celui qui le possède ne veut le donner à aucun prix.
3. Id., *ibid.*, t. III, p. 5.
4. G. Catlin, *op. cit.*, vol. I, pl. 50; vol. II, pl. 129-132, 139, 280. — Cf. Th. Mac-Kenney, *op. cit.*, *pass.* — Prince de Wied, *op. cit.*, tabl. 17, 20, vign. 16, 27.
5. Cf. Senate Phot. Coll., n° 212. — Les Ioways, qui se montraient à Paris en 1845, portaient également de grands colliers de griffes, fort exactement reproduits par Signol dans une lithographie du temps. Catlin a donné dans la figure 144 de son livre le portrait de Raw-No-Way-Woh-Krah (*The lose pipe stem*), un chef Otoe qui portait des bracelets et des jarretières de griffes de grizzly (vol. II, fig. 144, p. 28).

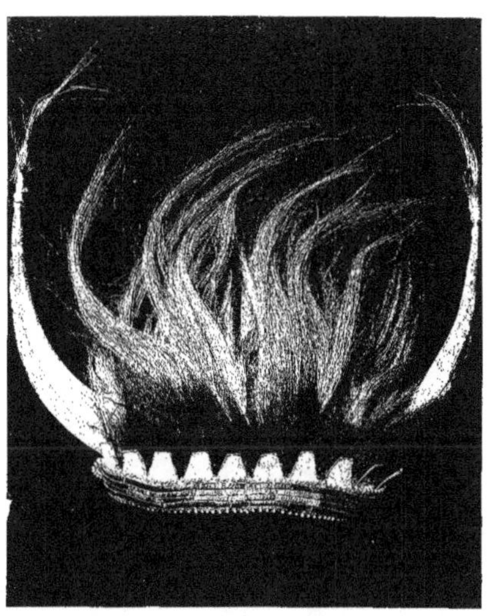

19

COIFFURE DE CHEF, ORNÉE DE CORNES.

Canada, xviiie siècle.

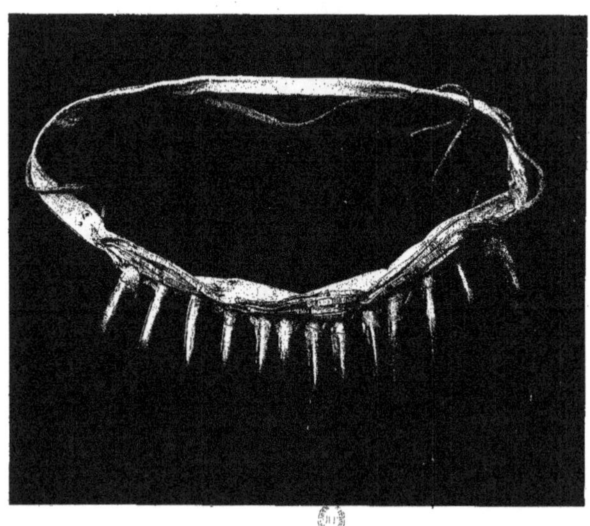

20

COLLIER DE GRIFFES D'OURS GRIS.

Canada, xviiie siècle.

PLANCHE VI

N° 21

ANCIEN COSTUME DE FEMME

(Canada, XVIIIe siècle)

L'ancien cabinet d'anatomie du Jardin du Roi contenait un assez grand nombre d'*habillemens de sauvages*, rapportés du Canada par divers correspondants de Buffon et notamment par La Gallissonière. On y voyait, outre les pièces dont il vient d'être question déjà, un manteau de peau « en forme de vêtement carré », une « tunique à manche en peau rougeâtre ornée de franges et de rosaces en tuyeaux de plume », « quatre manteaux ou tabliers en peaux peintes *à l'usage des Illinois* », deux « ceintures en peau recouvertes de tuyeaux de plumes », des étuis « pouvant servir de manches ou de haut de chausses, *à l'usage des Canadiens*, des chaussures en peau « avec des ornemens de paille », etc., etc. [1].

Tous ces objets, remis en juillet et septembre 1796 au Muséum des Antiques, à la Bibliothèque nationale, sont devenus, comme on l'a vu plus haut, la propriété du Musée d'ethnographie créé au Trocadéro en 1880.

Pour rendre ces objets plus intéressants, en les montrant en place, M. Jules Hébert, inspecteur du Musée, a exécuté un mannequin, que reproduit la planche VI, et qui donne une idée assez exacte de ce que pouvait être, il y a cent cinquante ans, la toilette d'une squaw des grandes tribus algonquines.

La principale pièce de ce costume est un manteau de peau coulissé tout autour du cou, long de $1^m,15$ et large de $2^m,10$. C'est une fort belle pièce de chamoiserie, relativement très fine et très blanche, et qui a été décorée par le procédé déjà indiqué dans la description de la planche IV. L'artiste indigène a imprimé à chaud sur la peau bien tendue, avec un instrument à tranchant mousse, des lignes de $0^m,002$ d'épaisseur, qu'il a patiemment juxtaposées, autant qu'il était nécessaire, quand il a voulu obtenir des bandes plus larges. Il est de ces bandes, vers les bords, qui atteignent $0^m,008$ et qui par conséquent sont formées de l'accolement de quatre lignes successivement imprimées.

Toute la surface du manteau est ainsi rayée en creux. Tantôt la peau demeurée blanche est seulement devenue plus lisse, en même temps que plus déprimée, tantôt elle a été peinte de couleurs vives.

Ainsi autour du manteau règne une double ligne épaisse dont le creux est teinté de rouge ; le long des bords verticaux, une bandelette court finement striée de rouge, puis une autre dessine des quadrilatères rayés en travers, alternativement rouges et bleus, tandis que ce dernier décor est remplacé sur le bord inférieur par un fond quadrillé de jaune, sur lequel monte et descend une banderolle formée d'une suite de lignes rouge, bleue, jaune, bleue, puis rouge, l'avant-dernière n'étant représentée que par un pointillé.

Des espèces de quilles rouges s'appuient tantôt au-dessus, tantôt au-dessous de la courbe, et les dernières reposent sur un triangle vert quadrillé.

Sous ce riche manteau, notre Canadienne porte une tunique serrée d'un brun rouge en fine peau de cerf, frangée du bas et ornée de deux larges médaillons mammaires brodés à part en piquants aplatis [2] d'*Erethizon* sur trois rangs concentriques et cousus ensuite sur la peau. Ces médaillons, d'une couleur jaune de deux tons, coupée de bandelettes d'un rouge violet, se doublent aux épaules, mais en diminuant de $0^m,17$ à $0^m,13$.

---

1. Cf. E.-T. Hamy, *Les origines du Musée d'ethnographie. Histoire et documents*, Paris, 1890, in-8°, p. 81 et suiv.
2. C'est ce que l'auteur de l'Inventaire de 1796 prenait pour des tuyaux de plumes.

Un grand nombre de tribus portaient jadis et ont plus ou moins longtemps conservé ce décor très spécial, simple et médian chez les hommes, avec répétition en arrière au milieu du dos, double et quelquefois quadruple pour les femmes et fort variable dans ses diamètres.

Si l'on parcourt les recueils de planches déjà citées, et surtout ceux de Catlin, du prince Maximilien de Wied-Neuwied et de Mac-Kenney, on constate que les Cheyennes et les Chippewas parmi les Algonquins, les Crows, les Pieds-Noirs, les Mandans, les Omahas et les Assiniboins parmi les Dakotas, les Arickaris chez les Pawnies portaient encore il y a quelques années de tels ornements[1].

Une pochette en peau blanche et fine est attachée à la ceinture faite de cordelettes de cuir recouvertes de piquants aplatis et contournés. Cette pochette, assortie au manteau, est à la fois imprimée et peinte : le décor est formé sur les bords de lignes perpendiculaires rouges et bleues et de deux rangs de dents de loup, avec intervalle blanc semé de petits points bleus et rouges au milieu d'un agencement de volutes teintes en rouge.

Les culottes en peau blanche, creusées de sillons parallèles blancs ou rouges inégalement espacés, sont de simples houseaux attachés au-dessus des genoux par des ligatures de cuir. Les femmes des Prairies n'ont jamais connu de protection plus complète[2]. Chez les hommes ce pantalon rudimentaire atteignait la longueur de la jambe et le haut, taillé en biseau pour emboîter la hanche, s'attachait par des liens de cuir à une ceinture faisant le tour de la taille[3].

Enfin les mocassins en grosse peau de caribou sont tout à fait caractéristiques. On sait que ce terme *mocassin, moccasin*, dérivé du chippewa *machkison*, est employé depuis longtemps au Canada pour désigner toute espèce de chaussure indienne. Il s'applique cependant d'une manière plus précise à la chaussure en peau, sans semelle, avec rebord rabattu ou redressé, dont l'usage était commun naguère à toutes les tribus à l'est des Montagnes Rocheuses, et s'est énergiquement maintenu, dans les *reservations* indiennes, avec quelques modifications peu importantes[4].

Le mocassin se faisait suivant les procédés rappelés précédemment. La peau macérée avec de la cervelle, et convenablement fumée, devenue douce et souple, était taillée suivant la forme appropriée, et solidement cousue. Il y avait des mocassins grossiers de couleur brunâtre ; il y en avait d'autres que l'on arrivait à rendre aussi blancs et aussi doux que la peau de gant la plus fine. Le Musée d'ethnographie en possède une collection variée recueillie chez les tribus canadiennes dans la seconde moitié du xviiie siècle, et conservée jadis au Jardin du Roi. On y reconnaît deux types principaux, l'un à tige montante, appliquée sur le bas de la jambe, l'autre à rebord rabattu, comme un collet, autour des chevilles. Dans le premier type, la broderie n'est visible que si la tige est relevée ; c'est le contraire dans le second type. Les broderies en piquants d'*Erethizon* rouges et jaunes, auxquelles s'ajoutent parfois des perles blanches, tournent autour de la jambe et descendent en suivant l'axe du mocassin jusqu'à l'extrémité du pied, et un rang de passants en laiton s'attache autour du bord rabattu, ou à un pouce environ au-dessous du bord relevé.

Quelquefois le dos de la chaussure est fortement froncé un peu en arrière de la pointe. Cette particularité se rencontre plutôt chez les tribus du Sud, chez celles de la Louisiane, par exemple.

Un dernier détail du costume de notre Indienne mérite encore d'appeler l'attention. Elle porte, en effet, autour du cou deux colliers de *conterie de Venise*, l'un fait de perles rondes de diverses couleurs et terminé par un anneau de cuivre, l'autre formé de boules imitant l'agate, qui alternent avec des cylindres polychromes, ornés de rayures longitudinales ou obliques. C'était au Canada, au xviiie siècle, une parure des plus précieuses.

---

1. Les Pieds-Noirs, les Crows ou Corbeaux et les Assiniboins passaient pour les plus élégants entre les Indiens des Prairies.
2. Cf. Schoolcraft, *op. cit.*, t. III, p. 66 et pl. VIII.
3. Id., *ibid.*
4. Cf. E.-T. Hamy, *Étude sur les collections américaines réunies à Gênes à l'occasion du IVe Centenaire de la découverte de l'Amérique* (Journal de la Soc. des Américanistes de Paris, 1896, in-4°, p. 5).

21

COSTUME DE FEMME.

Cᴀɴᴀᴅᴀ, xvɪɪɪᵉ siècle.

N°s 22 et 23.

PILIERS TOTÉMIQUES
EN ARGILITE

(Haïdahs, îles de la Reine-Charlotte)

On trouve dans les îles de la Reine-Charlotte une espèce particulière d'argilite, très tendre au moment où on la tire du sol, et fort aisée à sculpter. Les Haïdahs, ou comme ils se nomment eux-mêmes, les Qā'eda [1], qui peuplent cet archipel, taillent dans cette matière toute espèce d'objets, travaillés avec adresse, suivant des types traditionnels, et viennent les apporter dans leurs grands canots sur le continent [2].

Les plus importantes de ces œuvres d'art, au moins par leur volume, reproduisent en réduction un genre de monuments dont les Haïdahs des îles partagent le monopole avec les Shimsyans et quelques autres groupes du voisinage.

Ce sont les poteaux ou piliers sculptés qui se dressent parfois à de grandes hauteurs (50 et 60 pieds anglais) devant les maisons de bois des chefs ou des personnages principaux. « Entaillés dans un seul tronc de cèdre, ces poteaux sont solidement assujettis dans le sol sur la façade de la *lodge,* et une ouverture circulaire, ménagée près de la base, donne entrée dans la principale chambre. »

Les images sculptées sur ces piliers sont des *totems* domestiques, c'est-à-dire, des figures d'emblèmes représentatifs de familles, et comme les habitations sont assez vastes pour loger plusieurs de ces familles, on demande au sculpteur de signaler les noms de tous les occupants, qui sont indiqués par autant de figures systématiquement superposées.

M. James G. Swan a publié et interprété plusieurs de ces sculptures héraldiques des Haïdahs envoyées par lui à l'Institution Smithsonienne [3], et, grâce à son travail, il est maintenant possible de donner un commentaire satisfaisant des deux réductions du même genre, rapportées par M. Alphonse Pinart de son voyage à la côte nord-ouest au Musée du Trocadéro [4].

Le premier des deux piliers de la planche VII (n° 22), haut de 0^m,685, large de 0^m,09, épais de 0^m,11, est monté sur une base à pans coupés, faite d'une pièce isolée de 0^m,028 de hauteur, 0^m,11 de largeur et 0^m,095 d'épaisseur. L'ensemble de la colonne sculptée comprend cinq figures symboliques. Au sommet domine *tahn, sea lion,* le lion marin, tirant la langue, et joignant en avant ses longues pattes caractéristiques. Sous le *tahn,* est figuré *skamskwin, the eagle,* l'aigle. Entre les deux animaux apparaissent les yeux d'un troisième, qui paraît sortir du sommet de la tête du second. Une autre tête, complète cette fois, se rattache à l'animal qui encadre la porte, et constitue la base du pilier. C'est *tching, the beaver,* le castor, rongeant de ses énormes incisives un morceau de bois courbe, qu'il tient entre ses pattes de devant.

Le second pilier (n° 23) est surmonté d'un corbeau, *the raven, hooyeh,* tout semblable à celui qu'a figuré M. Swan [5]. Puis vient l'ours, *the bear, hoorts,* qui sort la langue et présente ses longues griffes recourbées [6].

Au-dessous des pattes postérieures de l'ours, ramenées vers l'axe du poteau, surgit une petite tête d'oiseau qui apparaît au-dessus d'une autre tête d'oiseau plus grande, dont on ne voit plus que le sommet. La pièce a

1. Fr. Boas, *First general Report on the Indians of British Columbia* (Brit. *Assoc. for the Advanc. of Science. Fift Report of the Committee appointed for the purpose of investigating and publishing Reports on the Physical Characters, Languages and industrial and social Condition of the North-Western Tribes of the Dominion of Canada.* London, 1889, br. in-8°, p. 8 et sqq.)

2. Cf. James G. Swan, *The Haidah Indians of Queen Charlotte's Islands, British Columbia, with a brief description of their carvings, tattoo designs,* etc. (Smithson. Contrib. to Knowledge, n° 267. Washington, Smithson. Instit., 1874, br. in-4°, p. 3).

3. Ces interprétations de M. J. G. Swan sont empruntées à un chef de village Haïdah, nommé Kit-Kun.

4. Ces deux pièces portent les n°s 11600 et 11601.

5. James G. Swan, *op. cit.,* pl. II, fig. 1.

6. Voy., plus haut, pl. V.

été certainement cassée; il y manque le morceau qui correspondait à la porte. Le pilier diminué a été d'ailleurs réappliqué sur une base neuve, pareille à celle de l'autre pilier, et vendu, ainsi incomplet, au voyageur qui nous l'a rapporté.

On remarquera que les *totems* figurés dans les deux piliers qu'on vient de décrire, associent des noms appartenant à des phratries distinctes [1]. Le *sea lion*, par exemple, dont l'identification est indiscutable, est de la *Raven phratry* (*K'od'la*), tandis que le *beaver* qui n'est pas moins aisément reconnaissable, appartient à *Eagle phratry* (*Gyilena*) [2]. Tous deux sont pourtant sculptés sur le même pilier, ce qui s'explique, lorsque l'on sait que l'exogamie est obligatoire pour l'homme chez les Haïdahs et a nécessairement pour résultat de modifier très vite la population d'une *lodge*.

Le Musée d'ethnographie du Trocadéro possède un troisième pilier totémique, en argile sculptée, qui faisait partie des collections envoyées de Skidegate par M. James G. Swan à l'Institution Smithsonienne [3].

C'est une réduction de 0^m,45 à 0^m,50 de haut, de 0^m,09 de largeur et de 0^m,065 d'épaisseur. *Hoorts*, l'ours, est à la base et entre ses pattes s'ouvre l'entrée de la *lodge*. Au-dessus de sa tête se superposent deux personnages humains; le plus petit, intermédiaire, a deux larges ailes à demi reployées, c'est *Oolala*, cet être mythologique, moitié homme et moitié oiseau, semblable au *Thunder bird* des Makahs, qui vit sur de hautes montagnes enveloppé de brouillard, produisant le tonnerre et les éclairs, et détruisant aussi bien l'homme que les bêtes [4].

J'ai déjà signalé en passant les monuments plus ou moins analogues, qu'on trouve chez les Shimsyans et les Koloches. Le Musée du Trocadéro possède quatre modèles de poteaux en bois sculpté et peint, provenant de Sitka ou de Bella-Bella, dont la description détaillée se rapprocherait beaucoup de celles qu'on vient de lire.

Ces analogies étroites se justifient aisément chez des peuples voisins tout à la fois par la race et par l'habitat. Il est beaucoup plus malaisé de s'expliquer les affinités étranges que l'on peut constater entre les divers piliers totémiques de la Côte nord-ouest d'Amérique et les bâtons de sorciers des Battaks de Sumatra !

1. Cf. Fr. Boas, *op. cit.*, p. 26.
2. PHRATRY : *exogamous division intermediate between the tribe and the clan.* — Cf. S. G. Frazer, *Totemism.* Edinburgh, 1887, in-12, p. 60.
3. Cette pièce, qui porte le n° 14907, a été donnée par l'Institution Smithsonienne au Musée du Trocadéro.
4. James G. Swan, *The Haidah Indians*, etc., p. 5.

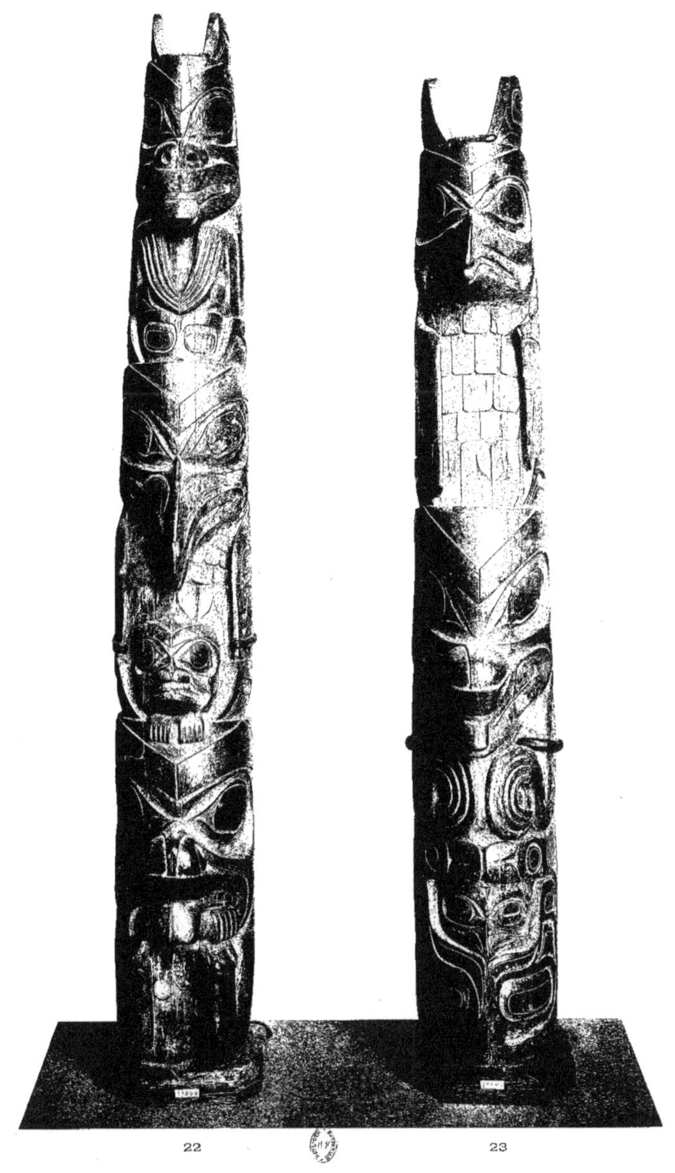

22   23

PILIERS TOTÉMIQUES EN ARGILITE.

Haïdah, Iles de la Reine-Charlotte.

PLANCHE VIII

N° 24

ANCIEN MASQUE EN PIERRE

(Rivière Nass)

L'emploi de masques, assez variés d'ailleurs, dans les cérémonies les plus importantes de la vie, est un des traits caractéristiques de l'ethnographie américaine.

Les Campas de l'Ucayali, comme les anciens Aléoutes, découpaient dans le bois des masques à figures humaine[1] et les Ouitotos du Yapura se confectionnaient, comme les Zuñis du Nouveau-Mexique[2], des masques d'écorce battue, que les premiers enduisaient d'une couche de caoutchouc, tandis que les seconds y appliquaient des crins de cheval[3].

Les masques mexicains étaient le plus souvent en pierre dure[4] et c'est aussi un masque taillé dans une roche dure verdâtre que représente notre planche VIII (n° 24).

Cette belle pièce, acquise par M. Alph. Pinart, lors de son passage à Meqtlakqatla, et déposée par ce voyageur au Musée d'ethnographie, est jusqu'à présent unique dans son genre. Découpée avec beaucoup d'adresse dans un bloc volumineux (hauteur $0^m,22$, largeur $0^m,225$), elle est soigneusement évidée à l'intérieur pour loger la figure du propriétaire de l'objet qui devait, malgré son poids considérable ($4^{kg},170$), le tenir en serrant dans les dents une forte boucle d'osier, qui s'engage dans deux trous creusés tout exprès dans la base[5]. Un troisième trou foré en arrière vers le cou, deux autres qui transpercent le sommet, deux autres encore dans

Nass. Koloches.

l'ourlet de chaque oreille servaient à assujettir ce pesant masque à l'aide de courroies ou de cordes sur la tête du porteur. Enfin deux trous plus larges, correspondant aux yeux, lui permettaient de se diriger.

Toutes ces ouvertures sont régulières et ont dû être obtenues à l'aide d'un perforateur animé d'un mouvement de rotation bien réglé. La face externe et le pourtour du masque ont été laborieusement polis. Il n'y a pas d'yeux dessinés autour des deux trous d'éclairage; mais les sourcils sont rendus par deux bandes plates et larges qui contournent à distance ces mêmes orifices et dont la surface demeurée un peu rugueuse a reçu une coloration rouge.

Les lèvres sont aussi représentées par deux bandes en relief, à peu près parallèles, qui se rejoignent aux commissures et sont enduites de la même couleur.

La plupart de ces traits se retrouvent presque les mêmes sur plusieurs masques de bois, attribués aux Koloches de Sitka, qui font partie des riches collections de Saint-Pétersbourg. J'ai rapproché ci-contre l'une de ces figures de notre masque de pierre, afin de bien accentuer les ressemblances. On remarquera que le tracé des paupières et quelques décors ajoutés sur le front et sur les joues du masque koloche sont à peu près seuls à différencier d'une manière sensible les deux pièces mises en présence. Il est d'autant plus intéressant de

---

1. Cf. Wiener, *Cat. Mus. d'ethnogr.* — Cf. A. Pinart, *Catalogue des collections rapportées de l'Amérique russe.* Paris, 1892, in-8°, p. 23-26. — Id., *La caverne d'Aknatih, île d'Ounga, archipel Shumagin, Alaska.* Paris, 1875, in-4°, pl. I-III —William H. Dall, *On Masks, Labrets and certain aboriginal Costums, with an inquiry into the bearing of their geographical distribution (Third annual Report of the Bureau of Ethnology.* Washington, Governm. Print. Off., 1884, in-4°, p. 73-202). — Etc.

2. J. Crevaux, *Cat. Mus. d'ethnogr.* — Klett (Fr.), *The Cochina, a Dance of the Pueblo of Zuñi (Rep. Unit. Stat. Geograph. Surveys West of the 100th meridian,* vol. VII, *Archæology.* Washington, Governm. Print. Off., 1879, in-4., p. 333 et front.

3. Voir sur les masques en général le travail de M. R. Andree inséré dans la seconde série de ses *Parallèles ethnographiques; Die Masken (Ethnograph. Parallelen und Vergleiche,* Neue Folge, Leipzig, 1889 in-8°, 107-165) et l'article de M. Bastian, *Masken und Maskereien,* publié dans le tome XIV du *Zeitsch. für Völkerpsych. und Sprachw.,* p. 335-358.

4. Voy. plus loin, pl. XI.

5. Cette anse ou boucle d'osier, qui est en place, a servi assez fréquemment pour porter nettement marquées les empreintes des dents du propriétaire du masque.

constater cette similitude de l'objet de pierre et de l'objet de bois, que suivant une thèse récemment soutenue par M. Soldi[1], l'influence prépondérante dans la morphologie des choses d'art reviendrait au choix des matériaux mis en œuvre. Dans le cas présent et dans bien d'autres que je pourrais invoquer, la matière première variant considérablement, le produit artistique ne s'est guère modifié.

De toutes les autres séries de la côte nord-ouest qu'il m'a été permis d'étudier, une seule peut être utilement mentionnée ici : c'est celle des Bilqula, récemment publiée par M. Fr. Boas[2]. L'aspect général de ces intéressantes esquisses ne s'éloigne pas trop en effet de celui de la figure rapportée par M. Alph. Pinart. Toutefois les lèvres sont entr'ouvertes en triangle, amincies sur les coins et partout distinctes l'une de l'autre, un trou ovalaire ouvre de part en part une entrée à la bouche ; enfin les narines sont abaissées, au lieu d'être relevées, comme dans la pièce dont nous terminons l'étude.

Les masques qui abondent chez les autres tribus du même littoral, ceux des Haïdahs et des Shimmesyans, en particulier, sont d'un aspect tout à fait différent[3].

---

1. E. Soldi, *Les arts méconnus.* Paris, Leroux, 1881. in-8°, p. 353.

2. D' Fr. Boas, *Third Report on the Indians of British Columbia* (*Seventh Report on the North-West Tribes of Canada*, p. 6-8. — Brit. Assoc. Cardiff Meeting. 1891).

3. Cf. *Amerika's Nordwest-Küste neueste ergebnisse ethnologischer Reisen*, aus den Samml. der Kœnigl. Mus. zu Berlin herausg. von der Direct. der Ethnolog. Abtheilung. Berlin, 1883, in-f°, Taf. I-IV, etc.

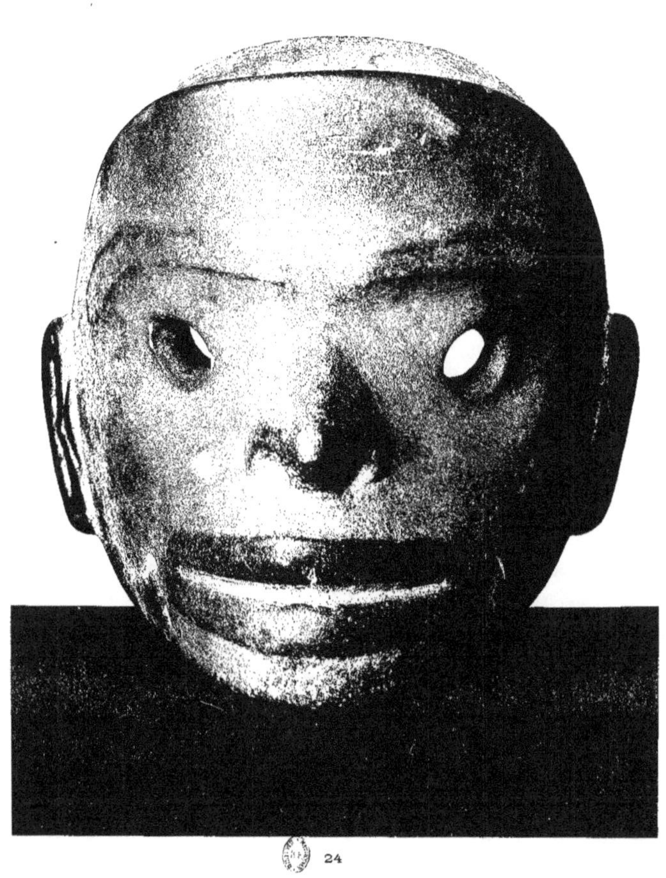

ANCIEN MASQUE EN PIERRE.

RIVIÈRE NASS.

N° 25

STATUE EN CALCAIRE,

TOTEC ARMÉ DE LA HACHE DE PIERRE

(Mexique oriental)

Le masque en pierre des Indiens de la Rivière Nass, dont il vient d'être question, est, nous l'avons déjà dit, le plus important monument de sculpture indigène qui ait été exécuté dans le nord du Nouveau Continent. On a bien exhumé parfois des *mounds* ou tumulus, près de Cincinnati par exemple, des pierres sculptées plus ou moins remarquables; aucune de ces œuvres d'art, si intéressantes qu'elles puissent être, ne saurait être comparée, comme importance, au grand masque de pierre de Meqtlakqatla.

Les races, qui ont succédé aux *mound-builders* dans tout le Far West et les ont rejetés vers le sud-est, n'ont guère connu d'autres monuments que certaines pierres grossières comme celle que Gallinée détruisit à l'entrée du lac Huron en 1670, et à laquelle on « avoit formé une espèce de visage avec du vermillon »[1]. Et il faut s'avancer beaucoup plus loin dans la direction du sud, pour rencontrer de véritables monuments, œuvre d'un peuple relativement civilisé.

Cette sculpture archaïque est encore fort grossière; elle marque, toutefois, l'avènement d'une civilisation relativement supérieure, qui va créer les arts encore rudimentaires, mais intéressants déjà, qui caractériseront la période dite *toltèque*.

J'ai choisi comme type de cette statuaire primitive une image de pierre, haute de 1^m,29 avec son socle, large de 0^m,40 et épaisse de 0^m,20, qui a été envoyée au Musée d'ethnographie par le Ministère de la Marine, à la suite de la guerre du Mexique, sans indication de provenance (n° 10407 du Catalogue) et qui paraît provenir du littoral de Vera Cruz ou de Tamaulipas.

Cette sculpture, qui appartient encore à l'âge de la pierre polie, comme on va le voir, est montée sur un socle qui fait corps avec elle et mesure 0^m,22 de hauteur. Un personnage dont la taille est à peu près de 1^m,07 se dresse lourdement sur ce socle; sa largeur maxima est d'environ 0^m,40; il est fort aplati et son épaisseur à la tête ne dépasse pas 0^m,20.

Le choix de la matière qui est une roche calcaire d'un travail relativement aisé, les précautions que montre le sculpteur à l'endroit du cou extraordinairement épais par mesure de solidité; son impuissance à détacher les membres supérieurs gauchement appliqués, presque sans aucun relief, à la surface du tronc; l'exécution toute sommaire des membres inférieurs demeurés adhérents l'un à l'autre; tout cela dénote manifestement un travail relativement fort ancien. Je ne parle pas des proportions, qui donnent à notre personnage un peu moins de quatre têtes et lui abaissent la taille d'une manière si choquante; les statuaires mexicains ont persévéré jusqu'à la fin dans cette esthétique erronée.

Haches emmanchées, hiéroglyphes de Tepoztitlan, Tepuztlan et Tepoztla (d'après le *Cod. Mendoça*).

La statue, dont ces caractères intrinsèques indiquent ainsi l'antiquité relative, présente en outre quelques particularités morphologiques qui viennent encore appuyer cette démonstration. Par exemple, le personnage serre dans la main droite une épaisse hache, forcée à angle droit dans un manche court et solide, suivant un type qui n'avait pas encore disparu au temps de la conquête, seulement, tandis que les haches de la *Raccolta* de

---

1. *Relation de ce qui s'est passé de plus remarquable dans le voyage de MM. Dollier et Gallinée* (Margry, *Découvertes*, etc. I, p. 159). — Dans des temps plus modernes nous voyons les Assiniboins ériger des monuments d'un autre type, en fixant au haut d'un assemblage de roches empilées un crâne de buffalo (Max. de Wied-Neuwied, *op. cit.* vign. XV).

Mendoça figurées ci-dessus sont en métal[1] et ont le tranchant battu et aplati, celle de notre statue est une de ces grosses haches en pierre cylindroïdes, dont on trouve des spécimens dans tout le Mexique oriental et central.

Tribut de 80 haches.
Naublequaui li tepoztli
(Cod. Mend.).

Notre guerrier porte en outre un haut bonnet conique assujetti sur le front par un nœud à double clichette; c'est le bonnet qui coiffe souvent la tête de Quetzalcoatl, dont nous avons peut-être ici le compagnon militaire, Totec, sous une forme très archaïque[2].

Enfin, au-dessous du nez de notre statue se dessine une applique découpée en forme de moustache. Or, le Trocadéro possède une plaquette isolée en pierre dure, presque semblable à celle de notre statue et qui vient clairement expliquer ce détail de sa morphologie. On retrouve d'ailleurs cet ornement de nez chez un grand nombre de personnages divins des anciens manuscrits; le *Codex Borgia,* le *Codex Vaticanus,* n° 3738 par exemple, en fournissent de nombreux spécimens et les couleurs dont le peintre indigène a teinté ces appendices, jaune, vert, bleu, saumon, indiquent bien qu'ils étaient fondus en or ou en cuivre, ou taillés soit dans la belle pierre verte appelée *chalquihuitl,* soit dans quelque bois précieux[3].

Quetzalcoatl sur son teocalli, d'après le *Codex Vaticanus,*
n° 3738, pl. 11.

Les yeux de notre statue dont les deux bords sont sensiblement égaux ont été évidés, de manière à permettre l'insertion d'yeux artificiels en pierre brillante, depuis fort longtemps arrachés; la bouche est entr'ouverte et la lèvre inférieure avance quelque peu.

Le bas de la face est carré, et deux mèches de cheveux plats bordent en avant les oreilles chargées de lourds pendentifs. Un trou rond, ménagé au milieu de la poitrine, devait loger le pied de quelque ornement symbolique en pierre ou en métal, disparu comme ceux des yeux.

J'ai déjà défini l'attitude de la main droite; la gauche est posée à plat sur la ceinture triangulaire qui passe en avant d'un long devantier débordant les genoux. Un pan d'étoffe pareil retombe en arrière à la même hauteur, et une sorte de manteau court descend raide sur le dos, dépassant quelque peu les coudes.

1. *Tepuztli,* métal en général ; métal de la hache en particulier, qui devient ainsi l'hiéroglyphe des villes de Tepuztlan, Tepoztla, Tepoztitlan, etc.
2. Cf. *Codex Vaticanus,* n° 3738, pl. 11, 12, 14. 15 (*Antiq. of Mexico,* vol. II, 1830, in-f°). — Voyez plus loin pl. XIV.
3. Cf. *Cod. Vatican.,* n° 3738, pl. 1, 17, 24. etc. — *Cod. Borg.,* pl. 41, 45, 47, 52, 55, 58, 60, 61, 67. — Etc.

25

STATUE EN CALCAIRE.

Totec, armé d'une hache de pierre.

Mexique.

N⁰ˢ 26 à 29

CÉRAMIQUE TOLTÈQUE

(Cholula, Téotihuacan, etc.)

VASES DE CHOLULA

Les plus anciennes terres cuites découvertes dans le sol marécageux de Mexico sont lourdes et rudes, et consistent le plus souvent en fragments épais de récipients plus ou moins volumineux[1]. Il est rare que ces vases aient la forme humaine comme le petit creuset, par exemple, qui fut retiré des argiles du puits artésien de Santiago Tlaltelolco en 1864.

Mais il n'en est plus de même, si l'on aborde les anciennes stations des hauteurs; les statuettes abondent et la figure humaine, si imparfaite qu'elle soit encore, offre déjà pourtant certains caractères remarquables. Au Cerro de las Palmas, dans cette nécropole si curieuse, fouillée au-dessus de Tacubaya par le génie du corps expéditionnaire en 1865[2], le général Doutrelaine a recueilli de nombreuses figurines d'un naturalisme grossier, où se trahit une technique intéressante. Tous les détails sont obtenus, en effet, sur ces céramiques primitives, à l'aide du procédé dit du *pastillage*. Le lecteur pourra se rendre compte du manuel opératoire en examinant le dessin ci-contre, où se trouve reproduit, aux deux tiers de la grandeur naturelle, un petit personnage assis dans l'attitude du tailleur : les jambes sont indiquées par un simple rouleau de terre un peu aplati au bout, tandis que les disques et les pendants d'oreilles sont faits de petites boulettes écrasées avec le pouce.

Dans les grandes ruines toltèques, à Téotihuacan, à Tula, à Xochicalco, il en est encore de même pour les pièces les plus archaïques. Que l'on veuille bien examiner de près les cinq statuettes de ces trois localités, groupées ci-contre, et l'on constatera aisément que les membres sont façonnés avec de petits rouleaux de pâte, et que les chapeaux et les plumets, les colliers et les ronds d'oreilles sont très habilement *pastillés*[3].

Tous les détails des figures sont d'ailleurs adroitement enlevés à l'aide de l'ébauchoir.

On retrouve cette manière de faire dans l'applique qui décore la première figure de la planche X (n° 9774). Cette figure représente, en bas-relief, un personnage se détachant en jaune gris mat sur le fond du vase que

---

1. Cf. William H. Holmes, *Evidences of the Antiquity of Man on the Site of City of Mexico* (*Transact. of the Anthrop. Soc. of Washington*, vol. III, p. 71-73. Washington, 1885, in-8°).

2. Cf. E.-T. Hamy, *Anthropologie du Mexique*, p. 80 et suiv. (*Mission scientifique au Mexique et dans l'Amérique centrale. Recherches zoologiques*, I⁰ Part.. Paris, Impr. nat., 1890, in-4°.)

3. Toutes ces pièces qui portent les n⁰ˢ 6447 à 6451 de notre Inventaire général ont été recueillies dans les fouilles de M. D. Charnay.

recouvre une engobe rouge brunâtre lustrée. Ce personnage n'a d'humain que le masque qui apparaît dans le bec largement ouvert d'un grand oiseau dont les ailes s'étalent, tandis que les pattes armées de griffes s'écartent et que la queue forme panache. Une couronne de sept grosses plumes se dresse en demi-cercle un peu au-dessus de la tête et de larges oreillères sont pastillées des deux côtés du visage. Les lèvres de cette applique ornitho-morphe sont peintes en rouge ainsi que l'intérieur du bec de l'oiseau et la base des ailes éployées. Le vase mesure d'ailleurs 0ᵐ,20 de haut, y compris les pieds cylindriques pleins sur lesquels il pose ; son plus grand diamètre est de 0ᵐ,16, l'ouverture de son col dépassant un peu 0ᵐ,10.

D'autres vases similaires sont déposés dans la même vitrine du Musée d'Ethnographie. Le n° 9975 (haut. 0ᵐ,15), qui vient aussi de Cholula, montre pastillé en gris jaunâtre, sur un fond rouge bien lustré, un guerrier protégé par un bouclier rond et brandissant une arme à demi effacée. Tous les détails du costume, pendentifs du collier, disque appliqué sur le devant du bonnet conique, rondelles d'oreilles, sont façonnés à l'aide de bou-lettes de terre aplaties.

Le n° 2036 est le col en entonnoir d'un troisième vase de même travail (haut. 0ᵐ,08 ; diam. 0ᵐ,075) ; le sujet, légèrement engobé de blanc, porte un volumineux ornement sous-nasal et, dans sa main droite élevée, agite une hache de pierre emmanchée.

Notre second type de Cholula qui serait peut-être d'origine plus récente est représenté sous le n° 29 de la planche. La couverte du bord est restée du même rouge et de la même engobe, mais partout ailleurs le décor est brun, orangé ou noir. On y démêle péniblement les contours peints d'un gros oiseau dressé de face à la manière héraldique : les pattes puissamment armées sont écartées sur les côtés ; en bas et au milieu descen-dent les quatre grandes pennes de la queue ; en haut se dessine le contour d'un bec court et aigu que surmon-tent deux gros yeux symétriques formés d'un enroulement et deux longues oreilles plumeuses[1]. Tout le pourtour du vase est engobé de blanc que raient de longues bandes noirâtres encadrées d'un double trait. La hauteur est de 0ᵐ,20, la largeur de la panse atteint 0ᵐ,17 et celle du goulot 0ᵐ,115[2].

VASES DE TÉOTIHUACAN

Le pastillage apparaît de nouveau à la base du vase de Téotihuacan que j'ai pris pour modèle (n° 27). Il est représenté par un rang assez clairsemé de boutons en terre appuyés après coup à des distances égales et par trois pieds tout courts, qui soutiennent la pièce. Tout le reste est uni, soigneusement lustré ; la panse globu-leuse est régulièrement godronnée et le col s'évase en une sorte de corolle large et basse. Le vase est haut de 0ᵐ,17 et le diamètre de sa bouche a juste la même mesure.

Ce type céramique est très commun dans la vallée de Mexico ; le Musée du Trocadéro n'en possède pas moins de dix exemplaires en terre grise, noire ou rougeâtre lustrée. La panse est godronnée comme sur notre vase, striée verticalement ou tout à fait lisse, et plus ou moins agrémentée vers la base de petites appli-ques courantes.

Un autre type non moins répandu dans les vieilles cités ruinées de la période toltèque, est celui que montre la figure 26 (n° 11596). Nous en possédons quatorze échantillons dans les vitrines du Musée d'Ethno-graphie. C'est une sorte de bocal cylindrique en terre rouge lustrée, haut de 0ᵐ,12, large de 0ᵐ,15, légèrement évasé du haut et décoré d'un dessin en creux formé de groupes de lignes obliques et tortueuses qui se répè-tent au-dessus de la base entre deux traits horizontaux. Trois pieds creux, en forme de bourgeons, supportent le cylindre.

Les autres vases pareils sont en terre rouge ou grisâtre : l'un d'eux est coupé d'un ornement en bandoulière formant une chaîne assez complexe ; les pieds sont pleins ou creux, cylindriques ou pointus, souvent tout à fait aplatis et ornés alors de dessins en relief, quelquefois fort élégants[3].

Nous devons une mention spéciale à un de ces bocaux, déjà figuré par M. D. Charnay[4]. En effet, cette pièce, malheureusement en partie brisée, est d'un travail tout à fait exceptionnel.

La terre fort bien cuite a été soigneusement lustrée en brun, puis l'artiste y a découpé, *en champlevant le fond*, des figures dont il a ensuite repris à la pointe chaque détail. On voit, dans le milieu du tableau, un personnage richement équipé qui s'incline, tout en redressant la tête, et tient un bâton dans la main droite ; devant et au-dessus de lui se profile une branche d'arbre chargée de gros fruits ; derrière, sur un des cônes qui hérissent la base, perche un oiseau dont les plumes caudales rappellent celles du *quetzal* dont nous aurons à parler de nouveau un peu plus loin[5].

Le bas du vase est orné de ces mêmes boutons en relief qui décoraient déjà quelques-unes des pièces dont il était question plus haut.

---

1. C'est assurément une chouette, symbole de la nuit et de la mort, que l'on a voulu figurer.
2. M. D. Charnay a donné de ces deux types de vases de Cholula des figures à petite échelle et fort incorrectes, dans ses *Anciennes villes du Nouveau-Monde* (Paris, Hachette, 1885, in-4°, p. 57).
3. Il se trouve même, au Musée, des pieds détachés provenant de Téotihuacan ou de Tula et dont l'ornementation est polychrome. — M. Peñafiel a publié une de ces pièces dans la planche 48 de ses *Monumentos Mexicanos*. On trouvera sur cette même planche et sur la planche 47 du même ouvrage d'autres termes de comparaison intéressants.
4. D. Charnay, *op. cit.*, p. 319.
5. La planche 168 des *Monumentos* de M. Peñafiel offre quelque chose d'approchant.

CÉRAMIQUE TOLTÈQUE.

Teotihuacan, Cholula.

MASQUES ET APPLIQUES

EN TERRE CUITE ET EN PIERRE DURE

MIROIR EN PYRITE POLIE

MASQUES EN TERRE CUITE ET EN PIERRE DURE

Lorsque Baradère, commentant Dupaix, eut pris connaissance de la planche XV de l'album de la *Première expédition* et du texte qui l'accompagnait, il crut devoir s'élever dans une note contre les appréciations que formulait à cette place le voyageur dont il traduisait les récits [1]. Dupaix avait eu en mains à Cholula un « masque en jaspe vert foncé... supérieurement traité et d'un poli parfait » qui lui avait offert, disait-il, « les proportions et les formes caractéristiques du visage de la nation mexicaine *qui a coutume de se reproduire dans ses propres œuvres.* »

A en juger par le dessin de Castañeda, ce masque de Cholula offre bien en effet tous les traits de la race des plateaux, qui se rattache traditionnellement aux Toltèques, et les fouilles exécutées depuis lors à Téotihuacan et à Tula ont permis de découvrir d'autres pièces analogues. Mais Baradère, qui ne connaissait que les masques de la vallée de Mexico, et qui ne se doutait en aucune façon du polymorphisme si étendu des races humaines du Mexique, se permit de contredire son auteur avec quelque vivacité.

« Nous avons vu, dit-il, un de ces masques en jaspe vert du Musée de Mexico, reproduit fidèlement en cire verte, nous y avons observé un caractère bien différent de celui-ci et qui se rapproche tout à fait du type généralement attribué aux indigènes. Ce type est le même que celui qu'on remarque chez diverses tribus sauvages et dont les Charruas venus récemment à Paris ont offert un exemple. »

Baradère n'avait pas tort et Dupaix avait raison. Leurs observations s'appliquaient en effet à des choses fort diverses, et le masque « trouvé dans une excavation fortuite le long d'un grand tertre élevé de main d'homme à Cholula, masque qui représentait par suite le type antique du Toltèque, devait nécessairement offrir d'autres traits que ceux de Mexico, consacrés à fixer la physionomie des envahisseurs de date plus récente, Chichimèques ou Aztèques » [2].

J'ai groupé sur la planche XI de mon atlas une série de masques d'époques et de provenances diverses qui exagèrent ces différences ethniques. Le n° 13, trouvé à Téotihuacan par M. D. Charnay dans ses fouilles de 1880 [3], est en terre cuite moulée (n° 19587). Il mesure 0ᵐ,08 de hauteur et 0ᵐ,115 de large; il est, par conséquent, sensiblement plus large que haut [4]. Une applique, en forme de bandeau, encadre le front, simulant jusqu'à un certain point une chevelure taillée carrément. La figure est plate et triangulaire; les yeux en amandes sont à fleur de tête; le nez est droit, et le lobule arrondi déborde les narines relativement dilatées. Les lèvres sont charnues et déroulées, le menton est triangulaire. Ce type de masque, qui s'est rencontré jusqu'à trois fois dans les fouilles de M. Charnay à Téotihuacan, se retrouve sur un grand nombre de têtes de statuettes funéraires, découvertes un peu partout dans les grandes ruines toltèques [5]. On le reconnaît de nouveau, avec tous ses traits particuliers, sur un masque en serpentine de la collection Pinart, trouvé par M. Boban à Téotihuacan, et dont la hauteur est à la largeur comme 7 est à 9.

Le second type de masque (fig. 30) de la planche XI est nettement funéraire comme le premier, mais appartient à un autre peuple et à une époque plus récente et présente des formes et des proportions fort différentes. Il fait partie d'une série de pièces exhumées par M. Eug. Boban d'un ancien cimetière tépanèque à Azcapozalco [6] et dont la largeur, au lieu de dépasser la hauteur, est plutôt un peu plus faible.

La pièce figurée a 0ᵐ,17 de haut et seulement 0ᵐ,16 de large. Elle est taillée dans une roche dure, gris verdâtre, dépolie par l'action du carbonate de soude dont le sol du cimetière d'Azcapozalco est imprégné. Elle n'a conservé son aspect primitif qu'en quelques points revêtus jadis d'un enduit. On voit ainsi, sur le front, les traces d'un bandeau, et plus bas la silhouette découpée de deux espèces d'oiseaux symétriquement dessinés au centre des carrés qui occupaient les deux joues. Les yeux, creusés en amandes, devaient sertir entre leurs paupières saillantes quelque roche brillante : il en était peut-être de même de la bouche. On voit aux commissures les traces du perforateur qui a servi à obtenir l'évidement de ces diverses cavités. Le nez est gros, long (0ᵐ,055), un peu convexe, le front carré tournant, et les oreilles se réduisent à une sorte de lobe étroit, percé de part en part. D'autres trous, au nombre de quatre, destinés à fixer le masque, sont percés le long des deux bandes en relief ménagées sur la face postérieure.

Les autres masques de Tépanèques d'Azcapozalco ne diffèrent de celui que je viens de décrire que par la roche, qui 'est tantôt un marbre noir compact, tantôt un marbre rouge, ou gris. Les proportions varient de 0ᵐ,15 à 0ᵐ,16 pour la hauteur, de 0ᵐ,15 0ᵐ,175 pour la largeur, y compris les oreilles, et la longueur du nez oscille entre 0ᵐ,050 et 0ᵐ,065. Un des masques se fait remarquer par le sciage qui l'a détaché en combinant deux traits de scie et éclatant le tenon qui les séparait. Le travail de polissage et de perforation à l'aide d'un cylindre est plus ou moins inégal d'une pièce à l'autre. Le nombre des trous d'attache varie de quatre à six et presque toujours le menton et le front sont respectés.

Plusieurs autres masques, recueillis par MM. Boban, D. Charnay, Labadie, en diverses localités de la

---

1. Cf. Dupaix, *Première expédition*. pl. XV, in-f°.
2. *Ibid.*, p. 11, n. 2.
3. Cf. D. Charnay, *Les anciennes villes du Nouveau-Monde*. Paris, 1885, in-4°, p. 119.
4. Presque dans la proportion de 2 à 3.
5. D. Charnay, *op. cit.*, p. 169.
6. C'est de cette fouille que proviennent en partie les crânes du Muséum d'histoire naturelle de Paris, que j'ai publiés dans mon *Anthropologie du Mexique* (p. 142 et pl. XIX).

même vallée de Mexico, sont fort semblables à ceux qui viennent d'être plus spécialement examinés. Je me bornerai à relever rapidement en passant quelques particularités plus ou moins intéressantes. Le n° 11585, par exemple, taillé dans un beau marbre noir, présente une double arête qui limite nettement le dos du nez, et un relief carré qui relie les sourcils. Le n° 11587, fait d'une roche calcaire d'un gris verdâtre pâle, a deux trous obliquement reliés sous la base du nez, qui avaient reçu jadis quelque pendentif précieux. Enfin, un petit masque inachevé de marbre noir (n° 11576) est remarquable par la longueur et la saillie d'un nez (0^m,04) qui forme à lui tout seul environ la moitié de la face.

Un troisième type de masque, figuré aussi sur la planche XI, vient des environs d'Oaxaca; c'est un disque, bien arrondi (haut 0^m,103, larg. 0^m,10) et assez épais (0^m,04), taillé dans une roche très dure reconnue par M. Damour comme un pétrosilex chloriteux et poli avec un soin extrême. La face couronnée de cheveux en bandeaux particulièrement soignés est surtout remarquable par l'orifice ovale de 0^m,038 de large sur 0^m,030 de haut, qui met à découvert une bouche aux lèvres closes.

L'artiste a certainement voulu représenter une figure couverte d'un masque, et Lucien de Rosny, qui a le premier étudié cette pièce dans un mémoire paru en 1875[1], y a vu un souvenir de cette lugubre histoire de la vierge de Colhuacan écorchée par les Mexicains et dont la peau servit à revêtir un des pontifes de Huitzilopochtli[2].

Mais cette histoire de Toci est purement aztèque, tandis que le masque où M. L. de Rosny a cru en voir la représentation, a été découvert en plein territoire mixtèque, c'est-à-dire, dans une contrée à laquelle cette légende est parfaitement étrangère. J'aime mieux reconnaître tout simplement dans cette curieuse figure le masque d'un mort de qualité, dont, par un raffinement de luxe funéraire, on a voulu représenter, non sans grand'peine, une partie du visage derrière le masque qui le recouvre.

La pièce était certainement destinée à être solidement attachée, car, outre le trou de suspension, large de 0^m,006, percé obliquement dans son bord supérieur[3], elle a été péniblement creusée en travers, au dessus du niveau des yeux, d'un long conduit de 0^m,055 qui aboutit à deux larges trous de la face postérieure.

APPLIQUES EN PIERRE DURE

La tête (n° 20000) de la collection Labadie, sculptée en bas-relief sur un demi-cylindre de belle serpentine verte, que deux trous obliquement percés fixaient en arrière à quelque traverse arrondie, est remarquable par son expression douloureuse et cruelle. C'est une des œuvres les plus intéressantes qu'ait produites la sculpture dans la vallée de Mexico. Elle mesure 0^m,076 dans un sens et 0^m,054 dans l'autre et son épaisseur inégale varie de 0^m,025 à 0^m,03. Les cheveux aplatis sont coupés carrément sur le front et deux larges rosaces à pendentifs ornent les tempes. Les cavités oculaires où l'on voit encore tout le travail de perforation devaient loger des yeux artificiels; le front est contracté et la bouche, abaissée aux angles, montre de larges dents.

Le n° 35 est une applique d'autre forme, également en serpentine, haut de 0^m,15, large de 0^m,075, épaisse de 0^m,007, envoyée aussi de Mexico par M. Labadie au Musée du Trocadéro. Le sculpteur y a ciselé en bas-relief un personnage qui marche vers la droite et tient d'une main un serpent onduleux, tandis que de l'autre il verse l'eau d'une cruche. Cette sculpture, qui n'est pas très ancienne[4], représente le plus archaïque des dieux du panthéon mexicain, Tlaloc qui lance l'éclair, dont le serpent ondulé est l'image, et qui fait la pluie, représentée par l'eau s'échappant du vase penché. Je reviendrai sur les symboles de Tlaloc, en commentant un peu plus loin la seconde figure de la planche XIII.

MIROIR EN PYRITE POLIE

On trouvera enfin sous le n° 34 une autre sculpture de 0^m,06 de diamètre (n° 25596), faite d'un morceau de pyrite de fer poli et ciselé, et qui montre bien dans quelle mesure le choix de la matière peut réellement influencer le travail de l'artiste. Il n'est pas rare de rencontrer dans les fouilles pratiquées à Mexico ou dans les environs de cette capitale, à Téotihuacan par exemple, de petits objets brillants, offrant une ou deux faces rondes ou ovales méthodiquement polies. Les uns sont plan-convexes, les autres moins nombreux forment un cylindre très aplati; tous portent un double trou de suspension. Il en est qui atteignent 0^m,09 de diamètre, il s'en trouve qui sont réduits à 0^m,025. Ce sont des miroirs[5].

On voit, au dos de celui de la figure n° 34, un personnage accroupi, surmonté d'un hiéroglyphe en forme de serpent à sonnettes demi-enroulé[6] dont la tête est ornée de plumes : c'est Quetzalcoatl, dont je vais avoir à parler avec quelques détails un peu plus loin, et qui se montre ici avec tout son symbolisme spécial : chapeau conique orné d'un nœud à larges coques et d'un décor replié en serpent, masque rappelant la face d'un singe, bijoux très spéciaux du cou et de l'oreille, panache qui surmonte le drapeau planté sur le bouclier, crosse tenue de la main gauche, etc. On comparera utilement cette figure avec la planche VI de la seconde partie de l'atlas, déjà cité, de Duran.

1. Lucien de Rosny, *Recherches sur les masques, le jade et l'industrie lapidaire chez les indigènes de l'Amérique antique* (*Arch. de la Soc. améric. de France*, nouv. sér., t. I, p. 308. Paris, 1875, in-8°).

2. Fr. B. de Sahagun, *Histoire des choses de la Nouvelle-Espagne*, trad. fr. de Jourdanet. Paris, 1880, in-8°. p. 68-69. — Cette horrible pratique se répétait chaque année le premier jour du mois d'*ochpaniztli* consacré à Toci.

3. On voit ici, avec la plus grande netteté, comment se faisait l'attaque de la roche dure par deux excavations légèrement coniques cheminant à la rencontre l'une de l'autre.

4. Le pot à eau, en particulier, est relativement récent dans le symbolisme de Tlaloc; ainsi c'est ce même vase, trois fois répété, qui couronne le téocalli de Tlaloc, dans l'atlas de Duran (lam. 15).

5. Il se trouve aussi, mais plus rarement, des miroirs ronds, beaucoup plus grands, en obsidienne polie. Le Musée du Trocadéro en possède un de 0^m,155 de diamètre, du type plan-convexe (n° 25346), et la moitié d'un autre, à deux faces, large de 0^m,215 (n° 24793).

6. M. Eug. Boban, qui a fait connaître cette curieuse pièce, croyait y voir l'hiéroglyphe d'Itzcoatl, quatrième roi de Mexico. Mais pour que l'on fût autorisé à lire Itzcoatl il aurait fallu qu'au serpent *coatl* se joignit l'obsidienne *itzli*, sous sa forme habituelle, une pointe de flèche taillée. Or, il n'y a rien de semblable sur le miroir du Trocadéro.

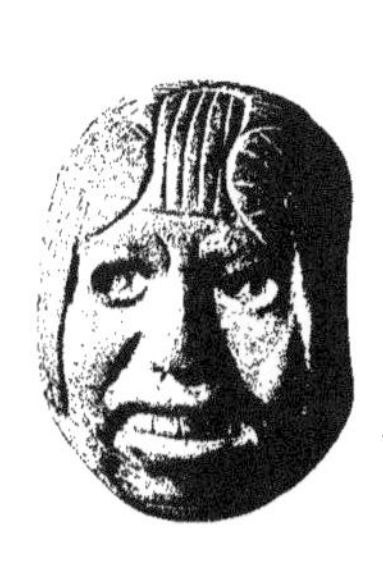

33

35

34

32

30

31

MASQUES EN PIERRE ET EN TERRE CUITE,
APPLIQUE EN SERPENTINE ET MIROIR EN PYRITE DE FER.

TEOTIHUACAN, AZCAPOZALCO, MEXICO, OAXACA.

N° 36

QUETZALCOATL
LE SERPENT EMPLUMÉ
STATUE EN PORPHYRE (VALLÉE DE MEXICO)

Dès les premiers pas risqués au milieu des ténèbres d'un passé presque inconnu, Dupaix, le fondateur de l'archéologie mexicaine, est frappé de l'importance que le serpent a prise dans les monuments qu'il examine. « Nous l'avons vu, dit-il[1], sculpté en pierre de diverses espèces et diversement travaillé, soit roulé, soit en spirale, soit développé; quelquefois noué avec grâce, d'autres fois le corps lisse, recouvert d'écailles, et même de plumes, etc. » Le serpent se rencontre, en effet, très fréquemment dans l'iconographie du Nouveau-Monde[2] et sous la dernière des formes signalées par Dupaix, il occupe une aire extrêmement étendue, depuis les Casas Grandes de Chihuahua, vers le nord[3] jusqu'aux rochers peints du lac de Nijapa, dans la direction du sud[4]. Ce *serpent emplumé* est le hiéroglyphe de Quetzalcoatl, le dieu civilisateur des Toltèques, introduit plus tard dans le panthéon des Chichimèques et des Aztèques.

Coatl, en effet, signifie *serpent* en général[5] et *quetzal* est le nom du superbe oiseau, aux longues plumes caudales d'un vert émeraude que les ornithologistes ont appelé *calure resplendissant, Calurus resplendens*[6].

L'emblème, qui combine ces deux éléments figurés, se présente dans les monuments fort nombreux que l'on possède sous des apparences assez variables.

On peut cependant distinguer deux groupes principaux. Dans le premier de ces groupes le serpent qui est le plus souvent un crotale, dont la queue est munie de plusieurs grelots très reconnaissables, est enroulé en forme de cylindre ou de cône plus ou moins surbaissé; la gueule, armée de dents puissantes, est entr'ouverte et laisse pendre une langue plate et bifide.

La plus connue de ces représentations du serpent emplumé est celle qu'a donnée Aglio dans le grand ouvrage de Kinsborough[7] et dont l'original, longtemps conservé au Louvre, est aujourd'hui déposé au Musée du Trocadéro. C'est une lourde pièce (66^{kg},500) en porphyre brunâtre, mesurant 0^m,47 de large et seulement 0^m,28 de haut. La gueule qui s'entr'ouvre laisse passer une langue volumineuse, s'étalant au bout en une double spatule aplatie. Quatre petits crochets droits s'alignent au-dessus, quatre autres encadrent la langue, deux enfin beaucoup plus gros se recourbent en arrière. La mâchoire inférieure se termine par une volute. Deux treillages symétriques enfermés dans un quadrilatère aplati abritent les paupières, et un peu plus loin, se dessine un hiéroglyphe carré de 0^m,07 de côté, où l'on déchiffre le signe du roseau accompagné en bas et à gauche d'*un*

---

1. *Première Expédition*, p. 9.
2. On l'a déjà vu, plus haut, symbolisant l'éclair dans la main de Tlaloc (pl. XI).
3. M. Marshall H. Saville a publié dans l'*Archæologist* d'octobre 1894 une petite note dans laquelle se trouve décrit et figuré un serpent emplumé peint sur un des vases exhumés par M. C. Lumholtz des ruines des Casas Grandes de Chihuahua (Marshall H. Saville, *The plumed serpent in Northern Mexico*, in *Archæologist*, oct. 1894). C'est sans aucun doute le *pá-lü-lü kon üh* de M. W. Fewkes.
4. Squier, *Nicaragua*, p. 435-441.
5. Sahagun, *trad. cit.*, p. 718 et suiv. — Il distingue le *maçacoatl*, la *tetzauhcoatl*, le *tlapapalcoatl*, le *petlacoatl*, le *chimalcoatl*, etc., etc..
6. Sahagun croyait, avec les Indiens dont il rapporte les légendes, à l'existence d'une espèce de serpent véritablement emplumée. « Il existe, écrivait-il, un autre serpent nommé *quetzalcoatl* : il y en a beaucoup dans la terre chaude de Totonacapan. Il est de taille moyenne, à peu près comme les couleuvres d'eau. On l'appelle *quetzalcoatl* parce qu'il forme des plumes semblables aux plumes riches appelées *quetzalli*. Il en porte au cou qu'on nomme *tzinitzacan*; elles sont petites et d'un vert clair. Il porte à la queue et sur ses anneaux des plumes pareilles à celles de l'oiseau nommé *xuihtotoll* qui est bleu. Le poitrail de ce serpent est rouge. On le voit rarement, etc., (*trad. cit.*, p. 722).
7. Vol. IV, 2ᵉ sér. Coll. Latour-Allard, l. 5. — Catal. du Mus. n° 20059.

petit disque numérique. C'est l'hiéroglyphe de *ce acatl*, un roseau, qui correspond dans le calendrier mexicain à la grande fête du dieu du vent[1].

Des anses compliquées, couvertes de plumes longues et étroites, forment plusieurs emmêlements à la surface du corps de l'animal, avant d'aboutir à une queue composée de cinq rangs de gros anneaux.

La face inférieure est toute couverte de fines ciselures, malheureusement bien effacées, et qui représentent, de même que les surfaces correspondantes de quelques pierres déjà connues[2], *Mictlantecuhtli*, le dieu des morts.

On peut rapprocher de cette importante pièce trois serpents à sonnettes disposés en spirale, l'un en basalte, l'autre en granit, l'autre en une lave rougeâtre et qui portent les n°ˢ 8117, 20062, et 20063 de notre Catalogue. Le premier, haut de 0ᵐ,19, large de 0ᵐ,25, forme trois tours de spire; le second qui mesure 0ᵐ,21 de haut et 0ᵐ,30 de large, est enroulé de façon que la tête vienne reposer sur la queue faite de six anneaux; le troisième, bien moins volumineux (haut. 0ᵐ,12, long. 0ᵐ,14), se termine par quatre rangs seulement de grelots.

La remarquable statue en porphyre brun (n° 10412), figurée ci-contre sur la planche XII[3], est le type le plus parfait que l'on puisse choisir des images de Quetzalcoatl représentant non plus seulement le serpent emplumé, mais la divinité elle-même se manifestant sous ses enveloppes animales.

Cette superbe pièce, qui a fait partie de la collection Pinart, est un bloc de porphyre roulé, dont on a utilisé habilement les surfaces arrondies pour y représenter le serpent emplumé et le dieu qui en est l'hôte. De la gueule largement dilatée sort la tête divine; elle est tout imprégnée, semble-t-il, de souffrance et de tristesse, et l'impression spéciale qu'elle produit est encore aggravée par le travail des paupières destinées à loger des yeux en quelque roche précieuse, aujourd'hui arrachés.

Les cheveux du dieu sont coupés en cintre tout autour du front; quatre dents égales, de forme conique, sont plantées dans la région incisive; huit autres, beaucoup plus grosses, relevées en arrière, complètent des deux côtés la rangée supérieure. L'inférieure se borne à quatre dents logées derrière les oreilles.

Celles-ci, petites et bien faites, supportent de gros pendants larges et aplatis en forme de hameçons.

La langue bifide pend au-dessous du menton : un ombilic, ménagé au milieu des longues plumes qui recouvrent la plus grande partie du corps, logeait un peu plus bas le pédicule d'un ornement disparu.

Le dos de la main droite apparaît sous le pendant d'oreille du même côté; la main gauche, demi-fermée, se montre un peu plus bas. La jambe droite s'allonge vers la base de la pièce, terminée par un pied plat et tordu, vu de dos, et les orteils du côté gauche s'aperçoivent appuyés sur les cinq anneaux de la queue.

Le Musée du Trocadéro possède deux autres monuments du même genre. L'un (n° 20061), qui faisait partie de la collection de Latour-Allard, a été dessiné par Aglio[4].

Le serpent qu'il représente forme une spirale lisse, rétrécie par en haut, mesurant 0ᵐ,48 sur 0ᵐ,26, taillée dans une lave brune et pesant 21ᵏᵍ,600. Une tête humaine, ornée des mêmes pendants que celle de la pl. XII, s'encadre entre les mâchoires du reptile; les six crochets appuient sur le front, et la langue rubannée et fourchue pend sous le menton[5].

L'autre serpent à tête humaine (Coll. Labadie, n° 44800), moins volumineux (haut. 0ᵐ,42, largeur 0ᵐ,19) et moins pesant (19ᵏᵍ,500), est d'un travail à la fois plus grossier et plus compliqué. L'animal est enroulé sur lui-même; le corps forme boucle à la base. Un des anneaux passe sous l'autre vers la droite et remonte pour s'insinuer de nouveau entre la tête et le premier anneau et retombe en avant vers la gauche. La tête humaine qui sort des mâchoires du serpent est sans expression; elle a été aussi munie d'yeux postiches qu'on lui a depuis longtemps enlevés.

---

1. « Dans le signe de *ce acatl*, dit Sahagun, à la première journée les grands seigneurs et principaux personnages faisaient une grande fête à Quetzalcoatl, le dieu des vents. Cette fête était célébrée dans le premier édifice appelé *calmecac* dans lequel demeuraient les satrapes des idoles et où des enfants recevaient leur éducation. En cet établissement qui était comparable à un monastère, se trouvait la statue de Quetzalcoatl. On la revêtait ce jour-là de riches ornements et on faisait devant elle l'offrande de parfums et de choses à manger. On disait que c'était là le signe du Quetzalcoatl » (Sahagun, *trad. cit.*, p. 79).

2. Cf. Chavero, *op. cit.*, p. 750. — Etc.

3. Elle est haute de 0ᵐ,44, large de 0ᵐ,25, épaisse de 0ᵐ,23 et son poids atteint 38½ kilogrammes.

4. Vol. IV. 2ᵉ sér. Coll. Latour-Allard, n° 11.

5. Longpérier avait fait remarquer dans son Catalogue (n° 61) que le roi mexicain Acamapichtli est représenté dans le *Codex Mendoza* « avec un serpent à tête humaine pour cimier ». Mais il n'avait pas été au delà de ce rapprochement. Ferdinand Denis, qui lui a attribué à tort la pensée de faire du serpent à tête humain *le symbole d'Acamapichtli*, s'est grossièrement trompé en reconnaissant dans cette représentation « la Cybèle mexicaine *Totonantzin*, notre mère, que l'on appelait, selon B. de Sahagun *Cihuacohuatl*, la femme serpent » (*Magas. Pitt.*, 1852, p. 198).

36

QUETZALCOATL,
Le Serpent emplumé.
Statue en porphyre.
Vallée de Mexico.

————

N°s 37-38

STATUES EN BASALTE

————

QUETZALCOATL EHECATL

Parmi les insignes spéciaux, attribués à Quetzalcoatl, l'un des plus apparents était celui qui portait le nom de *joyau du vent*. Sahagun[1] nous apprend que c'est une figure *à cinq angles*.

On voit quelquefois en effet au cou de certaines images en pierre ou en terre cuite de la vallée de Mexico un ornement pentagonal, dessiné pourtant de telle sorte qu'il y a toujours une volute, inscrite à l'intérieur du pentagone.

J'ai trouvé l'explication de cette figure complexe, en rapprochant ces sculptures de certains ornements en coquille rapportés de Mexico, par MM. Boban et Labadie.

Le Musée d'Ethnographie du Trocadéro possède trois de ces ornements, qui ne sont autres que *des coquilles de strombe* nettement *sciées en travers*. La plus grande (n° 24453) dont il ne reste qu'une moitié, mesure un peu plus de 0^m,095 de diamètre; les autres atteignent respective- ment des diamètres qui dépassent un peu 0^m,09 et 0^m,04.

J'ai reproduit ci-contre, de grandeur naturelle, la mieux caractéri- sée. Qu'on la compare avec le pectoral de la figure 37, on constatera que les reliefs sont tout à fait les mêmes dans les deux pièces, mais que la courbe est renversée sur la coquille, qui a été prise tout au sommet du strombe, tandis que la tranche suivante retournée, a certainement fourni le modèle du sculpteur.

Notre *joyau* composait, avec deux pendants d'oreilles et un collier aussi de coquilles marines, l'ornementation d'une statue de Quetzal- coatl[2]. Les pendants d'oreille en fasciolaire, hauts de 0^m,005, larges de 0^m,0055, ont exactement la forme de ceux de la statue de porphyre de la planche XI, et le collier comprend quarante échantillons de coquilles d'olive.

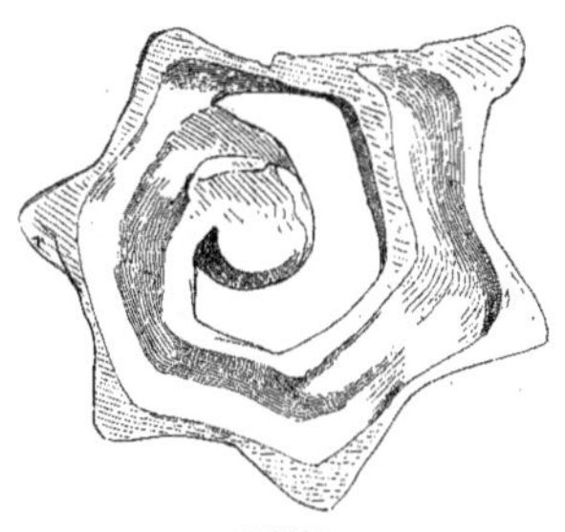

Nous retrouvons pectoral et pendants d'oreilles sur la statue de basalte photographiée sous le n° 37 (pl. XIII). Cette statue, haute de 0^m,45 et large de 0^m,25, représente un personnage à tête d'animal, assis sur son derrière, le cou tendu et la tête relevée, appuyé sur les mains. De prime abord il semble malaisé de reconnaître la nature de cet être bizarre et contracté; en y regardant de plus près, on distingue peu à peu les éléments d'une tête de singe : crâne acuminé, museau saillant, moustaches grossièrement rendues par deux pinceaux épais étalés transversalement sur la joue, mandibules très prognathes. C'est bien un singe, dans l'attitude de l'effort, soufflant puissamment devant lui ; image vivante et animée du dieu du vent, dont il porte les insignes au cou et aux oreilles, Quetzalcoatl sous sa forme la plus active d'*Ehecatl*, tourbillon, tempête, etc.

Ce symbolisme du singe s'explique aisément, ce me semble : être essentiellement mobile, s'agitant et se balançant sans cesse dans les hautes futaies, n'apparaît-il point, en effet, à l'imagination populaire comme le com- pagnon, le délégué, le représentant même du dieu dont le souffle puissant balance les grands arbres ? C'est d'ailleurs sous cette forme de compagnon et de serviteur d'Ehecatl Quetzalcoatl que le singe se montre dans la cosmogonie nahuatl.

Le *Codex Vaticanus* (n° 3738) représente dans quatre de ses planches depuis longtemps célèbres les *quatre soleils* ou époques cosmogoniques des Nahuatl ; le deuxième de ces tableaux met en scène la seconde de ces époques *Ehecatonatiuh*, le soleil de l'air ou du vent. Quetzalcoatl y préside, facile à reconnaître à sa longue queue de serpent (*coatl*) ornée des plumes du *quetzalli*, tenant dans la main droite sa crosse symbolique et de la gau-

————

1. B. P. Bernardino de Sahagun, *Histoire générale des choses de la Nouvelle Espagne*, liv. I, ch. v, trad. Jourdanet, Paris, 1880, in-8°, p. 16.
2. *Cat. Mus. d'Ethnogr.*, n° 8115. — Cette pièce est ici reproduite à l'échelle de 55/100.

che agitant un faisceau formé des plumes de l'oiseau qui lui est consacré. Autour de lui trois singes se démènent au milieu de l'atmosphère troublée, tandis que *ehecatl*, qui n'est autre qu'une tête de singe soufflant hiéroglyphisée, fait rage autour de la grotte où se sont réfugiés l'homme et la femme, qui ont échappé à la tourmente.

Les représentations du singe soufflant sont très communes au Mexique, depuis les volumineuses statues de pierre analogues à celle dont il vient d'être question jusqu'aux petites terres cuites, dont on trouvera plus loin un certain nombre de reproductions caractéristiques.

TLALOC

Tlaloc, dont j'ai déjà dit quelques mots plus haut, en décrivant la figure 35 de la planche XI, est la divinité la plus ancienne qui ait été vénérée au Mexique. Lorsque les Acolhuas parvinrent au cours de leur migration dans la serrania voisine de Tetzcuco, ils y trouvèrent sur le mont qui porte encore aujourd'hui le nom de mont Tlaloc, une statue de pierre blanche, de forme humaine, assise tournée vers l'est sur un cube de pierre, devant lequel « il y avait un vase en manière de terrine ou de jatte travaillée également en pierre et dans le creux de laquelle auraient pu tenir six quarts d'eau »[1]. C'était une antique figure du dieu de l'eau symbolisé par le vase placé ainsi à ses pieds.

Ce symbolisme du vase a accompagné l'image divine à travers les âges. Tlaloc a été fréquemment représenté avec ce récipient. Mais il le porte de préférence sur le ventre, soit que, marchant, il semble vider l'eau devant lui, sur la terre, ou que couché, il paraisse la recevoir du ciel.

Le Musée national de Mexico possède plusieurs grandes statues représentant Tlaloc couché, le vase sur le ventre.

M. Jesus Sanchez a groupé la description et l'étude comparée de ces remarquables figures dans un bon article imprimé au premier volume des *Annales du Musée de Mexico*[2]. Ce sont une statue exhumée dans l'État de Tlaxcala, une autre qui vient de Tacubaya, enfin l'image dite de Chacmool, trouvée par M. le D[r] Le Plongeon dans ses fouilles de Chichen-Itza, Yucatan[3]. Dans toutes trois, le dieu se montre appuyé sur les reins et la tête relevée : tenant entre ses mains ramenées sur l'abdomen un vase en forme de cylindre bas avec ou sans rebords. La statue de Tacubaya porte en outre gravées en relief sous sa base, des grenouilles, des coquilles et des plantes, pour bien accentuer le caractère aquatique de l'idole[4].

ORNEMENT DE BOUCHE DE TLALOC.
OAXACA

Malheureusement la face en est abîmée et l'archéologue est hors d'état de s'assurer si le masque dont il ne reste que les œillères est bien celui dont la figure 35 a déjà fait passer une image atténuée sous les yeux du lecteur et qui caractérise plus parfaitement encore que le vase l'image de Tlaloc.

Ce masque se compose essentiellement d'œillères plus ou moins développées et d'une applique qui couvre les lèvres et comprend un bandeau replié sur les côtés en une sorte de grecque aux angles adoucis, puis des appendices verticaux en nombre inégal qui en descendent sur le menton.

L'ensemble rappelle tout à fait au premier abord, ainsi qu'on peut le voir sur les deux monuments ci-joints, une moustache retroussée surmontant d'énormes incisives, *las dientes de Tlaloc*. Le bandeau contourné correspond cependant, à n'en point douter, à l'*image de la nuée*, les appendices représentant *les eaux qui s'en échappent*[5].

NAHUALAC.

C'est cet ornement quelque peu simplifié qui couvre la bouche de la statue de basalte figurée au n° 38 de la planche XIII. Cette statue de Tlaloc, haute de 0^m,43, large de 0^m,20, épaisse de 0^m,15, nous vient de Mexico et fait partie de la belle collection offerte au Musée par M. Labadie en 1887. Le personnage divin est coiffé d'une tiare basse à trois cornes grossièrement ornée de stries ; un dorsal plissé descend jusque vers le milieu du dos ; les oreillères très larges sont sommairement décorées comme la tiare. Le masque spécial comprend les deux tortillons latéraux encadrant deux pendentifs seulement, au lieu de quatre que l'on compte le plus habituellement. Enfin les deux bras ramenés en avant soutiennent de leurs mains étalées en éventail une cuvette verticalement appuyée sur la poitrine et le ventre et dont le dieu semble verser le contenu.

C'est le type du Tlaloc debout dont je parlais plus haut et qui se reproduit dans quelques autres monuments de cette divinité et notamment dans une statue de pierre fort grossière trouvée à Apatlatepitonco par M. Charnay en 1881. Cette dernière idole mesure 0^m,24 de hauteur, 0^m,19 de largeur et 0^m,11 d'épaisseur, et son vase haut de 0^m,11 est large de 0^m,09.

1. Voy., pour plus de détails, Torquemada, *Monarquia Indiana*, tit. VI, c. 23, t. II, p. 44-46.
1. J. Sanchez, *Estudio acerca de la estatua llamada Chac-Mool, o Rey Tigre* (*Anales del Museo Nacional de México*, t. I, p. 270-278, 1877, in-4°).
3. Un quatrième monument, beaucoup plus petit, trouvé dans l'État de Tlaxcala, appartient au Musée du Trocadéro (n° 7859). Il ne mesure que 0^m,17 de longueur, 0^m,085 de largeur et 0^m,08 de hauteur, mais pèse 2^kg,100 et rappelle à bien des égards sous ces dimensions restreintes l'idole de Tacubaya. Le dieu est couché, la tête rejetée en arrière et touchant le sol par le vertex. Il porte un bandeau strié sur le front, un masque avec dents assez particulier, des disques d'oreilles à longs pendentifs terminés par des plumes, des manchettes à trois rangs de boutons, des épaulettes et des jarretières à rosettes, des bottines à courroies également ornées de rosettes, un petit *maxtli* enfin qui passe sous le vase à bord décoré que le dieu tient sur son ventre. Le vase n'a pas été fini, et l'on voit dans le fond les traces fort nettes du perforateur circulaire, appliqué cinq fois, qui devait évider le creux et dont les cylindres, en partie brisés, sont demeurés en place.
4. Voy. le n° 5 de la planche qui accompagne le mémoire cité.
5. Les Castillans, traduisant à leur usage les hiéroglyphes mexicains les plus répandus, représentaient le signe de *Quiahuitl* (*la pluie*) propre au dix-neuvième jour de chaque mois par un grossier dessin qui montre un amas de nuages, dont les formes générales rappellent assez bien le bandeau de nos figures et d'où descendent des lignes parallèles figurant une pluie intense et qui correspondent aux stries séparant les *dents*.

37

QUETZALCOATL EHECATL.

STATUES EN BASALTE.

TLALOC.

Vᴀʟʟᴇ́ᴇ ᴅᴇ Mᴇxɪᴄᴏ.

38

PLANCHE XIV

N°s 39-44

DIEUX LARES MEXICAINS
TEPITOTON

« *Tepitoton*, dit Clavigero [1], était le nom que donnaient les Mexicains à leurs pénates ou dieux domestiques, et aux idoles qui les représentaient. Le roi et les seigneurs devaient avoir six de ces petites idoles (*idoletti*) dans leurs demeures : les nobles en devaient avoir quatre, et les plébéiens deux. On en voyait tout partout sur la voie publique. »

C'est beaucoup plus qu'il n'en faut pour expliquer le grand nombre de statuettes en terre cuite, souvent fort grossières, que l'on découvre presque partout dans les fouilles de la vallée de Mexico [2]. Le Musée d'Ethnographie en possède plusieurs centaines, dont le plus grand nombre n'ont reçu jusqu'à présent que des étiquettes provisoires.

Rien de plus difficile, en effet, que d'identifier ces figurines, poussées le plus souvent sans beaucoup de soin dans des creux de terre cuite simplement ébauchés, et dont la matière même interdit de préciser l'exécution [3].

Dans un petit nombre de cas seulement, on peut reconnaître sans hésitation à leurs attitudes, à certains attributs, à des accessoires plus ou moins importants, certaines divinités du panthéon mexicain, telles que Quetzalcoatl ou Tlaloc, Tezcatlipoca ou Huitzilopochtli. Mais il arrive, bien plus souvent, que l'on se heurte à d'insurmontables difficultés dans la distinction des traits vraiment caractéristiques de *tepitotons* moins connus.

Je suis en mesure de donner une explication satisfaisante de l'iconographie en terre cuite de Quetzalcoatl, représentée par les quatre premières figures de la planche XIV, mais pour celle de Totec (n° 43) par exemple que j'ai juxtaposée aux précédentes, j'en suis encore réduit aux commentaires un peu vieillis de Longpérier [4].

Ce personnage divinisé, que le *codex Vaticanus* n° 3738 nous montre accompagnant Quetzalcoatl [5], porte bien dans la terre cuite, comme dans le manuscrit indigène, un bonnet pointu sur la tête, et au bras gauche un bouclier rond surmonté d'un drapeau terminé par un panache. Mais le bras droit sur la peinture indienne est armé d'une longue lance dont la pointe est découpée en étages et deux fois ajourée [6], lance qu'on ne retrouve dans les terres cuites que réduite et déformée.

---

1. D. Fr. S. Clavigero, *Storia antica del Messico cavata da' migliori storici spagnuoli e da' manoscritti, e dalle pitture antiche degl' Indiani*, etc. Cesena, 1780, in-4°, t. II, p. 23. — *Tepitoton* est traduit en italien *piccolini*, par Clavigero; en allemand *die Kleinen*, par M. Seler.

2. Ce sont presque toujours des espèces d'appliques assez plates, percées de deux trous de suspension.

3. Longpérier a écrit d'excellentes choses dans la préface de son Catalogue américain du Louvre (p. 9) sur cette nécessité d'*abstraire* où se trouve le sculpteur « en fait de détails et d'action ».

4. Puisque ce nom de Totec revient ici sous ma plume, qu'il me soit permis de remarquer une fois de plus que l'identification proposée pour la statue de la pl. X est basée avant tout sur la coexistence d'une coiffure conique ornée d'un nœud sur le devant et qui a le type simplifié du bonnet de Quetzalcoatl et d'une arme tenue à la main par le personnage qui a ainsi l'apparence d'un sectateur militaire du dieu. Suivant Longpérier, le *tepitoton* n° 122 du Catalogue du Louvre de 1851 aurait de même dans la main droite l'arme de pierre *tecpatl*.
Je n'ignore pas que, dans une iconographie plus moderne, les dieux armés de la hache sont d'un ordre tout à fait secondaire, Totoltecatl, par exemple, ou Macuiltochtli. Seulement ni l'un ni l'autre de ces dieux du *pulque* n'a le bonnet conique et le nœud de Quetzalcoatl, encore moins le *joyau du vent* que nous allons rencontrer sur la poitrine de la statuette n° 43 (Cf. Ed. Seler, *Altmexicanische Studien. Ein Kapitel aus dem Geschichtswerk des P. Sahagun (Veröffentl. aus dem königl. Mus. für Völkerkunde*. Bd. I, s. 160. Berlin, 1890. in-4°).

5. *Cod. Vatican*, n° 3738, p. 12. 14.

6. Est-ce pour la commodité du mouleur ou la solidité de la statuette que l'arme s'est ainsi trouvée réduite? ou le fabricant aurait-il substitué à la lance de Totec un *tecpatl* plus ou moins analogue à ceux de la statue en pierre de notre planche X ou du *tepitoton* n° 121 du Catalogue Longpérier ?

Quoi qu'il en soit, le dieu qui porte au cou le *joyau du vent* comme Quetzalcoatl lui-même reçoit les hommages de ses adorateurs, au sommet d'un *téocalli* de treize marches étroites, qui ne montre d'ailleurs aucune figure ni symbolique, ni décorative.

C'est encore au sommet d'un téocalli de onze marches (n° 40) qu'apparaît la figure du singe soufflant, symbole d'Ehecatl, dont nous avons déjà parlé et que la planche XIV nous montre sous ses formes les plus répandues. Nous retrouvons dans ces ébauches le renversement en arrière de la tête, caractéristique de l'effort, les mâchoires saillantes et les moustaches épaisses, où Longpérier croyait voir la figuration d'une tête de serpent. La tête soufflante sort du temple qui surmonte l'escalier du téocalli, et dont le sommet est recouvert d'un toit conique très élevé, assez analogue à la mitre, qui coiffe habituellement le dieu. La bordure ondulée et le nœud caractéristique de cette coiffure se voient d'ailleurs au front de l'animal symbolique. Le temple est rond, comme il sied à un temple de Quetzalcoatl.

Les *tepitotons* n°s 39, 41 et 42 représentent trois variétés de la même idole, montée sur un téocalli de six marches ou simplement assise à terre, coiffée d'un bonnet garni seulement de la bordure ordinaire que l'on vient de mentionner ou surchargé de plumes de quetzal, portant le bouclier surmonté du *pamitl* ou drapeau, ou brandissant la courte crosse qu'on voit si souvent représentée dans les manuscrits, ou une sorte de cornet d'où sortent de longues fleurs divergentes. Tous trois ont le pectoral en coquille que Sahagun appelle le *joyau du vent*, mais cet appendice caractéristique commence à s'écarter singulièrement de la rondelle de strombe qui lui a servi de modèle.

J'ai groupé dans la figure ci-jointe, à côté de l'une des coquilles sciées, de la collection Labadie, cinq dessins empruntés à des statuettes de terre cuite de Quetzalcoatl et un sixième représentant le même insigne d'après la pyrite polie décrite un peu plus haut[1]. On pourra se rendre compte en comparant ces diverses esquisses de l'étendue des variations de l'emblème, et s'expliquer ainsi que sa nature véritable ait pu être méconnue par des archéologues aussi exercés que Longpérier par exemple.

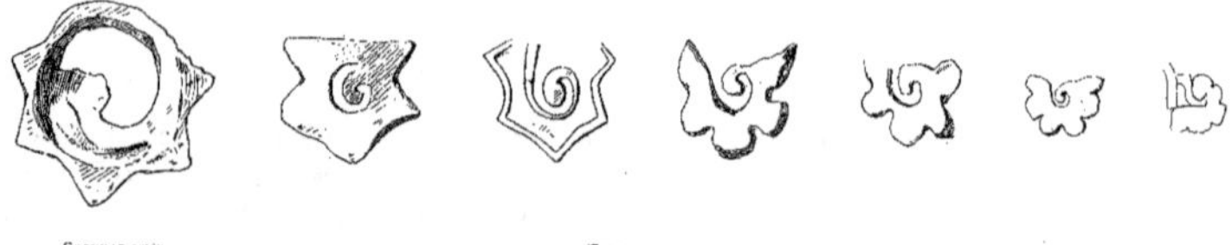

L'identification de la statuette n° 44 avec Tezcatlipoca se tire principalement du miroir (*tezcatl*), hiéroglyphe du nom de cette divinité. C'est un de ces miroirs circulaires bien connus, en obsidienne ou en pyrite, que le modeleur a représenté dans son cadre à court manche, surmonté d'une espèce de cône vaguement ouvragé.

La grande oreille qui s'élève à la gauche de la tête et l'ornement de plumes, qui tombe sur l'épaule du même côté, le mantelet coupé en créneaux sur le bord, la plaque ornée de reliefs en forme de croissants de lune qui couvre la poitrine, ont d'ailleurs leurs homologues dans les peintures indigènes et conviennent bien aux descriptions que nous ont laissées les premiers historiens de la Nouvelle-Espagne[2].

1. Voyez plus haut, pl. XI, n° 34.
2. P. F. D. Duran, *Historia de las Indias de Nueva España y Islas de Tierra firma*, t. II, cap. LXXXII, p. 98. Mexico, 1880, in-4°. — Etc.

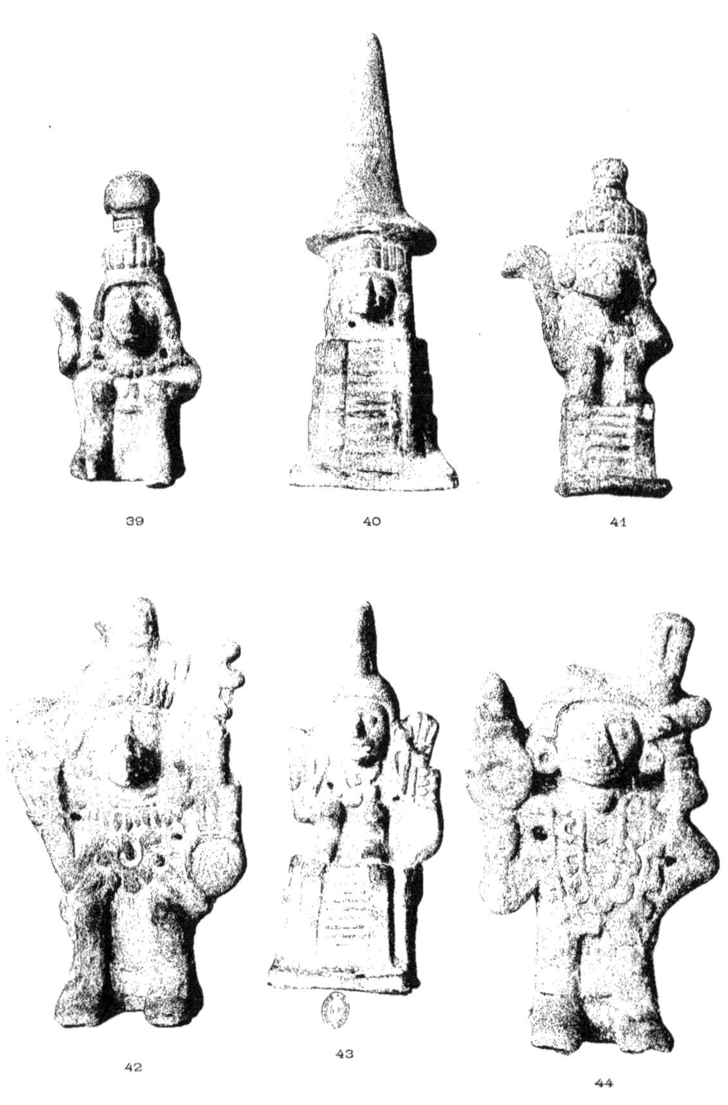

DIEUX-LARES MEXICAINS.

Quetzalcoatl, Totec, Tezcatlipoca.

PLANCHE XV

Nᵒˢ 45-46

STATUES DE BASALTE

(VALLÉE DE MEXICO)

PRÊTRESSE FAISANT L'OFFRANDE[1] (*SACERDOTIZA*)

Tous les recueils d'archéologie mexicaine mentionnent, à côté des images divines, plus ou moins analogues à celles dont il vient d'être question, des figures, moins importantes, qui représenteraient les ministres du culte, dans l'exercice de leurs fonctions. L'un des sujets les plus intéressants en ce genre est assurément le bas-relief de la collection Uhde, figuré par Waldeck[2] et dont j'ai donné le commentaire développé dans la *Revue d'Ethnographie*[3].

Le pontife de Tlaloc apparaît, dans cette sculpture barbare, sous son costume particulier, tenant d'une main le souchet, de l'autre la crécelle des fêtes de *etzalqualiztli*.

Un instrument de musique, fort analogue à l'*ayacachicaualiztli*, est aux mains du pontife mexicain du *British Museum* dessiné par Aglio[4]. Un autre présente une offrande, un autre semble plongé dans une sérieuse méditation.

Ce sont cependant plus fréquemment des prêtresses que des prêtres, dont les sculpteurs aztèques nous ont conservé les traits, les habitudes, les costumes, etc. Le nombre est considérable, dans les collections publiques, de ces petites statues de prêtresses, les jambes repliées, les pieds en dehors, les mains sur les genoux, qui portent, de longue date, chez les Américanistes, l'épithète de *sacerdotizas*.

Le Musée national de Mexico en possède toute une longue suite, dont M. D. Charnay nous a rapporté les moulages, et les ouvrages spéciaux[5] en ont figuré un grand nombre d'autres depuis le commencement du siècle[6].

Celle que reproduit la figure nº 45 sort un peu des types vulgaires des *sacerdotizas*. D'abord elle est debout, tandis que presque toujours les prêtresses sont accroupies. Elle est, en outre, coiffée d'une manière assez particulière.

En effet, si la chevelure épaisse descend carrément sur le front et contourne les oreilles pour tomber en une lourde masse couvrant tout le dos jusqu'aux reins, ainsi que sur la plupart des images de *sacerdotizas* décrites jusqu'ici, la couronne qui surmonte ces cheveux surabondants est fort différente de toutes celles dont nous avons vu des représentations figurées.

C'est, en effet, une véritable couronne composée de huit fleurons, à six ou sept pétales, faisant tout le tour de la tête. Et je me suis demandé, en présence de tous ces fleurons, si la femme qui en est ornée n'est pas quelque prêtresse de Xochimilco faisant l'offrande à sa déesse, dont elle aurait revêtu les insignes simplifiés par le sculpteur.

Chantico est représentée, en effet, avec une espèce de couronne[7] et tient dans une de ses mains un récipient rempli de fleurs.

---

1. Une faute d'impression m'a fait attribuer, au bas de la planche XV, cette statue à un PRÊTRE. C'est le mot PRÊTRESSE qu'il faut lire.
2. *Monuments anciens du Mexique*, Paris, 1886, in-8ₒ, pl. V.
3. E.-T. Hamy, *Commentaire sur un bas-relief aztèque de la collection Uhde* (*Revue d'Ethnogr.*, t. II, p. 438, 1883).
4. Ce beau morceau porte le nº 1 des monuments du *British Museum* représentés dans le t. IV du Recueil de Kingsborough.
5. Je mentionnerai, en particulier, les grandes figures qu'a données Humboldt de ce type de monuments dans ses *Vues des Cordillères*.
6. Le Musée d'Ethnographie possède trois statues originales de ce type. Deux étaient jadis au Louvre (*Notice*, etc., nᵒˢ 3 et 5); la troisième faisait partie de la collection Pinart (nº 8109) et a été trouvée à Mexicaltzinco.
7. La déesse a en outre les deux tresses en forme de cornes de la coiffure féminine, que le sculpteur a peut-être supprimées pour simplifier son travail (Cf. Éd. Seler, *Ein Kapitel aus dem Geschichtswerken des P. Sahagun* in *Veröffentl. aus dem königl. Mus. für Völkerkunde*. Bd. I, S. 160, 1890).

De larges disques dilatent les lobules dont on voit distinctement le bord derrière celui de l'appareil perforant.

Les autres pièces du costume sont une robe et un mantelet à deux pointes, l'une postérieure, garnie de trois appendices, l'autre antérieure, qui en supporte cinq. Le bord de ce mantelet est garni d'un large galon plat, et les pendants semblent formés de sphères verticalement perforées pour laisser passer des pendentifs qui s'étalent au dessous[1].

La robe, toute simple, descend sans un pli jusqu'aux mollets. Les pieds sont nus, terminés carrément en avant; les mains, dont le travail a le même caractère un peu sommaire, sont creusées d'une cupule dans laquelle s'insérait quelque objet sans manche, fruit de chile ou de maïs, bouquet de fleurs, etc.

PERSONNAGE INDÉTERMINÉ (GARDIEN DE SANCTUAIRE?)

Le Musée national de Mexico possède, sous le nom d'*El Indio triste*, une statue de basalte, en forme de personnage assis sur un socle cubique, les coudes sur les genoux et les mains rapprochées, dans l'attitude de respectueuse gravité, qui lui avait fait imposer jadis l'appellation populaire sous laquelle elle est encore aujourd'hui désignée.

« Elle était destinée vraisemblablement, dit une note manuscrite attribuée à Dupaix par les auteurs du Catalogue du Musée[2], à lever et montrer un insigne, un étendart ou une chose vénérée, au temps de l'ancien empire mexicain; puisque les mains réunies en avant forment avec les doigts une figure creuse et circulaire, qui correspond perpendiculairement à une autre qui pénètre dans le socle entre les pieds et où entrait la hampe. »

M. Chavero, rapprochant la statue d'*El Indio triste* d'un vieux dessin de la collection Duran[3] où l'on voit aux angles de la façade principale du grand téocalli de Mexico deux figures d'Indiens assis soutenant entre les mains et les pieds d'énormes étendards de plumes[3] a complété l'explication de ses devanciers, en identifiant, avec beaucoup de vraisemblance, l'Indien triste avec un des porte-étendards du grand téocalli de Uitzilopochtli[4].

La statue de basalte, que l'on voit dans la planche XV, assise gravement, les yeux demi-clos, les mains vers les genoux, les pieds entrecroisés, me paraît appartenir à la même catégorie de monuments. La main droite, bien conservée, montre en effet une cavité circulaire qui était destinée à soutenir quelque objet d'un poids médiocre, porté sur un court manche vertical, tel qu'un petit drapeau de plumes ou un chasse-mouche par exemple.

Le travail de cette pièce est beaucoup plus médiocre que celui de la précédente, les jambes et les pieds en particulier laissent énormément à désirer.

Le type est d'ailleurs bien différent : la face, tout en demeurant aussi massive dans son tiers inférieur, se développe beaucoup en son tiers moyen; la lèvre supérieure s'allonge, le nez se grandit et s'incurve, mais le front demeure bas et fuyant.

Les oreilles fort longues ont le lobule troué pour des ornements disparus et le centre de la poitrine est percé d'un trou qui devait loger la douille de quelque plaque en pierre dure (*chalchihuitl*).

J'ai laissé au personnage le collier de pierres polies qu'il avait au cou, lorsque M. Labadie l'a offert au Musée du Trocadéro.

On peut voir, dans les collections du Musée d'Ethnographie trois autres statues assises, plus ou moins analogues à celle-ci. La première (20008), lourde, massive, les mains appuyées sur les genoux, ne présente aucune trace d'évidement et je me borne à la mentionner au passage[5].

Mais les deux autres, assises, nues, les mains vers les genoux, ont certainement porté jadis quelque objet, dans la cavité ménagée entre les doigts et le pouce, et méritent par conséquent d'être rapprochées de celle de la figure 46.

L'une (haut. 0ᵐ,40, larg. 0ᵐ,24) représente un vieillard aux joues ridées, au front bas, étroit et plissé; l'autre (haut. 0ᵐ,43, larg. 0ᵐ,28), un personnage plus avenant et plus jeune. Ils ont pour tout costume une ceinture passant entre les jambes et nouée par devant en boucle avec les deux bouts qui retombent.

---

1. La forme de ce mantelet qui tombe ainsi. en pointe par devant et par derrière, est caractéristique au point de vue sexuel. S'il y a des divinités féminines qui portent la tunique droite, il n'est pas un mantelet pointu qui ne soit porté par des femmes. On voit d'ailleurs cette pièce de costume caractérisant la femme dans le *Codex Vaticanus* nᵒ 3738 (pl. 88). Il était donc tout à fait erroné de qualifier de *figure de cacique* une figure comme celle de l'ancien nᵉ 5 du Louvre qui porte, entre autres ornements, un de ces vêtements triangulaires. ornés de glands, propres aux *sacerdotizas*.

2. G. Mendoza y J. Sanchez, *Catálego de las Colecciones Histórica y Archeológica del Museo Nacional de México* (*Anal. del Mus. Nac.*, t. II, p. 452, nᵒ 9).

3. Cf. Duran, Trat° 2°, lam° 3ᵃ, cap° 2°.

4. A. Chavero, *México a través de los siglos*, t. I, p. 785.

5. Cf. *Notice des monuments exposés dans la salle des Antiquités américaines*, etc., nᵒ 88. p. 13.

45

46

PRÊTRE FAISANT L'OFFRANDE.

STATUES EN BASALTE.

PERSONNAGE INDÉTERMINÉ.

VALLÉE DE MEXICO.

Nᵒˢ 47 et 48

TÊTE DE MORT EN CRISTAL DE ROCHE

(Mexico)

La chasuble du prêtre représenté dans la planche précédente (fig. 45) était bordée de lourds pendants de forme globuleuse, terminés par des houppes largement étalées ; c'est un de ces pendants, attaché de même façon au bord du manteau de quelque grande statue de Tezcatlipoca, de Huitzilopochtli ou de quelque autre divinité supérieure[1], que j'ai fait figurer dans la planche XVI de ce tableau (fig. 47 et 48).

C'est un bloc de cristal de roche qui mesure 0ᵐ,10 de haut, 0ᵐ,105 de large et 0ᵐ,15 de long, et ne pèse pas moins de 2ᵏᵍ,750. Un ouvrier patient l'a façonné, non sans beaucoup de peine, en une tête de mort déprimée et élargie, percée de bas en haut d'un large trou de suspension irrégulièrement cylindrique[2] de 0ᵐ,033 de diamètre, dont les bords en chanfrein atteignent 0ᵐ,042 au vertex et seulement 0ᵐ,040 à la base.

La tête est légèrement asymétrique, plus bombée à gauche et en arrière, plus déprimée à droite ; la base en est tout à fait plane.

Les arcs zygomatiques sont isolés à l'aide de deux trous coniques péniblement forés[3] au dessus et au dessous ; les orbites sont percés de même, et forment un tronc de cône, limité au fond par un plan régulièrement circulaire.

Les fosses nasales ont été obtenues à l'aide de plusieurs trous superposés. Les deux rangées dentaires, exactement semblables, sont largement séparées par un profond sillon horizontal ; des traits verticaux équidistants isolent vingt-deux dents, toutes égales, dont les extrêmes seules sont un peu indécises dans leurs contours.

Ces formes, toutes de conventions, se retrouvent plus ou moins simplifiées chaque fois que le ciseleur mexicain aborde la reproduction du crâne humain.

Le Musée d'Ethnographie possède, par exemple, dans la collection Pinart sous le n° 25189, un second crâne en cristal de roche, de dimensions beaucoup plus faibles, percé à l'aide de deux trous partant du vertex et de la base et se rejoignant sous un angle obtus ; deux petites têtes de mort en coquille de la même collection (nᵒˢ 25187 et 25188), trouées en travers d'un canal, cylindrique sur une de ces pièces, conique sur l'autre ; deux autres têtes de la même matière, de la collection Labadie (nᵒˢ 25144 et 25145), portant de chaque côté un trou de suspension courbé à angle droit. Ces cinq petites pièces, représentées ci-dessous, offrent avec celle que je viens de décrire plus d'un trait de ressemblance.

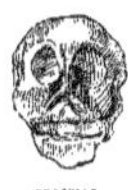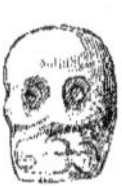

CRISTAL   COQUILLE

On retrouve la même insouciance de la morphologie réelle sur une autre sculpture en porphyre vert (coll. Pinart, n° 25190) qu'un large trou de 0ᵐ,012 traverse d'une tempe à l'autre et dont un évidement de 0ᵐ,007 a entamé la base.

---

1. Cf Duran. op. cit., t. II, p. 106, etc.
2. Par un curieux effet de transparence, on voit se dessiner en clair les limites de ce trou dans la figure 48 ci-jointe.
3. On voit jusqu'à trois amorces dans le trou supérieur droit. D'autres reprises apparaissent moins nettement dans les orbites.

Toutes ces pièces, grandes et petites, dénotent, chez leurs auteurs, un dédain tout particulier de l'exactitude anatomique et une ignorance systématique des détails de l'ossature cranienne. Voyant tous les jours des têtes humaines suspendues dans le *tzompantli* [1], ils auraient pu, s'ils l'avaient bien voulu, exécuter avec leur habileté pratique de fidèles reproductions de ces horribles trophées. Mais l'imitation attentive de la tête osseuse ne les intéressait pas plus qu'elle ne préoccupait les orfèvres romains, par exemple, qui nous ont laissé les squelettes de Pompéï, etc. Ces derniers avaient du moins une excuse à leurs incorrections, celle qui se tirait de l'absence à peu près complète de modèles !

Les artistes mayas se sont montrés très supérieurs sous ce rapport, s'il faut en juger par la tête en cuivre fondue, rapportée de Jaïna par M. Charnay et dont on trouvera ci-contre une représentation fidèle.

---

1. On nommait *tzompantli* (de *tzom*, sommet, tête, et *pantli*, pieu) un appareil essentiellement composé de madriers verticaux reliés par des barres transversales, sur lesquelles on enfilait les crânes exposés en divers endroits consacrés à cet usage. (Cf. E.-T. Hamy, *Le Tzompantli, Dec. Americ.*, IV, in *Rev. d'Anthrop.*, t. III. p. 508, 1884.)

Il y avait dans le grand temple de Mexico plusieurs de ces constructions spéciales. La première s'appelait *Mixcoapan tzompantli*. « C'était là, nous dit Sahagun (*Hist. gén. des choses de la Nouvelle-Espagne*, trad. Jourdanet. Paris, 1880, in-8, p. 173), c'était là qu'on conservait les têtes des victimes sacrifiées au dieu Mixcoatl. On se servait pour cela de madriers plantés dans le sol et s'élevant à la hauteur de deux *estados* (l'*estado* est la taille moyenne d'un homme). Ils étaient percés de distance en distance, donnant ainsi passage à des barres transversales, au nombre de sept ou huit, de la grosseur d'un bois de lance ou un peu plus. C'était à ces barres que l'on fixait les têtes, en tournant leurs faces dans la direction du midi ». Un deuxième *tzompantli* dont parle Torquemada (*Monarq. Indian.*, lib. VIII, ch. XIII. Madrid, 1723, in-f°, t. II, p. 169) existait à Quauhxicalco, quatre autres encore s'élevaient dans d'autres quartiers du grand temple. Le plus considérable, le *uei tzompantli*, était celui qu'Andres de Tapia a décrit dans les termes suivants : « Il y avait enfoncées en face de cette tour (le *teocalli* du grand temple) soixante ou soixante-dix poutres, éloignées de la tour d'une portée d'arbalète, posées sur un grand théâtre fait de chaux et de pierre, et sur les gradins d'icelui beaucoup de têtes de mort fixées avec de la chaux et les dents tournées en dehors, autant que l'on pouvait voir, et les poutres séparées l'une de l'autre d'un peu moins d'une vare de mesure (84 centim.) et depuis le haut de ces poutres jusqu'en bas étaient disposés des bâtons autant qu'il en pouvait tenir, et dans chaque bâton cinq têtes de mort étaient enfilées par les tempes. Celui qui décrit ceci et un certain Gonzales de Umbria ont compté les bâtons qu'il y avait et multipliant par cinq têtes chaque bâton de ceux qui étaient entre poutre et poutre, comme je l'ai dit, nous trouvâmes qu'il y avait cent trente-six mille têtes » (*Relacion hecha por el señor Andrés de Tapia sobre la conquista de México* (*Coleccion de Documentos para la Historia de México*, publ. por J. G Icazbalceta, t. II, p. 583, México, 1866, in-8°). On voit dans une des planches de l'atlas déjà cité de Duran (*Trat.* 2°, *lam°* 3°. *cap.* 2°) une *palizada de calavernas*, où trois travées, de 11 bâtons chacune, contiennent 99 crânes ainsi enfilés par les tempes.

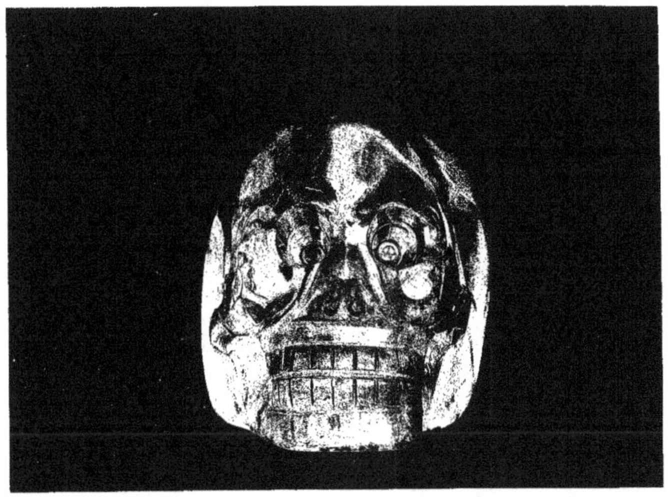

47

48

TÈTE DE MORT EN CRISTAL DE ROCHE.

Pendentif du manteau de Huitzilopochtli ?

MEXICO.

———

INSIGNES
ET ORNEMENTS MEXICAINS

———

ORNEMENT DE TÊTE AYANT APPARTENU A GUATIMOZIN ?

M. Eug. Boban possédait, dans la collection cédée par lui à M. Alph. Pinart et par ce dernier à l'État (n° 10032), un curieux ornement de tête en plumes, de fabrication ancienne, et qu'une vague tradition assurait avoir appartenu à l'infortunée victime de Cortez, Guatimozin, dernier empereur du Mexique.

Cette pièce, qui aurait fait partie des antiquités mexicaines rassemblées par Maximilien d'Autriche, aurait été enlevée, avec bien d'autres richesses du palais impérial, après les événements de Queretaro, et vendue par un Indien à l'antiquaire français qui l'a rapportée à Paris.

Qu'il ait appartenu ou non à Guatimozin, cet ornement de tête est fort intéressant. C'est, en effet, un spécimen élégamment compliqué de l'*arte plumaria* chez les Aztèques, récemment étudié par Hochstetter et Maler[1], puis par Mme Z. Nuttall[2], MM. Seler, Uhde et Heger[3].

Il se compose essentiellement d'un petit disque de $0^m,085$ de diamètre, formé de bâtonnets habillés des fibres minces d'une plante textile qu'il ne serait pas aisé de reconnaître. Ces bâtonnets montés en cercles comme un fond de panier, sont maintenus par quatre tiges plus grosses ($0^m,003$), mises en croix deux par deux. Un petit cercle sur lequel les bâtonnets vont s'assembler forme le bord du disque, et un morceau d'étoffe de coton finement tissée vient recouvrir le tout.

Autour et au-dessus se rangent en rond des plumes de perroquet vert et des fleurs en plumes, dont les longues tiges ($0^m,07$ à $0^m,10$) se superposent sur trois rangs. Chaque fleur est formée d'une tige, montée sur un fil circulaire et cousue de distance en distance, à la surface du disque. Cette tige est couverte de fils tournés de diverses couleurs et maintenue écartée des voisines par un second circulaire qui court à $0^m,012$ du premier. Cinq centimètres plus haut, un troisième fil relie encore une fois les fleurs; de ci, de là, d'autres fils passent d'un rang de fleurs à l'autre.

Les fleurs elles-mêmes sont sur deux rangées concentriques. Les plus internes qui rappellent certains *crocus* encore abondants, dit-on, dans les environs de l'ancienne résidence des Empereurs à Chapultepec, sont longues de $0^m,02$ à $0^m,03$ et formées de petites découpures de *metl* sur les deux faces desquelles on a collé de petites plumes rouges, jaunes ou blanches. Les fleurs externes plus longues ($0^m,05$) sont faites de plumules montées à la manière ordinaire et où dominent les tons blancs et roses.

BATON DE COMMANDEMENT EN BOIS DE CERF

Les fouilles, qui se poursuivent constamment à Santiago Tlatelolco, dans le faubourg qui fut le dernier refuge des défenseurs de Tenochtitlan (Mexico) en 1521, ont amené la découverte, il y a quelques années, d'un bois de cerf étrangement sculpté, acquis par M. Labadie et offert par lui au Musée du Trocadéro (n° 19435).

C'est une portion de bois de cervidé, bizarement déformée, longue de $0^m,22$ et haute de $0^m,10$ environ, que l'on a sculptée en forme de main humaine. Les quatre doigts, armés de leurs ongles, sont taillés séparé-

1. F. von Hochstetter, *Ueber Mexikanische Reliquien aus der Zeit Montezuma's in der K.-K. Ambraser Sammlung*. Wien, 1884, in-4°, 5 taf. — Cf. T. Maler, *Un vêtement royal de l'Ancien Mexique* (*La Nature*. 1er mars 1879).

2. Z. Nuttal, *Standard or Head-dress? An Historic Essay on a Relic of ancient Mexico* (*Arch. and Ethnolog. Papers of the Peabody Museum*, vol. I, n° 1 with 3 col. pl. Cambridge, 1888, in-8. — *On ancient Mexican Shields* (*Internat. Archiv für Ethnogr.*, Bd. V. S. 34. Pl. I-III. 1892).

3. Ed. Seler, *Ueber den altmexicanischen Federschmuck des Wiener Hofmuseums und über Mexicanische Rangabzeichen im Allgemeinen* (*Verhandl. der Berlin. Gesellsch. für Anthrop.*, 1889, S. 63-85). — Id., *Ueber altmexicanischen Federschmuck und militärische Rangabzeichen* (*Ibid.*, 1891, S. 114-144). — M. Uhle, *Zur Deutung des in Wien verwahrten altmexikanischen Federschmuckes* (*Ibid.*, 1891, S. 144-155). — Fr. Heger, *Altmexikanische Reliquien aus dem Schlosse Ambras in Tirol* (*Annal. des K. K. Naturhist. Hofmus*, Bd. VII, S. 379-400, 5 taf.)

ment dans la palme, tandis que le pouce demeure engagé par dessous. Entre le pouce et l'index une petite tête de cerf fait saillie; les oreilles de l'animal sont appuyées sur les doigts; un décor composé de volutes et de plumes couvre le reste de la main et se prolonge sur l'andouiller qui fait le manche de ce singulier engin, percé d'un trou de suspension à son extrémité. Une décoration analogue, où l'on distingue péniblement des profils fort élémentaires, se développe sur l'autre face de cette espèce de sceptre barbare.

OMICHICAUAZTIN

FÉMURS HUMAINS STRIÉS ET GRAVÉS

Omichicauaztli (*omichicauaztin* au pluriel) est un terme composé où l'on trouve les mots *omitl*, os, et *chicahua*, agiter[1]. Il s'applique à une catégorie d'instruments composés de bois de cerfs ou de fémurs humains profondément striés en travers et que l'on raclait avec une coquille tranchante pour en tirer un certain bruit, peu harmonieux du reste.

Les fémurs humains ainsi façonnés ne sont pas rares dans les musées spéciaux. Le Musée du Trocadéro n'en possède pas moins de six[2], dont deux sont remarquables par les gravures qui en ornent le bas.

Le Musée de Rome en conserve un septième, où la tête était incrustée de mosaïques dont il est resté quelques petites pièces de coquille rouge et d'obsidienne[3] et auquel est encore attachée par une chaînette l'*olive* taillée qui servait à toucher cet instrument primitif[4].

Nos deux fémurs décorés sont représentés sous les n°[os] 51 et 52 de la planche XVII. Le moins incomplet (n° du Catalogue 4386), dont on voit encore quatre rainures, est orné d'une figure d'aigle, *quauhtli*, encadrée de plumes. L'instrument, ainsi décoré appartenait-il à l'un de ces guerriers qui avaient l'aigle pour emblème et en revêtaient les apparences au moment des combats ?

Le plus mutilé (n° du Catalogue 4386), cassé au niveau de la dernière encoche a, comme celui de Rome, le trou d'attache de sa chaîne. On y voit un personnage de profil, coiffé d'un énorme bonnet de plumes, surmonté d'une espèce d'oiseau, la moitié supérieure de la face est champlevée et devait être remplie d'une pâte de couleur. Le nez est percé d'un bâton, l'oreille d'une tige fleurie. Le tronc démesurément réduit est orné d'un collet à bord denté, garni de plumes. Un drapeau et un double crochet sont placés à proximité du visage.

M. Ed. Seler, qui a étudié au Musée du Trocadéro nos deux pièces dont il nous a donné des figures fort imparfaites dans un des mémoires déjà cités plus haut[5], rapproche la seconde d'une autre gravure sur os qui fait partie de la collection Dorenberg, à Puebla, puis de diverses représentations tirées de la frise de Mitla, du *Codex Borgia*, etc. Il cherche à établir le caractère guerrier du personnage ainsi représenté, qu'il nous montre notamment, dans deux de ses images, portant d'une main la planche à projection(*atlatl*) et dans l'autre un paquet de flèches.

Je suis frappé plus encore des ressemblances que présenterait l'os gravé du Trocadéro avec la peinture et la description de l'idole de Mixcoatl à la fête de *quechule*, dans le *Codex Ixtlilxochitl*. Ce sont de part et d'autre, le même masque couvrant le nez et les yeux, la même coiffure de plumes, le même ornement d'oreille ou bien peu s'en faut, la même collerette. Il n'y aurait qu'une différence bien apparente, l'absence dans la figure peinte du bâton de nez que montre l'os ciselé, mais il est aisé de s'assurer que c'est le résultat d'un oubli, le bâton de nez reparaissant un peu plus bas dans le commentaire d'Ixtlilxochitl[6].

La peinture met dans la main du dieu un bouclier à pendentif surmonté du drapeau (*pamitl*) et deux flèches, dans sa gauche elle place le *xonequil*, sorte de bâton taillé en crochet. La gravure condense ces emblèmes, que la suppession des bras rapproche de la face divine, le *pamitl* et le *xonequil* restent seuls, ce dernier formé de deux volutes entouré de trois grosses plumes.

Si mon hypothèse se justifie, la pièce dont il est question serait donc le fragment basilaire d'un *omichicauaztli* ayant servi à la fête qui se célébrait le 7 novembre en l'honneur de Mixcoatl dieu de la chasse. C'était la fête de la fabrication des flèches, qu'accompagnaient des ballets en l'honneur du dieu[7] et dont on scandait sans doute les mouvements en raclant les fémurs incisés avec des coquilles[8].

---

1. Molina traduit : *tocar o tañer cierto hueso quando bailen o danzen.*

2. De ces six pièces, quatre sont simples. Le plus grand de nos exemplaires ordinaires, qui vient de Tlatelolco, mesure 0^m,35 et porte trente-six rainures serrées, assez également espacées. Un deuxième, aussi de Tlatelolco, a 0^m,15 et dix-huit stries irrégulières, avec un assez large intervalle creusé de deux cupules vers le bas. Un troisième (Coll. Labadie), de 0^m,075, porte trois gorges profondes, très espacées; le quatrième (même coll.) long de 0^m,13 est marqué de dix-huit stries inégales et irrégulières.

3. L. Pigorini, *Gli antichi oggetti messicani incrostati di mosaico esistenti nel Museo preistorico ed etnografico di Roma* (*Real Accad. dei Lincei, Sc. mor. stor. e filol.*, vol. XII, magg. 1885, lam.

4. Le fémur reproduit par M. Pigorini porte dix-neuf entailles; la quatrième, la huitième, la douzième et la seizième ont un large trou au fond de la rainure, si bien que l'on peut se demander si cet os n'était pas à la fois *flûte et raclette.*

5. *Verhandl. der Berlin. Gesellsch.*, 1889, S. 83-84.

6. « A este demonio pintaban los ojos negros y un como palo blanco *por las narizas* y en la mano un palo labrado como garabato que ellos llaman *mizcoatl xonequil* » (Cf. *Documents pour servir à l'histoire du Mexique. Catalogue raisonné de la collection de M. E. Goupil (Ancienne collection Aubin)*, par E. Boban, t. II, p. 125. Paris, 1891, in-4°).

7. « Acian muchas saetas, con ellas y con arcos baylaban este dia delante el demonio que llaban mixcoatl » (*Ibid.* — Cf. Sahagun, *trad. cit.*, p. 72).

8. Cet usage est demeuré chez certains Pueblos. Nous avons au Trocadéro deux raclettes faites d'un bâton à encoches et d'une omoplate de cerf, qui ont servi d'instrument de musique chez les Wolpi (Cf. J. Stevenson, *Illustrated Catalogue of the Collections obtained from the Indians of New-Mexico and Arizona in 1879 (Second ann. Rep. of the Bur. of Ethnol.* 1880-1881. Washington, 1883, in-4, p. 394, fig. 561).

49

ORNEMENT DE TÊTE, AYANT APPARTENU A GUATIMOZIN.

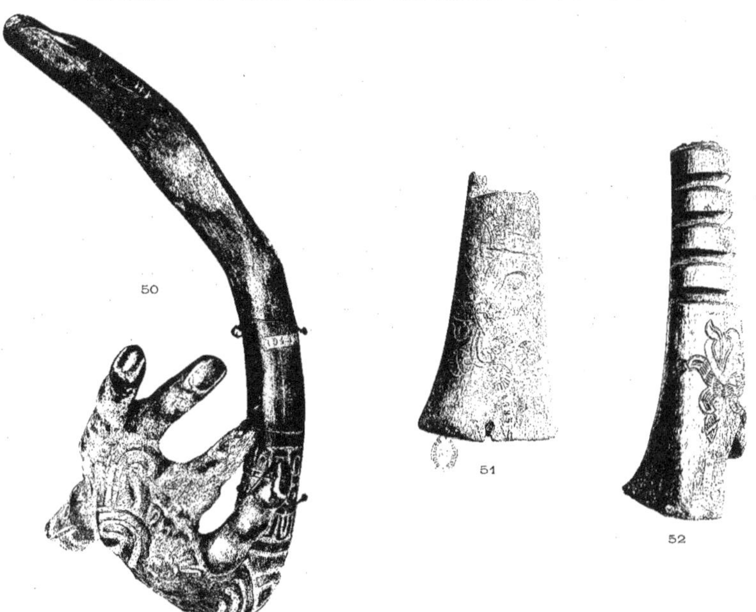

BATON DE COMMANDEMENT EN BOIS DE CERF
ET
FÉMURS HUMAINS ORNÉS DE GRAVURES.

TLALTELOLCO ET LOS ANGELES, MEXICO.

N°s 53-59

INSTRUMENTS DE MUSIQUE
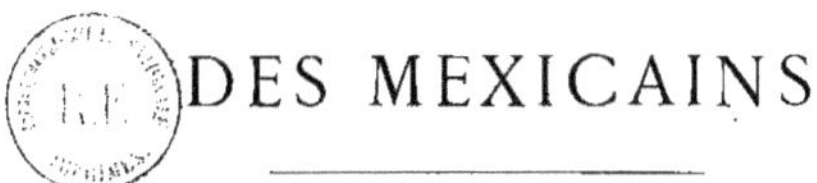DES MEXICAINS

Deux instruments de percussion composaient essentiellement l'orchestre d'un ballet mexicain; c'étaient le *teponaztli* et le *ueuetl* qui figurent constamment au milieu des danseurs dans les anciens dessins des indigènes[1]. Le *teponaztli* était évidé dans un tronc d'arbre dont la cavité était en partie close par deux languettes carrées-longues, découpées à même du bois : une face plate était ménagée à la base de l'instrument et venait s'appuyer sur un guéridon aussi de bois. On jouait de cet instrument avec deux baguettes garnies de boules ovales faites avec la gomme *ulli*.

Le *ueuetl* était un vrai tambour, composé d'une caisse plus ou moins cylindrique, terminée par trois pieds découpés en escalier et dont l'ouverture supérieure était garnie d'une peau fortement tendue, que le musicien faisait résonner de la main frappant à plat[2].

Le *ueuetl* est, je ne sais pourquoi, beaucoup plus rare dans les collections que le *teponaztli*. Dupaix n'en mentionne qu'un seul, rencontré à Azotla, province de Tlaxcalla[3], et l'unique exemplaire du *Museo nacional* n'est connu que depuis peu des archéologues[4].

La représentation du *ueuetl*, qu'on peut voir planche XVIII, figure 54, est empruntée à une figurine en terre cuite de la vallée de Mexico (n° 6289) montrant à la fois l'instrument et l'instrumentiste. Celui-ci, vêtu d'une blouse, dont le bord inférieur est découpé en créneaux, et orné de disques d'oreilles et d'un collier composé de longues feuilles évidées et rattachées par un cordon, percute un cylindre posé debout entre ses jambes et terminé par des pieds échancrés.

Le Musée du Trocadéro possède deux autres statuettes représentant des joueurs de *ueuetl*, assis cette fois devant leur tambour. L'un (n° 20224) est surmonté d'un chapeau qui rappelle celui de Totee (voir plus haut, pl. XIV, fig. 43) et porte un collier grossier à quatre rangs de perles; l'autre (n° 6368) est vêtu d'un costume de plumes, analogue à celui de certains danseurs[5].

On peut voir dans la même vitrine quatre statuettes de joueurs de *teponaztli*. Ce sont des sifflets grossiers dont l'instrument fait le corps; l'artiste est réduit au tronc et aux bras tantôt élevés, tantôt appuyés. Le premier (n° 6290) a un bonnet conique; de longs cheveux encadrent la face et tombent devant les oreilles; sa lèvre est ornée d'un *tentetl* garni d'une plume et ses bras sont pastillés. Le second (n° 6294) et le troisième (n° 24525), coiffés à peu près de même, portent la haute tiare carrée de Chicome-coatl, la Cérès mexicaine.

---

1. La planche XI de la seconde série de Duran, par exemple, représente une sorte de farandole composée de douze danseurs, hommes et femmes alternés, circulant autour de deux musiciens coiffés d'un bandeau orné d'un gros bouquet de plumes et couverts d'un long manteau. Celui de gauche percute de deux baguettes armées de bourrelets un *teponaztli* couché sur une espèce de marchepied. Celui de droite bat des deux mains le *ueuetl* posé debout devant lui.

Une scène analogue est représentée sur la planche XIX du Trat° 1° : à gauche un *teponaztli* très long repose sur un pied de guéridon sculpté; l'artiste le blouse avec des baguettes à bout ovale; à droite un *ueuetl* se dresse, et les deux mains de l'exécutant frappent à plat sa peau bien tendue, tandis que des danseurs couverts de peaux d'ocelots, d'aigles, etc., exécutent une danse animée.

Je citerai encore la planche XV de ce même Album où l'on a représenté des Espagnols égorgeant des Indiens à l'intérieur d'une cour dont le centre est encore occupé par les deux tambours demeurés en place au milieu du massacre. Les baguettes du *teponaztli*, attachées l'une et l'autre par le bout des manches à l'aide d'une courroie, sont terminées par de gros percuteurs ovales, transversalement striés. — Cf. Chavero, *op. cit.*, p. 794.

2. On trouve des tambours tout semblables chez des peuples fort éloignés dans l'espace et dans le temps. Les Polynésiens (Taïti, Hawaii, etc.) s'en servent aussi bien que certains Nègres, Pahouins, etc. L'usage en est encore familier d'ailleurs à certaines peuplades sauvages du Mexique. M. Diguet vient de nous en envoyer un spécimen grossier, acquis des Huicholes du nord du Nayarit.

3. « C'est un cylindre en bois creux, espèce de sapin; il a trois pieds 9 pouces de long, un peu moins de 18 pouces de diamètre, et le bas à un pouce 1/2 d'épaisseur. » La surface est « couverte de dessins allégoriques de diverses couleurs, analogues aux armoiries de la ville »; le haut se termine « par une peau tendue comme celle de nos tambours, et le bas est divisé en trois pointes avec leurs ornements faisant l'office de trois pieds ». — Cf. Hernandez, *Quatro libros de la Naturaleza*, etc. Parte segunda del libr. I, cap. LXVI. *Del arbor llamado Atumbor de Agua*, etc.

4. Il a été figuré dans l'atlas déjà cité de M. Peñafiel (*op. cit.*, pl. 121). C'est un cylindre un peu renflé en son milieu, se prolongeant en bas par trois pieds échancrés, et couvert en haut d'une peau tendue sur un cercle. Il mesure 0^m,94 de hauteur et 0^m,34 de diamètre.

5. Le *ueuetl* était parfois porté sur le dos sous une forme réduite, comme on le voit dans le portrait de Nezahualcoyotl du Codex Ixtlilxochitl (*Atlas Goupil*, pl. 67).

D'autres sifflets, fort nombreux, groupés près des précédents, affectent la même forme de teponaztli horizontalement couché (n°s 20549, 20552, etc.); un petit oiseau bat des ailes et dresse la queue, au-dessus de l'instrument[1]. J'ai représenté (fig. 57 et 58) deux de ces grossières terres cuites et placé au-dessous, au centre de la planche, la reproduction d'un des trois originaux (coll. Latour-Allard, Melnotte, 1849) que montre actuellement le Musée du Trocadéro (n°20517).

C'est un cylindre de bois dur, évidé, long de 0^m,53, un peu renflé en son milieu qui atteint 0^m,15. La face principale est ornée d'un masque dont les contours essentiels sont formés de longues feuilles ciselées en bas-reliefs. Il porte aux oreilles les ornements décrits plus haut (voir pl. XII, XIII, XIV) propres à Quetzalcoatl, et ses lèvres largement ouvertes laissent pendre une énorme langue à double contour. Un disque numérique, que surmontent d'autres feuilles largement dilatées, est gravé au milieu du front : c'est les signe *ce acatl*, un roseau, qui correspond, dans l'année mexicaine, à l'une des fêtes mobiles les plus importantes en l'honneur de Quetzalcoatl.

Les deux bandeaux en relief qui bordent ce teponaztli de Cé-Acatl sont décorés de rosaces à huit pétales dont le centre est occupé par une sorte de pistil double terminé par de petits disques. La base qui portait sur le pied de l'instrument est plate et évidée; le dessus que battaient les baguettes est découpé en deux languettes vibrantes de même longueur (0^m,17), mais d'épaisseur différente et qui donnent des sons séparés par un intervalle d'un ton.

Un second *teponaztli* plus petit (long. 0^m,33; diamètre 0^m,12), dont les languettes inégales (long. 0^m,111 et 0^m,130) vibrent à deux tons d'intervalle[2], montre en façade deux surfaces quadrilatères séparées par un galon en fort relief orné d'une volute; les bords saillants du tambour portent des spirales inverses à double contour[3].

Un troisième, beaucoup plus gros (long. 0^m,48; diam. 0^m,205), donnant comme le second des sons séparés par deux intervalles, est sans aucun ornement. Les languettes sont égales et munies d'un talon intérieur[4].

Les Mexicains se servaient encore d'une sorte de claquette, l'*omichicahuaztli*, faite avec des os (*omitl*) ou des bois de cerf taillés; l'*ayacachtli* et le *tetzilacatl*, hochets ou grelots formés d'une boule creuse en terre ou en métal munie de petites pierres à l'intérieur et terminée par un manche ou par un anneau; l'*ayacachtlicaualiztli* ou *nacalt quauitl*, « planche de deux brasses de long sur un empan de large, à laquelle étaient attachés des grelots, de distance en distance, et des morceaux de bois cylindrés destinés à produire un bruit par le mouvement »[5].

Ils possédaient enfin, comme instruments à vent des conques marines[6] faites de la coquille du strombe géant, dont ils sciaient la pointe[7], ou modelées en terre d'après cette même coquille; des cors ou cornets aussi en terre cuite[8]; des flageolets enfin et des sifflets de la même matière.

Les flageolets, dont on peut voir une bonne figure dans l'Album de Waldeck[9], se composent d'une embouchure d'un corps plus ou moins cylindrique couvert d'une glaçure brune ou rougeâtre et percé d'une anche, puis de quatre trous, d'un pavillon moulé, tout chargé d'ornements en relief où l'on distingue des quintefeuilles, des symboles tels que la tête de mort, le *joël* du vent, estampés par quatre, par six, par huit et par neuf, sous des espèces d'arceaux symétriquement disposés.

Les sifflets, dont j'ai représenté divers types dans les figures 55 à 58 de la planche XVIII[10], peuvent être classés en trois groupes. Ceux qui représentent des sujets humains comme les joueurs de teponaztli dont j'ai déjà parlé, ou d'autres petits personnages montés sur boule ou sur cylindre, et diversement ornés; ceux qui offrent des types ornithologiques[11], *huitzil* battant des ailes, *pachaquatl* aux oreilles de plumes, aux grands yeux ronds, et au bec court et recourbé: *tlamatotoil*, orné d'une large huppe, *çolin* ou caille; ceux enfin, bien plus nombreux, de forme globuleuse, avec un long bec enduit d'un vernis brun, une sorte de queue saillante en avant et en bas (fig. 55), quatre boutons en fort relief, tracés au centre, enfin une espèce d'écharpe qui enveloppe le trou d'émission et se termine par des renflements striés[12].

On a encore donné comme instruments de musique des anciens Mexicains certaines pièces fabriquées bizarres, en forme de serpent enroulé et forées de plusieurs trous. Je ne puis voir dans ces objets étranges que des contrefaçons modernes.

---

1. Un de ces sifflets est surmonté de deux oiseaux jumellés.

2. Le *teponaztli* d'Azotla décrit rapidement par Dupaix donnait les deux tons *ré fa*. C'est un cylindre de 18 à 20 pouces de long et de 5 pouces de diamètre, chargé de « certains dessins de fleurons gravés ».

3. On peut voir des instruments semblables figurés dans plusieurs recueils, tels que ceux de Dupaix (11, P. lam. 48, 55), de Waldeck (pl. LVI) de Chavero (p. 796), de Peñafiel (pl. 161, 162, etc.).

4. Sahagun a décrit sous le nom de *tecomapiloa* une variété de *teponaztli* usitée dans une fête spéciale au huitième mois et « qui n'avait qu'une langue en haut et une autre en bas. Celle-ci était liée à une écuelle, qui était pendante, et de cette manière, l'instrument sonnait bien mieux que lorsqu'il a deux langues à sa partie supérieure et aucune vers le bas... Celui qui en jouait le portait sous l'aisselle, car il était façonné pour occuper cette place » (*trad. cit.*, p. 124).

5. Tezozomoc, *Cronica mexicana*, etc. México, 1878, in-8°, p. 571.—Sahagun, *trad. cit.*, p. 107, 110, 525, etc. — Cf. E.-T. Hamy, *Commentaire sur un bas-relief aztèque de la collection Uhde* (*Revue d'Ethnogr.*, t. II, p. 142 et suiv.).

6. Cf. Sahagun, *trad. cit.*, p. 89, 117, 194, 582, etc.

7. Le Musée du Trocadéro possède deux de ces conques venant de Tlaltelolco et longues de 0^m,21 et de 0^m,18.

8. Cf. Sahagun, *trad. cit.*, p. 28, 117, etc.

9. Le Musée d'Ethnographie ne possède pas moins de dix-huit de ces flageolets plus ou moins complets dont le plus grand atteint 0^m,265. Ils donnent la gamme majeure *sol la si do ré mi*. Un dix-neuvième instrument a une forme plus portative; un épaississement transverse est percé d'un trou de suspension, et deux ailettes à torsades encadrent la ligne des trous; le pavillon est orné de ciselures grossières entamées sur la terre encore fraîche.

10. La collection du Trocadéro n'en compte pas moins de soixante-dix exemplaires.

11. On trouve très exceptionnellement dans l'Anahuac des sifflets terminés par une sorte de *mazatl* ou cerf grossièrement modelé ou en forme de lézard (*cuetzpalin*), de serpent (*coatl*), enfin, d'une sorte d'animal allongé, de figure monstrueuse, correspondant peut-être au *cipactli* du calendrier mexicain.

12. Je ne parle ici que des instruments usités chez les Mexicains proprement dits ; si j'avais voulu élargir la question, j'aurais dû multiplier le nombre des variétés ; la collection Biard, par exemple, recueillie aux environs d'Orizaba et récemment offerte par la famille de ce regretté voyageur au Musée d'Ethnographie, en contient à elle seule cinq ou six tout au moins.

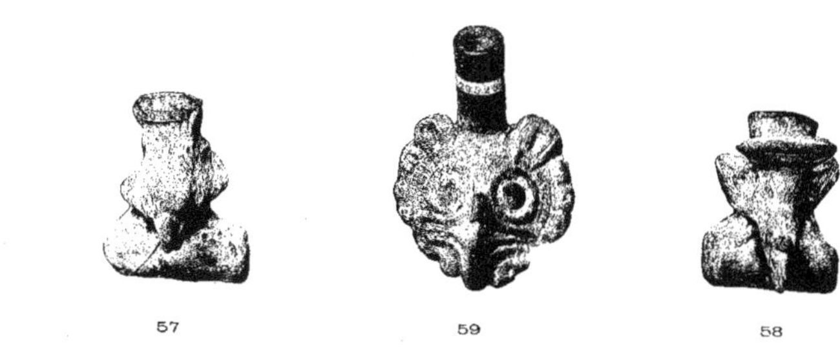

57   59   58

53

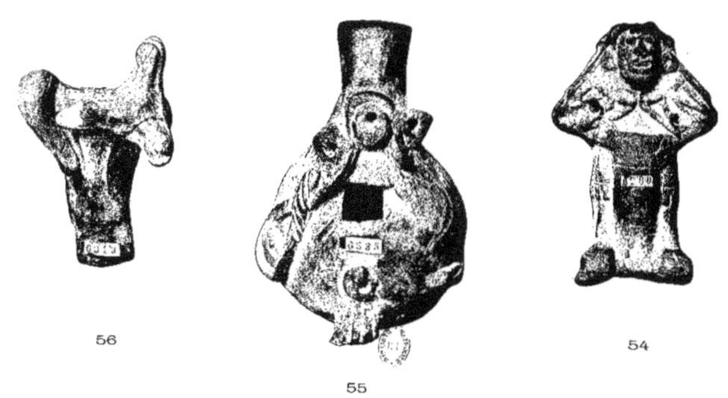

56   55   54

INSTRUMENTS DE MUSIQUE.

Vallée de Mexico.

PLANCHE XIX

N°s 60-62.

STATUETTE
ET TÊTES DE TERRE CUITE

DE L'ESTANZUELA, VERA-CRUZ.

L'une des caractéristiques les plus frappantes de l'ethnographie américaine se tire de l'usage très habituel des déformations céphaliques, qu'on ne trouve nulle part ailleurs aussi fréquentes que dans le Nouveau-Monde.

Dès ses premières rencontres avec les naturels, Colomb avait remarqué la dilatation exceptionnelle de leurs crânes[1]. Cette observation de l'illustre navigateur a été depuis lors précisée et élargie tout à la fois, et l'on sait de façon tout à fait certaine aujourd'hui qu'un très grand nombre de tribus d'Amérique se sont déformé la tête par des pratiques plus ou moins compliquées.

L'un des types ainsi façonnés est celui que Gosse a décrit sous le nom de *tête symétrique allongée*[2]; un autre, beaucoup plus largement répandu, a reçu du même spécialiste l'appellation de *tête cunéiforme couchée*.

Ces deux termes coïncident approximativement avec ceux de *tête droite* et de *tête plate* dont s'est servi depuis lors Angrand dans sa nomenclature ethnologique[3].

Cette dernière appellation comprend notamment tous les Indiens *flat heads* ou *cabeças chatas*, si largement dispersés en Amérique depuis les bouches de la Colombia jusqu'aux extrêmes limites des territoires soumis jadis à la donation des Incas. Elle définit, d'une manière plus spéciale, une partie des anciens habitants du littoral du golfe du Mexique, Huaxtèques, Totonaques, etc., dont les fouilles de MM. Melgar, Fuzier, Strebel, etc., nous ont permis d'étudier un grand nombre de représentations bien caractérisées[4]. La série la plus remarquable de figurines à têtes plates ou couchées qu'on ait recueillie en ces parages, est celle qui a été exhumée par M. J.-M. Melgar du *Cerro de los Idolos* à l'Estanzuela, à 40 lieues environ au sud-ouest de Vera-Cruz, et que l'on peut voir au Musée du Trocadéro.

Elle se compose principalement de dix-huit têtes provenant de petites statues ou de statuettes, d'une terre jaunâtre fort bien cuite[5].

Presque toutes ces têtes présentent une dépression circulaire qui comprend la région frontale : au dessus se profile le vertex horizontalement dirigé entre les bosses pariétales fortement projetées en dehors; au-dessous la face prend une forme triangulaire. Les arcs sourciliers dessinent de forts reliefs, les pommettes sont saillantes, les yeux plus ou moins obliques, le nez a la forme aquiline[6], enfin la bouche s'ouvre largement sous l'action d'un gros rire joyeux et parfois cruel. Un seul des personnages porte la barbiche au menton.

Les coiffures sont le plus souvent des espèces de calottes moulées sur la surface des crânes et qui portent des appliques affectant la forme de crosses ou de grecques simples ou doubles. Parfois une chenille se

---

1. *La fronte y cabeza muy ancha mas que otra generacion que fasta aqui haya visto* (Navarete. Vol. I. p. 174).

2. L.-A. Gosse, *Essai sur les déformations artificielles du crâne*. Paris, 1855, in-8°, p. 30-36.

3. Cf. L. Angrand, *Lettre sur les antiquités de Tiaguenaco et l'origine présumée de la plus ancienne civilisation du Haut-Pérou* (extr. de la *Revue générale de l'architecture et des travaux publics*, de C. Daly, t. XXIV. Paris, 1866, br. in-4°, p. 44-45.

4. Cf. E. Boban, *Antiquités mexicaines. Terres cuites reproduisant des déformations craniennes* (Musée archéologique, 1875, p. 45-51). — E.-T. Hamy. *Anthropologie du Mexique*, p. 87 et suiv. — H. Strebel, *Alt-Mexico, Archaeologische Beiträge zur Kulturgeschichte seiner Bewohner*. Hamburg und Leipzig, I und II Th. 1885-1889, in-4°.

5. Il y en a quatorze plus grandes, qui mesurent de 0^m,13 à 0^m,16 de largeur, et 0^m,12 à 0^m,16 de hauteur.

6. Cette forme s'accentue considérablement sur un nez isolé trouvé dans la fouille. Une tête de personnage, qui offre le type des Peaux-Rouges actuels à l'ouest des Montagnes Rocheuses, a aussi le nez très accentué; ses lèvres sont épaisses, ses yeux sont obliques et ses cheveux retombent, carrément coupés sur le front.

montre sur un des bords, ou une large plume se rabat du sommet; parfois encore des mèches de cheveux retombent sur le front.

Les bonnets sont bordés habituellement d'un galon, simple ou double; une jugulaire épaisse, passant sous le nez, donne à l'un des sujets l'allure militaire britannique; un autre sujet est coiffé d'un panier renversé bien connu dans l'ethnographie mexicaine sous le nom de *tenablé*[1]. Deux autres, enfin, ont la tête nue, mais de larges trous, qu'on rencontre aussi d'ailleurs sur quelques-uns des porteurs de bonnets, ont été ménagés pour passer quelque brillant plumage.

Les oreilles sont parfois garnies de disques plus ou moins élargis.

Une des têtes de l'Estanzuela a pu être mise en rapport avec un corps décapité (n° 3913) qui faisait partie de la collection et l'on a ainsi restitué la pièce haute de 0^m,355 et large de 0^m,19, que l'on voit représentée ci-contre sous le n° 60. Le tronc est large et plat et les jambes sont de courts et grossiers cylindres.

Le personnage porte un collier à pendentif d'un très faible relief, et un *maxtli* vaguement décoré. La main gauche saisit le fruit d'un chile, ou piment.

D'autres mains toutes semblables ont été rencontrées à l'Estanzuela et font partie des cinquante et quelques fragments qui complètent la collection. On voit là des singes expressifs, les uns assis sur leur derrière, les autres adaptés à des tenons ou à des appliques : un d'eux ramène le bras droit sur le haut de la tête, un autre est orné d'un collier, un dernier souffle avec rage (*checatl*). Puis, ce sont des ocelots d'une fort bonne exécution dans les mêmes attitudes que les singes; la tête d'un de ces carnassiers qui faisait partie d'un ensemble décoratif supporte une espèce de traverse. Ce sont encore des canards, des faisans, des tortues, des serpents, des monstres marins qui rappellent l'image du *cipactli*, une plaque avec la face caractéristique de Tlaloc; enfin un petit modèle de maison de forme hémisphérique avec la porte basse carrément découpée qui donne accès à l'intérieur.

L'art remarquable des céramistes de l'Estanzuela n'est pas isolé dans l'ancien Mexique. Nos collections possèdent depuis plusieurs années d'autres terres cuites, de l'État de Vera-Cruz, assez analogues à celles-ci et la collection du regretté Lucien Biart qui vient d'être offerte au Musée par sa famille en contient plusieurs autres recueillies aux abords d'Orizava.

J'ajouterai que M. H. Strebel a figuré dans les planches XXXII et XXXIII de la seconde partie de son important ouvrage[2] une série de pièces plus ou moins identiques à celles de M. Boban et qui proviennent du Cerro de las Mesas et de Tlaliscoyan.

1. E. Boban, *op. cit.*, p. 49.
2. H. Strebel, *Alt-Mexico*, II Th., Taf. XXXII, XXXIII.

STATUETTE ET TÊTES EN TERRE CUITE.

La Estanzuela, Vera-Cruz.

PLANCHE XX

N° 63

JOUG EN DIORITE

(PUEBLA, MEXIQUE)

Dupaix est encore le premier, si je ne me trompe, qui ait parlé de ce mystérieux appareil, « sorte d'arcade » comme il l'appelle, qu'il représente sans tenter de lui « assigner un usage certain et de donner une explication de ses formes qui ont beaucoup de singularité ».

Alexandre Lenoir, plus hardi que celui dont il commente les dessins, s'est demandé si l'objet ainsi représenté ne serait pas « un de ces chevalets sur lesquels on étendait les victimes humaines que l'on sacrifiait aux dieux ? » On plaçait ce chevalet, ajoute Lenoir, « sous les reins de la victime, de manière que celle-ci était tendue vers le ciel, la tête renversée du côté de l'autel et les jambes pendantes de l'autre côté ». C'est alors qu'on ouvrait la poitrine « pour prendre le cœur et le présenter à l'idole en l'honneur de laquelle se faisait le sacrifice »[1].

C'est à peu près le sacrifice mexicain, dont nous connaissons aujourd'hui un certain nombre de représentations anciennes et de vieilles descriptions qui montrent la victime allongée, non sur une arcade mince, évidée en fer à cheval, mais sur une pierre convexe et pleine, le *techcatl*, dont certains modèles de terre cuite nous ont conservé la figure.

L'un des sacrificateurs était, il est vrai, armé d'une sorte de collier[2] pour juguler le patient. Mais ce demi-cercle en bois dur ne ressemble que de fort loin à l'arcade de pierre de Dupaix.

C'est pourtant de la comparaison entre deux objets aussi différents, qu'est issue l'hypothèse qui fait du fer à cheval en pierre un *joug de sacrifice*[3].

Les ethnographes, qui ont fait justice à peu près tous de ce rapprochement inacceptable, ont continué cependant à se servir des mots *juego, joug, joch, yoke*. N'ayant pas d'autre appellation meilleure à proposer, je fais comme mes devanciers, tout en reconnaissant que certaines hypothèses nouvellement produites méritent d'être prises en considération.

La première est due à D. Francisco del Paso y Troncoso. Ce savant archéologue, dressant le catalogue de l'incomparable collection d'antiquités mexicaines qu'il avait organisée à l'Exposition de Madrid, en 1892, a fait remarquer que presque tous les jougs, au nombre d'une quinzaine, que contenait sa galerie, présentent ce caractère commun, de n'avoir qu'une de leurs faces, la plus grande, qui soit parfaitement polie. L'autre, bien dressée, est demeurée plus ou moins brute, et M. Fr. del Paso y Troncoso conclut de cette imperfection voulue que l'appareil devait reposer sur cette face.

Ainsi mis en place, l'instrument deviendrait pour le directeur du Musée national de Mexico, ce qu'il appelle une *pierre pénitencielle, piedra penitencial*[4].

M. Strebel qui a consacré à l'étude des prétendus jougs plusieurs mémoires extrêmement intéressants[5], que je ne puis que mentionner dans cette brève notice, aboutit à des conclusions fort différentes. Pour lui (et M. Ernst partage cette manière de voir)[6], les instruments de cette nature sont destinés à commémorer quelque action remarquable et représentent par suite des insignes de pouvoir, de dignité, que l'on devait produire en certaines occasions solennelles.

Les deux pièces du Musée d'Ethnographie ne fournissent aucun élément utile dans cette discussion ethnographique. Le premier (coll. Pinart, n° 14410) provenant de Cholula, en roche porphyroïde, haut de 0ᵐ,36, large de 0ᵐ,36 en dehors et de 0ᵐ,18 en dedans, et qui ne pèse pas moins de 16ᵏᵍ,500, ne porte

---

1. Alex. Lenoir, *Examen des planches de la Première Expédition du capitaine Dupaix*, ap. *Antiq. mexic.* Paris, 1834, in-f°, p. 27.

2. *Cod. Ramirez*, lam. XX (*Cronica Mexica escrita por D. Hern. Alvarado Tezozomoc*, etc. México, 1873. in-8°). — Duran, *Historia de las Indias de la Nueva España*, etc. *Atlas*, Trat° 2°, lam. 4ª, México, 1888, in-4°.

3. « … un collar de palo labrado a manera de una culebra » (*Codex Ramirez*, p. 94).

4. *Exposición Histórico-Americana de Madrid. Catálago de la sección de México*, t. I, p. 85, 92, 97, 153, 158, 166, 205. Madrid, 1892, in-8°.

5. H. Strebel, *Studien über Steinjoche aus Mexico und Mittel-Amerika* (*Internat. Arch. für Ethnogr.*, Bd. III, S. 16-28, 49-61, Taf. IV-VII, 1890). — Id., *Nachtrag zu Studien über Steinjoche* (ibid., Bd. VI, S. 44-48, Taf. V, 1893). — Cf. *Altmexico* (I Th., Taf. XIV, XV; II Th. Taf. V).

6. A. Ernst, *Notes on some Stone-Yokes from Mexico* (ibid., Bd. V., S. 71-76, Taf. V, 1892).

aucune espèce de décor. De ses deux faces inégales, la plus petite, qui serait l'inférieure pour D. F. de Paso y Troncoso, est demeurée à peu près brute.

Le second, celui de la planche XX de cet album (coll. Labadie, n° 19420), vient de Puebla. Il a été façonné dans une diorite verte claire, mesure 0^m,42 de hauteur, 0^m,385 de largeur en dehors et 0^m,195 en dedans, et pèse 23 kilogrammes. Il rentre exactement dans le type batrachoïde distingué sous le nom de *einfache Froschform* par M. Strebel dans son excellente monographie[1].

N° 64

COLLIER EN PIERRE

(PORTO-RICO)

J'ai rapproché de l'appareil en pierre présenté sous le nom de *joug* ou *pierre pénitentiaire* de Puebla, celui que j'ai désigné, sans plus de certitude, sous le nom de *collier* de Porto-Rico. Il est, en effet, assez vraisemblable que ces deux instruments, sur l'usage desquels on manque de renseignements bien certains, jouaient, l'un comme l'autre, un rôle dans des cérémonies publiques, oubliées aujourd'hui.

Le nom de *collier* se justifie d'ailleurs bien mieux que celui de *joug*, car l'objet ressemble beaucoup à l'un de ces colliers que portent les chevaux de trait. Seulement l'ouverture n'en est pas absolument symétrique, l'épaisseur et la longueur ne se répartissent pas également sur toute la circonférence, et l'appareil se déforme par en bas, en se terminant par une surface trapézoïdale aboutissant à un lourd mamelon basilaire latéralement dévié.

Cette déformation particulière se rencontre sur tous les colliers connus, avec cette différence toutefois que la déviation et la dilatation sont tantôt à droite et tantôt à gauche, si bien que l'on assortirait, sans trop de peine, des paires de ces colliers à peu près symétriques.

Tous ceux que j'ai vus sont, comme celui de la figure 64, bien polis et cylindriques dans leur moitié supérieure; la surface dilatée est vaguement décorée d'une plaque ovalaire en creux ou de stries à double contour imitant la forme d'une hache. A l'opposé, l'artiste indigène a grossièrement sculpté un décor composé d'un singe, dont la tête et les bras se silhouettent le long du bord[2] et derrière lequel apparaissent un treillis imitant la paille ou des chevrons plus ou moins emmêlés.

Ces colliers ne se sont rencontrés jusqu'à présent que dans l'île de Porto-Rico. Il s'en trouve des spécimens dans presque tous les grands musées des Deux Mondes, mais la plus grande série connue est celle que M. Latimer a donnée au National Museum de Washington[3]. M. Sainte-Rose Sucquet en a offert une autre beaucoup moins nombreuse, mais encore importante au Musée de Bordeaux. Le Musée du Trocadéro en possède quatre : le meilleur est ici représenté.

Dans le mémoire spécial, dont je viens de donner le titre, M. Otis T. Mason divise les colliers (*Collars*) de Porto-Rico en deux classes, ceux qu'ils nomme *massifs-ovales* (*massive-oval*) et ceux qu'il appelle *minces obliques-ovales* (*slender oblique oval*) ou *pyriformes*, subdivisés ensuite en droitiers et gauchers (*right shouldered, left shouldered*). On trouvera, dans son texte, des détails minutieux sur chacune des trente et une pièces qu'il s'est chargé de faire connaître. Je me borne, en renvoyant mes lecteurs à cette monographie, à donner ci-dessous le signalement rapide des quatre pièces du Trocadéro[4].

On s'est demandé bien souvent pour quel usage exceptionnellement important, de barbares artistes fort mal outillés avaient bien pu s'astreindre à évider, amincir, lustrer, ciseler dans une pierre fort dure ces appareils bizarres et inexpliqués. Le nombre en était relativement considérable; on les employait donc d'une manière habituelle dans quelque cérémonie.

Or on lit dans l'*Histoire naturelle et morale des îles Antilles de l'Amérique* du P. Rochefort publiée à Rotterdam en 1658[5], qu'entre autres conditions imposées au « général caraïbe » pour obtenir cette charge « il falloit qu'il portast un fardeau d'une telle pesanteur que tous ceux qui briguoient avecque luy n'en pussent soutenir le poids ».

Nos instruments de Porto-Rico ne seraient-ils pas des colliers d'épreuve usités dans cette élection des anciens chefs de guerre de cette île ?

Une pratique analogue se serait rencontrée jadis chez les tribus chiliennes, d'après le témoignage de Vincent Le Blanc[6].

---

1. M. Strebel divise les prétendus jougs en A *Reine Iochform* : a. *ohne Skulptur*, b. *mit Skulptur*. B *Iochform in Verbindung mit der Darstellung eines Frosches wodurch die äusseren Konturen der Iochform unterbrochen werden*; a. *Einfache Froschform*, b. *Froschform in Verbindung mit anderen Darstellungen*. — Les deux pièces du Musée du Trocadéro sont ici figurées à petite échelle, Taf. IV, fig. 2; Taf. VI, fig. 23.

2. La meilleure de nos quatre pièces montre nettement une tête de singe aux yeux troués, au gros nez dilaté en relief, à la gueule ouverte, entre deux coudes saillants, au delà desquels se déroulent deux volutes en guise de mains.

3. Otis T. Mason, *The Latimer Collection of Antiquities from Porto-Rico in the National Museum, at Washington* (Smith. Rep., 1876, in-8°). — La collection renfermait trente cinq de ces pièces, au moment où elle a été offerte par le donateur, le Musée en a conservé trente et une.

4. L'une de ces pièces nous a été envoyée par M. le docteur Montané, de la Havane (n° 30528); la tête avec les bras, le treillis postérieur, la plaque ovale déprimée de la description ci dessus y sont très apparents. Deux autres viennent de la mission de M. Alphonse Pinart à Porto-Rico (n°° 5554 et 5555); le décor en est plus obscur, mais demeure à peu près le même. Le dernier était (n° 10514) depuis de longues années au Muséum d'Histoire naturelle; on n'y voit aucune figure simiesque et les deux panneaux portent l'un trois stries profondes, l'autre une hache à oreilles.

5. P. 464.

6. « ... Au royaume de Chili, dit Vincent Le Blanc, on élit pour souverain capitaine celuy qui peut porter le plus longtemps un gros arbre sur les épaules » (Rochefort, *op. cit.*, p. 465).

63

JOUG EN PIERRE.

PUEBLA, MEXIQUE.

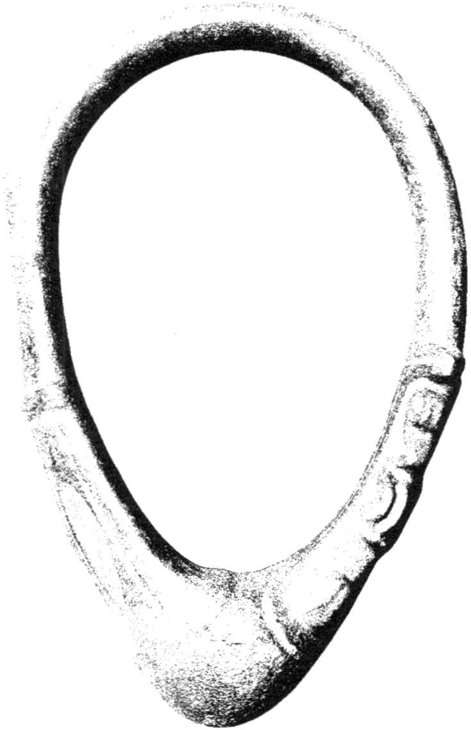

64

COLLIER EN PIERRE.

PORTO-RICO.

N° 65

MOMIE DE COMATLAN

(OAXACA)

La momie que représente la planche XXI est une pièce tout à fait exceptionnelle. Les milieux se prêtent mal, en effet, à la conservation des corps dans les sépultures des Terres Froides et je ne connais pas d'autres spécimens de *momie du Mexique* conservé dans les musées d'Amérique ou d'Europe, que celui de Comatlan, offert au Musée d'Ethnographie du Trocadéro le 14 septembre 1894, par M. Ch. Baur, de Puebla (Cat. Mus. n°35935).

Comatlan, où fut découverte cette précieuse relique, fait partie du district de Huajuapam de Léon, à trois lieues au nord de cette ville et à trente-cinq lieues environ au nord-ouest du chef-lieu de l'État, Oaxaca.

On ne connaît pas bien exactement les circonstances de la découverte; on sait seulement que c'est un certain D. Ignacio Peralta, qui a apporté la pièce à Puebla, avec une autre du même genre extrêmement détériorée. D. Leopoldo Batres, inspecteur et conservateur des monuments archéologiques de la République mexicaine, ayant eu connaissance de cette trouvaille en mai 1889, et en ayant compris toute l'importance, s'est hâté de publier, deux mois plus tard, à Mexico, la seule notice descriptive qui ait été consacrée jusqu'à présent à faire connaître un sujet absolument unique [1].

On apprit ainsi que la momie de Comatlan était dans la même posture que celles du Pérou [2] et qu'on voyait encore marquée sur la peau du sujet l'empreinte de l'étoffe qui avait serré le corps. Il manquait le membre inférieur droit, le gauche était brisé un peu au-dessous du milieu de la jambe. Le membre supérieur droit était en assez bon état, mais le gauche s'arrêtait vers le milieu de l'avant-bras. La tête était en grande partie dépouillée de son cuir chevelu, et montrait certaines particularités, sur lesquelles j'aurai à revenir.

Le lobule de l'oreille droite était percé d'un trou d'un centimètre de diamètre, que M. Batres supposa avoir servi à loger le *nacochtli* [3]. Enfin on distinguait des tatouages sur les deux bras à la hauteur du biceps, sur le poignet droit au dessus du radius, sur le ventre au niveau de la taille.

M. Batres fit rapidement copier ces tatouages et leur donna place dans sa planche des deux côtés de la momie, et comme il croyait reconnaître que les dessins ainsi reproduits « sont du même style et caractère que ceux des vases tant céramographiques que gravés de la tribu toltèque de Téotihuacan » [4], il conclut, sans hésiter, à l'*origine toltèque* de la momie de Comatlan. « Comme chacune des tribus ou races, ajoutait-il, ont leur manière et style propre de dessiner, de même que de composer, décorer, donner des formes spéciales à leur poterie, à leur architecture, à leur sculpture; comme en outre il fut spécial à la race toltèque d'employer presque toujours dans ses dessins les figures angulaires en en arrondissant légèrement les angles, et que les peintures déjà citées de la momie correspondent à ce style de dessin, il est évident que celle-ci appartient à l'une des tribus toltèques, *es evidente qui esta pertenece á una de las tribus toltecas*. »

Et comme on aurait pu tirer quelque objection du lieu de la découverte, il ajoutait que la localité n'a qu'une importance secondaire, que l'on n'a pas déterminé d'une manière bien certaine les lieux qu'ont habités les différentes tribus aborigènes, que dans la même localité trois ou quatre tribus ont pu se succéder, sans que l'on en connaisse plus d'une, enfin que c'est tomber dans une grave erreur que de classer tous les restes qui se découvrent en un point comme s'ils étaient de cette seule race dont on a pu prendre connaissance et par ce que l'on ignore qu'il en a vécu d'autres à la même place. »

Malheureusement pour la thèse de M. L. Batres, ces tatouages, dont les formes si spéciales semblaient

---

1. La petite brochure de six pages in-8° de M. Batres est intitulée (on verra pourquoi plus loin) : *Antropologia Mexicana. — Momia tolteca* clasificada por Leopoldo Batres, México. Julio de 1889, in-8° : elle est accompagnée d'une assez bonne lithographie.
2. Voici ses mesures : haut. 0^m,73; larg. aux épaules 0^m,35; larg. max. 0^m,47.
3. *Nacochtli*, disque d'oreille.
4. Id., *ibid.*. p. 4 et 5.

appuyer son raisonnement, avaient été mal vus et copiés de travers, ainsi que j'ai pu m'en assurer, le jour où M. Eugène Boban m'apporta, de la part de M. Ch. Baur, pour le Trocadéro, la momie de Comatlan[1].

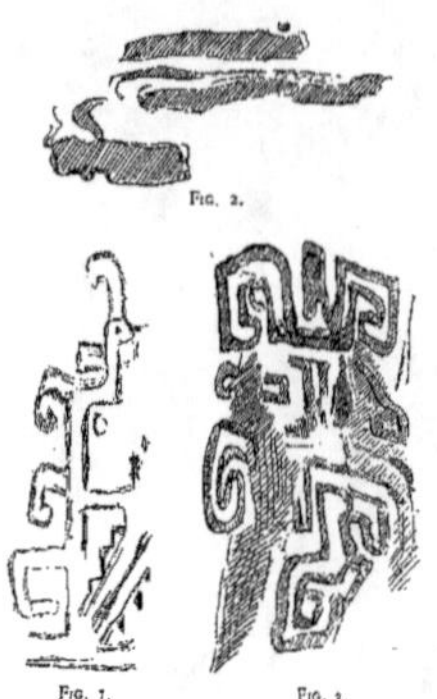

Fig. 2.

Fig. 1.   Fig. 3.

Aucun des contours figurés sur la lithographie déjà citée ne reproduit fidèlement les tatouages de la momie mexicaine. Je donne ci-contre les dessins exacts, minutieusement relevés par M. Jules Hébert, inspecteur du Musée d'Ethnographie. Celui du bras gauche (fig. 1) rappelle seul quelque peu les figures de M. Batres. Le tatouage abdominal (fig. 2) paraît être le corps d'un serpent, celui du bras droit, le mieux conservé des trois (fig. 3), semble avoir représenté un personnage coiffé d'un grand chapeau, assez analogue à ceux des torchères de Zachila. On croit même reconnaître au dessous de cette coiffure une sorte de face hiéroglyphisée, plus ou moins comparable à celle de la planche ci-dessus.

Au surplus, la décoration de la période toltèque n'a pas cette monotonie caractéristique que M. L. Batres lui assigne et les quelques spécimens authentiques que nous en possédons affectent des formes variées, parmi lesquelles dominent les serpents et les plumes de Quetzalcoatl[2].

J'ajouterai que les vieux Toltèques de Téotihuacan, de Tula, de Cholula, etc., etc., déformaient le crâne en l'aplatissant d'avant en arrière et de haut en bas, de manière à donner à la face un aspect triangulaire, ainsi qu'on le voit fréquemment sur les masques de pierre dure ou de terre cuite[3].

Or la déformation, dont les têtes de Comatlan, momie et crâne, portent toutes deux l'empreinte, consiste en un aplatissement léger de l'occipital avec renflement correspondant des pariétaux. C'est la même déformation qui a été décrite par Berthold sur un jeune sujet de Mitla dès 1842[4].

Tout s'accorde donc, pour démontrer que les momies de Comatlan sont celles de l'un des anciens peuples du groupe mixtéco-zapotèque dont l'État d'Oaxaca a conservé jusqu'à nos jours de nombreux spécimens. Suivant Orozco y Berra, le district dont elles proviennent est encore de langue mixtèque, et le pueblo de Comatlan qu'il appelle Comatlan Natividad est l'un des premiers de la longue liste de ceux qu'il énumère sous le nom de *mixtoguijxi*[5].

---

1. J'ai déjà dit qu'il y en avait une seconde toute disloquée. Ne pouvant pas l'exposer dans l'état misérable où elle se trouvait à son arrivée au Musée, j'en ai fait un squelette, qui est devenu une des précieuses pièces de la Section américaine de la galerie anthropologique du Muséum d'histoire naturelle.

2. Cf. D. Charnay, *Les anciennes villes du Nouveau Monde*. Paris, 1895, in-4°, pp. 73, 116, 124.

3. *Ibid.*, p. 119. Voy. les figures 30 et 31 de notre album.

4. A. Berthold, *Ueber einen Schädel aus den Gräbern der alten Paläste von Mitla* (*Nov. Act. Acad. Cæs. Leop. Carol. Nat. Car.*, t. XIX, p. 2, 1842).

5. M. Orozco y Berra, *Geografía de las lenguas y carta etnográfica de México*. México, 1864, in-8°, p. 192.

65

MOMIE DE COMATLAN.

OAXACA.

N° 66

COUVERCLE D'URNE CINÉRAIRE

(Zachila, Oaxaca)

C'est au cours de sa deuxième expédition archéologique, de Mexico à Tlaxcala, que Dupaix a visité l'État d'Oaxaca, et fait connaître pour la première fois les antiquités étranges de ce pays jusqu'alors à peu près inexploré. Parmi les pièces qui ont le plus frappé pendant ce voyage l'attention du fondateur de l'archéologie mexicaine se trouvait un « morceau travaillé en terre, creux et digne d'attention par son invention fantasque, par la complication des ornements symétriques de la tête, par la langue bifurquée ou séparée en deux, et par l'attitude du corps semblable à celle d'un professeur dans sa chaire et revêtu de sa robe... un tube cylindrique, qui se trouve en arrière... a pu servir de chandelier afin de fixer les torches de résine. Le coffre qui sert de piédestal et qui semble prendre au milieu du corps de la figure a pu servir aussi à renfermer des bijoux, des objets précieux destinés au service des rois ou caciques de Zaachillatoo, ou à celui des autels des faux-dieux. Cette figure est en terre fine et bien cuite; on l'a trouvée avec quatre autres semblables par la matière, la grandeur et le travail, en labourant une terrasse au nord, et proche de la maison curéale (de Zachila)... vers la fin de juillet (1806) »[1].

Ce morceau « d'invention fantasque » n'était autre chose qu'une sorte de cuve cinéraire, comme on en a trouvé bien d'autres depuis lors. Le personnage, couvert d'une énorme coiffure rayonnante, porte au cou une cordelière qui soutient un bijou volumineux de forme compliquée, marqué d'un S au centre. La face est en partie masquée et la main raide appuie par le bout des doigts sur la cuve.

Une deuxième figure de Zachila, lithographiée à la suite de la précédente (pl. LIV), porte aussi une coiffure très large et très ornée, dont l'un des motifs les plus reconnaissables est le serpent qui rampe. La face est masquée, la langue bifide; les oreilles sont cachées par de larges disques. La corde au cou supporte un bijou volumineux et compliqué; une collerette plissée cache le torse tout entier, affaissé et raccourci, enfin les deux mains qui dépassent s'appuient verticalement sur les genoux repliés dans l'attitude dite *du tailleur*. Un tablier richement brodé tombe au devant des cuisses au-dessus d'un socle bas, décoré de chevrons.....

Le Musée du Trocadéro possède, grâce à la libéralité de M. Labadie, une pièce presque semblable, couvercle séparé comme le précédent de la caisse cinéraire qu'il a surmontée jadis.

Ce monument, haut de 0ᵐ,39 et large de 0ᵐ,42, est composé du haut du corps d'un personnage dont on ne voit que la tête et les mains. Le visage est en grande partie caché par un gros cylindre tuberculé qui représente le nez et de la base duquel sort une épaisse langue, bifide, dont les pointes se contournent en volutes. Deux trous indiquent les yeux que cernent des paupières plates relevées en dehors en S. De grandes oreillères décorées de fleurons en relief retombent sur une large collerette, dont sortent les deux mains posées presque à plat sur les paumes. Sous le menton descend un lourd pectoral en forme de grosse fleur. La tête est surmontée d'une énorme tiare formée d'un large bandeau dont le centre porte une tête d'ocelot en haut relief, tandis que sur les côtés se déroulent deux serpents, que l'on retrouve sur les larges appendices carrés qui complètent de chaque côté de la coiffure. L'ouverture de la torchère se voit au dessus du bandeau, en avant d'un haut panache en éventail, cantonné de deux maïs, qui complète ce bizarre et somptueux édifice.

---

1. *Antiquités mexicaines. Relation des trois expéditions du capitaine Dupaix, ordonnées en 1805, 1806 et 1807 pour la recherche des antiquités du pays... Deuxième expédition*, p. 46 et pl. LIII. Paris, 1834, in-f°. — Zachila, capitale des Zapotèques, construite peut-être par le souverain du même nom, illustre guerrier et grand bâtisseur.

La terre est grise, fine et bien cuite; les ornements ne sont pas modelés dans la masse, mais ont été appliqués après coup, dans des creux réservés [1].

Ces terres cuites, qui représentent sans doute le mort, ou du moins sa momie couverte des ornements funèbres, offrent, aux dimensions près, des analogies frappantes avec bon nombre de statuettes funéraires trouvées dans les plus anciennes tombes de Téotihuacan, de Cholula, etc., et qui représentent le mort sur une sorte d'estrade. L'image du défunt, accroupie, est couverte d'un masque peint en jaune et surmontée d'une énorme coiffure pastillée de bandeaux et de panaches très analogue à celles de Zachila, etc.

Les torchères en terre cuite de Oaxaca ont été parfois imitées en pierres plus ou moins dures. Dupaix a décrit et figuré une idole en marbre blanc de Zachila, « dure, pesante et représentant une figure assise sur ses jambes croisées, de vingt-sept pouces de hauteur, assez volumineuse et très ornée » [2]. Elle est sculptée, continue-t-il, dans le même style que les figures de terre cuite; « elle est d'un beau travail et très bien conservée. La tête est surchargée de panaches, de cercles, de serpents [3] et autres représentations symboliques symétriquement disposées. Les oreilles semblent faire partie de ces ornements; elles ne sont qu'indiquées. La face, excepté les yeux, est tout à fait idéale par la configuration du nez, de la bouche et de certaines lignes courbes, figurant les joues. Le contour de la figure est assez bien exprimé; le cou est orné d'un collier avec un nœud par derrière et une espèce de collerette striée tombe par devant sur la poitrine et les épaules. Cette figure a aussi sa ceinture qui n'est visible que par derrière. Les bras sont cachés et ne se manifestent que par les mains qui paraissent porter une figure sphérique régulière [4] très apparente, et dont le dessin donnera une idée plus exacte que la parole. »

Ce marbre a été peint; il porte encore des traces d'oxyde de fer ou de vermillon.

1. Ainsi que Dupaix l'avait parfaitement constaté, le monument complet se compose de ce qu'il appelle le *tube* ou *chandelier* et du *coffre* qui lui sert de piédestal. M. Labadie a offert au Trocadéro un de ces coffres, qu'il s'est procuré, en même temps que la torchère que je viens de décrire mais qui, malheureusement, ne fait point partie du même ensemble funéraire. C'est une urne carrée, dont chaque angle est orné d'une volute creuse bordée d'un boudin en relief et ornée d'un serpent pastillé. Sur la face principale entre deux carrés longs dont les coins se relèvent en crosses, se voyait un ornement en forme de tête dont il ne reste plus que deux petits bras et une sorte de devantier forme de lignes perpendiculaires, surmontant un grand V, dont les branches s'allongent et retombent. M. Labadie avait remplacé la tête manquante par une autre plus petite et d'un autre style. Cette cave funéraire en terre grise, haute de 0^m,19, profonde de 0^m,14, large de 0^m,37, vient de la crypte funéraire de Xoxo, Oaxaca.

2. Dupaix, *loc. cit.*, pl. XLIX, p. 46. — Le Musée du Trocadéro possède sur le n° 36394 un moulage de cette pièce, exécutée par M. Charnay sur l'original donné au Musée national de Mexico. Haut. 0^m,57, larg. 0^m,46.

3. J'y vois aussi des maïs sur l'épreuve en plâtre que M. Charnay a tirée sur l'original actuellement conservé au Musée national de Mexico.

4. C'est une cruche sans anses à col évasé.

66

COUVERCLE D'URNE FUNÉRAIRE.
Terre cuite.
Zachila, Oaxaca.

CÉRAMIQUE DE L'OAXACA

TORCHÈRE EN TERRE GRISE DE TLACOCHAHUAYA

On vient de voir que le monument funéraire des Zapotèques se compose essentiellement d'une cuvette carrée en terre cuite plus ou moins ornée, sur laquelle s'applique un couvercle qui a la forme d'un personnage assis, les jambes croisées. Ce couvercle est habituellement muni d'un tube cylindrique assez large, qui monte en arrière du personnage, et que, depuis Dupaix, on désigne sous le nom de *torchère*.

Le mobilier funèbre zapotèque est complété par d'autres torchères, en terre cuite grise plus ou moins compliquées et qui varient de formes suivant les localités et aussi, sans doute, suivant les époques.

C'est encore Dupaix qui a donné le premier la description d'un de ces monuments, trouvé dans les champs aux environs de Mitla. « Cette figure marquetée et originale, dit le voyageur, présentant seulement la moitié supérieure du corps, est creuse... et a six pouces de haut... Elle est exécutée dans un style extraordinaire dont le dessin seul peut rendre compte; c'est pour cela que j'y renvoie le lecteur ». Et il continue par quelques mots à propos d'un « cylindre ou tube, d'un pouce et demi de diamètre » qu' « il y a en arrière » et dont il fait « une sorte de chandelier ». Il se peut, dit-il encore, qu'on ait placé dans ce tube « des torches de résine ou d'une autre matière ».

La figure qui accompagne cette description montre un petit personnage dans l'attitude déjà décrite, surmonté d'un tube creux très apparent. Deux bandeaux repliés tombent de la coiffure sur les épaules, un long manteau aux bords arrondis, fermé par une large boucle fleuronnée, couvre le sujet tout entier et un riche devantier pend au-devant des jambes croisées comme celles d'un tailleur.

La face est masquée, les yeux sont bordés d'un épais repli et le nez cylindré supporte une plaque à crochets inférieurs qui l'accompagne en manière de moustaches. C'est une variante horrible des masques qui ont déjà défilé sous nos yeux.

D'autres torchères zapotèques du *Museo Nacional* ont été publiées par M. Penafiel[1] et M. Ed. Seler en a représenté toute une curieuse série empruntée à diverses collections d'Amérique et d'Europe[2].

L'une des plus intéressantes, parmi ces dernières, est celle que ce savant a copiée au Musée du Trocadéro et dont nous donnons, sous le n° 68 de la planche XXIII[3], une figure plus exacte. Elle provient de Tlacochahuaya, à sept lieues au sud-est d'Oaxaca, et a été offerte au Musée d'Ethnographie par M. Labadie (Cat. Mus., n° 19402).

Le sujet qu'elle représente mesure 0ᵐ,35 de haut, 0ᵐ,225 de large, et dissimule une torchère cylindrique aplatie (diam. de l'ouvert., 0ᵐ,078 et 0ᵐ,058) à fond plein, dont l'ouverture correspond à peu près au milieu de l'immense coiffure qui forme à elle seule plus du tiers du personnage.

L'ensemble de cet édifice fantastique et bizarre était maintenu par deux joncs repliés, entourés de rubans

et de bandelettes et soutenant tout un échafaudage de plumes, de disques, de volutes et de nœuds. Deux larges bandeaux striés, ornés de quatre glands, retombent sur les épaules.

La face, encadrée d'une épaisse chevelure carrément découpée, est surtout remarquable par ses yeux aux paupières supérieures horizontalement saillantes, tandis que les inférieures, bien plus longues, décrivent tout un arc de cercle, autour de l'œil[4] dont la pupille est marquée par un point. Le nez est étroit et busqué, la lèvre supérieure relevée laisse voir les dents, l'inférieure se projette en avant avec une expression de dédain.

De larges disques à boutons en relief garnissent les lobules auriculaires. Un collier de torsades descend des épaules et soutient un médaillon fort compliqué, qui retombe en avant sur le devantier orné de glands

---

1. Peñafiel, *Monumentos mexicanos*, pl. 67. 68, 69, 78.

2. Ed. Seler, *Die sogenannten sacralen Gefässe der Zapoteken* (*Veröffentlichungen aus dem Kœniglischen Museum für Völkerkunde*, Bd. I, p. 182-188. — Les figures au trait des pages 184 et 185 de cette note représentent dix-sept vases zapotèques copiés par l'auteur à Oaxaca, dans l'Instituto publico et les collections Sologuren et Hinrichs, chez le curé de San Pablo de Mitla, dans le cabinet d'un amateur de Tlacolula, etc. Dans une publication plus récente, M. Ed. Seler a donné des reproductions phototypées des vases zapotèques dont il a enrichi le *Museum für Völkerkunde* de Berlin (Ed. Seler, *Wandmalerein von Mitla, eine mexicanische Bilderschrift in fresko nach eigenen an Ort und Stelle aufgenommen Zeichnungen*. Berlin, Asher, 1895, in-f° Taf. XI-XII).

3. M. Ed. Seler a publié une esquisse fort médiocre de cette pièce dans son mémoire des *Veröffentlichungen* (p. 184. fig. 12).

4. C'est la forme de l'œil dit *américain*.

du petit personnage. Une ceinture qui fait le tour complet de la torchère retient cette pièce du costume qui repose sur les jambes évidées en-dessous et croisées en X[1], et dont les genoux supportent deux énormes mains grossièrement façonnées et garnies d'épais bracelets formés de boutons pastillés [2].

VASES PEINTS DE MITLA ET D'OAXACA

Les figures 69 et 70 représentent deux vases peints trouvés, l'un à Mitla, l'autre à Oaxaca, et qui ont fait partie de la collection Boban avant de devenir, avec les autres antiquités américaines de M. Alph. Pinart, la propriété de l'État.

Le vase de Mitla (Cat. Mus., n° 26177) qui a la forme d'une tête de cerf, rappelle, d'une façon tout à fait curieuse, certains *rhytons* de fabrication grecque.

Il est adroitement modelé, en forme de sabot à fond plat et des peintures d'un brun rouge se détachent sur le fond de la terre jaunâtre et bien lustrée. Le mufle et les longues oreilles dressées de l'animal sont ainsi coloriées : la pupille est rougie de même, quelques traits fins imitant des cils strient les paupières supérieures et d'autres lignes disposées en deux rangées serrées et parallèles sillonnent les deux joues de la bête. Un fleuron rouge à doubles volutes latérales s'allonge sur le nez et s'étale sur le front jusque vers la base des bois[3].

La peinture qui couvre le mufle se prolonge en remontant en arrière et en dessous par un talon rouge découpé en escalier et surmonté d'une grecque simple, ornée au centre d'un petit oiseau sommairement esquissé. Au-dessus s'enroulent sept fines spirales dessinées au trait.

Le pseudo-rhyton de Mitla atteint 0^m,235 de longueur du bout des naseaux au talon ; sa hauteur est de 0^m,105 et l'ouverture du récipient ménagé à son intérieur mesure 0^m,08 en travers et 0^m,065 d'arrière en avant.

Le vase acquis à Oaxaca par M. Eug. Boban (Cat. Mus., n° 25892), haut de 0^m,20, large de 0^m,13 à la base et de 0^m,08 au sommet est aussi orné de peintures qui s'enlèvent cette fois en brun ou en noir sur le fond jaune sale de la terre, très bien cuite d'ailleurs et soigneusement lustrée[4]. Il a la forme d'un tronc de cône reposant sur une base convexe portée sur trois petits pieds coniques.

L'ornementation se compose de quatre bandes superposées que séparent des galons cernés d'un gros trait noir, courant un peu irréguliers autour de la pièce. La bande supérieure est ornée de trois S couchés peints en noir dans des carrés bruns : les contours ont été ménagés sur le fond jaune du vase. Trois autres compartiments, coupés de triangles ornés d'un chevron et d'un point s'interposent aux trois premiers.

La seconde bande montre trois oiseaux grossièrement façonnés ; l'un est peint en brun sur le ton général de la pièce, les deux autres sont en réserve sur des champs de couleur brunâtre. Une figure difficile à interpréter et que l'on peut voir sur la planche XXIII, complète ce décor.

La troisième bande est essentiellement composée d'un disque incomplet, cerné d'un double cercle à stries rayonnantes et auquel se rattachent sept lobes en éventail et deux longues plumes remontant de chaque côté. Est-ce, comme je le présume, une représentation solaire ?

On voit à droite, entre deux barres verticales, deux disques semblables aux signes numériques usités dans les monuments et les manuscrits locaux. Une autre figure, arrondie et plate, ornée de neuf rayons, apparaît ensuite ; un monstre, la gueule ouverte, le corps courbé en S, muni de deux rangés d'ailerons, semble contempler cette espèce de disque.

La quatrième bande répète à peu près la seconde. Les oiseaux fantastiques sont ici au nombre de quatre, les uns rouges sur fond jaune, les autres réservés sur fond rouge. L'ornementation se complète d'un côté par trois disques d'apparence numérique, montant entre deux bandes verticales, de l'autre par un serpent onduleux encadré de même. Entre ces symboles se montre une sorte de vase à bords évasé, qui rappelle assez exactement ceux des peintures de M. Seler et de quelques manuscrits zapotèques.

Il n'existe, à ma connaissance du moins, dans les collections publiques ou privées d'Europe ou d'Amérique, aucune pièce analogue à celles dont on vient de lire la brève description.

TORCHÈRE EN TERRE GRISE DE XOXOTLAN

Les Mixtèques, parents des Zapotèques, et leurs proches voisins, sont beaucoup moins connus dans leurs œuvres artistiques, clairsemées jusqu'à présent dans les collections d'antiquités exotiques. La figure 66 montre l'une de ces œuvres provenant de Xoxotlan et ayant fait partie de la collection Pinart (Cat., n° 8080). Le personnage qu'on y voit apparaître au milieu d'une immense coiffure en éventail[5] se compose essentiellement du masque, des bras, des jambes et d'un large tablier appliqués sur le cylindre d'une torchère ornée d'un jeu de larges éventails richement ornementés. Le masque, qui se montre au-dessous d'une plaque estampée, où l'on reconnaît les caractéristiques de Tlaloc, a une physionomie triste et grossière, les yeux sont vaguement entr'ouverts, le nez est long et pincé, les lèvres sont épaisses et saillantes.

Les bras détachés du cylindre, saisissant un objet arrondi qui ressemble à un rouleau de metlatl, posent sur un tablier déployé en éventail et plaqué de trois lourdes appliques que décorent de gros points en relief ou des quadrillages en creux. De toutes petites jambes apparaissent sous le tablier, adhérentes au cylindre de la torchère.

---

1. On remarquera que le pied gauche du sujet n'a que quatre doigts, taillés sans art en dents de peigne. Le pied droit a été refait.

2. Le Musée du Trocadéro a reçu de plusieurs donateurs, surtout de MM. Pinart et Labadie, toute une suite de monuments analogues à celui de la figure 67 et provenant de l'Oaxaca. L'un des plus intéressants est celui que représente la petite figure ci-dessus (Cat., n° 8079). Le sujet, évidé en forme de torchère (haut. 0^m,14 ; diam. 0^m,035) est dans la pose du précédent. Sa coiffure dont il ne reste qu'une torsade à droite, à gauche le bout d'une plaque coupée à angle droit rentrant, surmonte une épaisse chevelure coupée carrément sur le front. Un collier composé de cinq gros anneaux pastillés va d'une épaule à l'autre, et un large ceinturon soutient un devantier orné de cinq lignes ondulées, qui ont été gravées avant toute cuisson sur la terre encore fraîche.

3. Les deux bois ont été anciennement cassés ; le bois de gauche a emporté avec lui toute l'épaisseur de la terre, l'autre s'est seulement détaché et l'on voit distinctement au point de fracture que ces appendices étaient faits de pièces rapportées.

4. Une fracture qui comprend toute l'épaisseur du pied que l'on voit à droite dans la planche permet d'apprécier la finesse et l'homogénéité de la terre ainsi que sa parfaite cuisson.

5. Les plis supérieurs de cette coiffure ont été fortement restaurés, l'un des bras a été refait.

CÉRAMIQUE DE L'OAXACA.

CÉRAMIQUE DE TABASCO

STATUETTES EN TERRE CUITE DU CERRO DE LOS IDOLOS
PRÈS FRONTERA

Au moment où H. H. Bancroft publiait le quatrième volume de son grand ouvrage ethnologique[1], on ne savait encore absolument rien des antiquités de l'État de Tabasco. Ce territoire malsain n'avait pas été parcouru par les archéologues et il n'existait dans les musées spéciaux aucun document qui y ait été rencontré. C'est à M. D. Charnay que revient l'honneur d'avoir, le premier, rapporté une collection importante, recueillie non sans quelque danger, à Fro ntera, et provenant du *Cerro de los Idolos*, à une dizaine de licues au sud de cette ville. Le Musée du Trocadéro ne contient pas moins de trente-cinq morceaux en terre cuite plus ou moins importants de cette provenance nouvelle, j'en ai fait figurer quatre dans la planche XXIV de cet Album.

Le premier (n° 71), déjà dessiné à plus petite échelle dans le grand ouvrage de M. Charnay[2], représente un guerrier haut de 0^m,41 et large de 0^m,20 à la base, assis, les jambes pendantes, sur un siège hémisphérique. Sa tête, comme celle de certaines idoles de Quetzalcoatl[3], est coiffée d'une sorte de casque ayant l a forme d'une tête de serpent, aux gros yeux en relief. La mâchoire supérieure, garnie de fortes dents coniques, borde au-dessus du front les côtés supérieurs d'un triangle rectangle : la mandibule armée de même encadre d'une lourde jugulaire le bas de la face du personnage. Il a les yeux baissés, le nez court et large, la bouche serrée et un énorme menton fortement projeté en avant. Les pommettes sont massives, le bas de la face est carré.

Il porte dans le lobe des oreilles de gros disques évidés, sur la poitrine s'étale un plastron rectangulaire relié par des bretelles à un dorsal beaucoup plus grand. Une petite veste dont les franges sont formées de boulettes aplaties, un court devantier, des jarretières nouées au-dessus du genou et dont les extrémités descendent jusqu'aux pieds complètent sa parure. Il porte à l'avant-bras gauche une rondache discoïde[4].

La seconde pièce du « Cerro de los Idolos » (n° 72) publiée, de la même façon que la première, par M. D. Charnay[5], est une grande figure qui représente un personnage en demi-ronde bosse, dressé contre une applique et remarquable par quelques particularités de son costume et de ses accessoires.

La face, carrée, massive, est encadrée de lourdes papillotes ; un long bâton de nez traverse la sous-cloison[6], et deux cylindres évidés transpercent les oreilles.

La veste, la rondache, le devantier, les jarretières sont semblables aux pièces correspondantes de la figure 71, mais le pectoral est rond au lieu d'être quadrilatère et le bras droit (cette fois intact) tient appuyé en avant de l'épaule un engin de combat, l'*atlatl*, récemment étudié par M. Ed. Seler[7] et Mme Z. Nuttall[8].

Cet instrument, assez analogue aux *throwing sticks* du haut Nord Américain[9], se compose essentiellement d'une planchette, dont la face antérieure est creusée en son milieu d'une rainure médiane, longitudinale, limitée à l'une de ses extrémités par un buttoir plus ou moins saillant. La javeline qu'on voulait lancer était solidement maintenue avec la main renversée dans la rainure où on l'avait couchée en l'appuyant solidement au

1. Hubert H. Bancroft, *The native Races of the Pacific States of North America*. Vol. IV, *Antiquities*. New-York, 1875, in-8°, ch. VIII.
2. D. Charnay, *Les anciennes villes du Nouveau Monde. Voyages d'explorations au Mexique et dans l'Amérique centrale*. Paris, 1885, in-4°, p. 357.
3. Voyez plus haut pl. XII et p. 23-24.
4. Le bras droit est malheureusement brisé.
5. D. Charnay, *op. cit.*, p. 357. — On retrouve ce cliché sur la couverture de l'ouvrage à côté de ceux de Lorillard-City, etc.
6. Les figures divines des manuscrits mexicains, celle en particulier de Huitzilopochtli, portent fréquemment ce bâton. (Cf. *Cod. Tell. Rem.*, etc.)
7. Ed. Seler, *Altmexicanische Wurfbretter* (*Internat. Archiv für Ethnographie*, Bd. III, p. 137-148, Taf. XI, 1890, in-4°).
8. Z. Nuttall, *The atlatl or spear-thrower of the ancient Mexicans* (*Archaeolog. and Ethnolog. Papers of the Peabody Museum*, vol. I, n° 3. Cambridge, 1891, in-8°).
9. Cf. Otis T. Mason, *Throwing Sticks in the Nat. Museum* (*Report of the Smiths. Institut*, 1883-84, part II, p. 279-289, pl. I-XVII, 1890, in-8°).

buttoir par son extrémité. Un brusque mouvement de bascule imprimé par le poignet au moment où les doigts lâchaient la hampe envoyait l'engin meurtrier à une grande distance.

Dans la figure 72, l'atlatl, porté en guise de sceptre, est une planchette relativement large et courte, sillonnée d'une rainure profonde, que termine un bouton ovale fort saillant.

La figure 73 montre une des plus bizarres des nombreuses têtes isolées de la collection de Los Idolos. Le guerrier qu'elle représente est coiffé à la japonaise, d'un casque rond, sillonné d'une rainure médiane, aboutissant à une meurtrière, et dont les bords se terminent en un large couvre-nuque qui descend jusqu'aux épaules. Il a des disques dans les oreilles, un pendant sous le nez, des boutons dans les joues. Les sourcils dessinent des arcs saillants et réguliers, les paupières à peu près closes sont transversalement dirigées, le nez est droit, la bouche est largement ouverte, le bas de la face est massif et lourd.

La figure 74 reproduit encore une tête montée sur un court tenon cylindrique, dont la conservation nous apprend que les céramistes du Tabasco modelaient parfois leurs sujets en plusieurs pièces qu'ils ajustaient ensuite. Le personnage reproduit assez fidèlement l'attitude générale, les traits et les ornements de son voisin n° 73, dont il diffère principalement par sa haute coiffure compliquée. C'est un long bonnet cylindrique, sur le devant duquel un oiseau symbolique déploie ses ailes en redressant le panache de sa queue. De chaque côté s'applique un large disque fixé à l'aide de boutons en relief et d'épais bandeaux enroulés descendent en avant des oreilles, en encadrant la face.

Ces quatre pièces du Cerro de los Idolos et quelques autres encore en moins bon état que nous conservons au Musée, sont lourdement modelées dans une terre assez bien cuite, et les ornements en relief sont appliqués avec une certaine adresse sur la masse, par le procédé déjà décrit plus haut sous le nom de *pastillage*.

Les autres pièces de Frontera sont des fragments de troncs de bras, de jambes, ayant fait partie de statuettes toutes semblables à celles dont il vient d'être parlé.

VASE EN FORME DE CALICE
AVEC PERSONNAGE EN RELIEF
El Palenqué, coll. Camacho.

Les fameuses ruines d'El Palenqué gisent à 45 lieues au moins dans le sud-est de Los Idolos sur un petit affluent de gauche de l'Uzumacinta. Or l'une des pièces les plus caractéristiques qui soient sorties des fouilles pratiquées dans cette antique cité est un vase à figure (n° 8043), fort analogue à ceux dont je viens de donner la description. C'est une sorte de calice à large pied, d'un galbe assez élégant, sur le couvercle duquel est appliqué le buste d'un petit personnage, à figure courte et dilatée, orné d'une coiffure rayonnante, les oreilles percées de larges disques évidés, le nez chargé d'un lourd pendant en forme de T, la bouche largement ouverte. Il porte sur la poitrine le disque à deux boutons de notre figure 72. Le bras gauche est couvert par une petite rondache discoïde, le droit est armé d'un *atlatl*, à fort gros buttoir.

Cette pièce intéressante, qui mesure 0^m,14 de hauteur, a été rapportée au Musée d'Ethnographie par M. D. Charnay. Elle avait fait partie de la collection de Don Leandro José Camacho, et un certificat du célèbre antiquaire mexicain atteste sa découverte au cours des fouilles pratiquées le 26 mai 1845.

CÉRAMIQUE DU CERRO DE LOS IDOLOS.

TABASCO.

PLANCHE XXV

N° 75

BAS-RELIEF EN MARBRE

(YUCATAN)

Les grands musées ethnographiques possèdent, pour la plupart, quelques morceaux plus ou moins importants, provenant des États méridionaux du Mexique, Chiapas, Campêche, Yucatan, mais la provenance de ces objets est presque toujours incertaine. Jusqu'à présent, en effet, les fouilles méthodiques ont été rares et difficiles dans ces contrées. Or chacun sait que les antiquités, trouvées par les Indiens, gardent bien rarement une histoire un peu précise; l'origine ne peut plus en être indiquée que d'une manière vague, et les conservateurs des établissements scientifiques, dans lesquels bas-reliefs, statuettes ou vases finissent par prendre place, sont réduits à les inscrire sous une appellation plus ou moins indéfinie.

Ainsi le remarquable bas-relief (n° 75) de la planche XXV est entré avec la seule désignation de « *Yucatan* » dans la collection Pinart, puis au Trocadéro, et quoiqu'il ressemble à ceux de Palenqué, bien plus qu'à tous les autres, je me vois obligé de le présenter ici sous l'étiquette vague qu'il a conservée au Musée.

Si j'ai bien compris la signification générale de ce monument, il commémorerait un événement chronologique important et l'on comprendrait aisément qu'on ait choisi, pour en sculpter le relief, une plaque de marbre rose, matière bien rarement utilisée par les vieux artistes mayas.

Au centre de la plaque, qui mesure o^m,35 de haut sur o^m,22 de large, un personnage est assis, les jambes croisées; la plante du pied droit se voit au-dessous du genou gauche. La main droite apparaît vaguement allongée, la gauche largement ouverte, dirigée en avant au niveau du bas de la face par un mouvement de l'avant-bras courbé à angle droit sur le bras.

Le profil montre un nez aquilin, que surmonte un front fuyant artificiellement déprimé. La paupière est close, et la bouche épaisse est fermée.

Le personnage est coiffé d'un chapeau haut de forme, à bords épais, dont le sommet prend l'aspect d'une tête d'aigle. Il porte de larges disques d'oreilles, un lourd collier et une ceinture qui lui serre les reins.

Devant lui est placé un faisceau de quatre branches égales, enroulé d'un crotale; la tête de l'animal tire la langue, et revient vers le centre de la composition, tandis que la queue dont on distingue les anneaux vient s'appliquer contre le faisceau de branches.

Au-dessus et en avant du sujet accroupi, apparaissent deux petits boutons coniques et un troisième plus gros, plus aplati, où se voit distinctement l'emboîtement de deux surfaces en forme de crochets courbes.

Le reste du bas-relief est occupé par le toit du temple où s'accomplit la cérémonie et divers accessoires décoratifs.

Deux choses surtout attirent l'attention dans l'étude de la sculpture que je viens de décrire; le faisceau lié et l'hiéroglyphe qui le surmonte.

Le faisceau de quatre branches égales semble correspondre, en effet, à la *ligature* du siècle, *atadura del siglo* des monuments des hauts plateaux. Les Mayas, comme les Toltèques, avaient un cycle de cinquante-deux ans, composé de ce que Pio Perez appelle « *quatre indictions* ou semaines d'années[1] » et c'est à ce *cycle de 52 ans* qu'ils donnaient le nom de *atun*.

Le personnage assis célébrerait devant le faisceau symbolique des quatre indictions l'achèvement d'une de ces périodes de cinquante-deux années, que commémoraient par de grandes fêtes les Indiens du Yucatan aussi bien que ceux du Mexique.

---

1. J.-P. Perez, *Chronologie antique du Yucatan et examen de la méthode à l'aide de laquelle les Indiens computaient le temps* (*Relation des choses de Yucatan de Diego de Landa*, éd. Brasseur de Bourbourg. Paris, 1864, in-8, p. 397).

L'hiéroglyphe placé au-dessus du pontife et de sa ligature se compose d'un cercle enveloppant et de deux crochets emboîtés, qui rappellent de près les formes les plus grossières du *taï-ki* signalées déjà en diverses contrées d'Amérique[1]. Ce symbole, qui n'apparaît qu'obscurément dans les manuscrits mayas, représente dans l'iconographie de l'école de Tchou-Fou-tseu dont il est sorti, l'essence de tous les êtres, l'idée, le modèle, la source de toute chose, un principe très parfait qui n'a ni commencement ni fin[2] et dont l'intervention constatée sur un des autels de Copan[3] se justifie sans peine dans une cérémonie religieuse marquant le début d'une ère nouvelle.

Nᵒˢ 76-77

KATUN ET MÉDAILLON EN STUC

(PALENQÜÉ)

Katun ou *kat-tun* signifierait, suivant Brasseur de Bourbourg[4], une *pierre qu'on interroge*, du verbe *kaat*, appeler, interroger, demander, et de *tun*, pierre. D'après Cogolludo, les Mayas, pour établir leur chronologie, « plaçaient une pierre gravée sur une autre également gravée incrustée avec de la chaux et du sable dans les murs de leurs temples et des maisons de prêtres[5] » et le mot *katunil* s'appliquait, d'après Lizana, à la connaissance des siècles et de la chronologie, des *pierres scellées aux murs des temples*, des époques et dates historiques[6].

M. Léon de Rosny, se basant sur ces données, a employé le mot de *katun* ou plutôt *katoun* pour désigner les caractères hiéroglyphes du Chiapas et du Yucatan[7] et l'on se sert assez habituellement de la qualification de *katounique* pour désigner cette écriture encore presque inintelligible.

La figure 76 montre un *katun* (nᵒ 12283) rapporté jadis de Palenqüé par le colonel Galindo et figuré par lui dans le volume XXXV de l'*Archæologia*. On distingue nettement dans cette figure deux parties bien distinctes : à droite un ensemble bizarre où l'on démêle, au milieu de figures inexpliquées, une face grotesque, et une main marquée d'une espèce de sceau ; à gauche, une longue barre, précédée de quatre gros boutons ou points. Cette juxtaposition met bien en évidence un des faits les mieux acquis à l'histoire de l'écriture katounique, l'existence de ce que M. de Rosny appelle des *déterminatifs spécifiques*, comparables aux *clefs chinoises*. Ces déterminatifs parmi lesquels les barres simples, doubles, triples et les points en nombre variable jouent un rôle fort important étaient destinés à faire connaître à quelle classe d'objets se rattachent les mots notés en signes phonétiques et notamment ceux qui, par suite des homophones ou pour d'autres raisons, auraient pu laisser une certaine incertitude sur leur véritable sens[8].

J'ai complété la planche avec un fragment de médaillon en stuc (nᵒ 77) ramassé par M. Charnay sur le sol de la célèbre galerie des médaillons d'El Palenqué. C'est une portion de figure humaine regardant à droite et fort curieusement hiératisée. Le grand nez aquilin garde toute sa signification ethnique, mais la bouche est contractée en un énorme rictus et l'œil est remplacé par une cavité à peu près demi-circulaire, bordée d'une sorte de galon. Une ornementation en relief, que l'on voit assez indistincte en avant de l'oreille, semble représenter une peinture ou un tatouage.

<hr>

1. E.-T. Hamy, *Le Svastika et la roue solaire en Amérique* (*Decades Americanæ* in *Revue d'Ethnogr.*, t. VI, p. 14-22, 1885).
2. J.-F. Davis, *La Chine ou description générale des mœurs et des coutumes de l'empire chinois*, trad. fr. Paris, 1837. in-8, t. II, p. 31-32.
3. E.-T. Hamy, *Essai d'interprétation d'un des monuments de Copan, Honduras* (*Compt. rend. Soc. de géogr.*, 2 juillet 1886. — Cf. *Decades Americanæ* in *Revue d'Ethnogr.*, t. V, p. 233-240, 1886).
4. *Op. cit.*, p. 245.
5. *Ibid.*, p. 53.
6. Cf. Brasseur de Bourbourg, *Manuscrit Troano*, t. II, p. 267.
7. L. de Rosny, *Essai sur le déchiffrement de l'écriture hiératique de l'Amérique centrale*. Paris, 1876, in-fᵒ, p. 5.
8. L. de Rosny, *op. cit.*, p. 55.

75

BAS - RELIEF EN MARBRE.

Yucatan.

76 - 77

KATUN ET MÉDAILLON EN STUC.

Palenqué.

N°s 78-83

CÉRAMIQUE DU YUCATAN

SIFFLETS EN TERRE CUITE PEINTE, YUCATAN ?

Les réflexions que suggérait plus haut l'étude du bas-relief de marbre rose, enregistré sur les catalogues du Musée d'Ethnographie sans autre provenance qu'une vague expression géographique, se présentent de nouveau au moment de décrire les intéressantes statuettes alignées au haut de la planche XXVI de cet album. En effet, ces pièces d'un si haut intérêt sont simplement étiquetées *Yucatan*, comme celles du *Museum für Volkerkunde*, que M. Uhle publiait il y a huit ans dans les *Veröffentlichungen*[1].

Or, trois au moins de ces petits chefs-d'œuvre de l'art ancien du Centre Amérique sont d'une seule et même fabrique, et si la provenance exacte de l'un d'eux était solidement établie, l'origine des autres serait certifiée du même coup. Malheureusement les doutes que l'on pouvait garder sur leur localisation tendent à s'aggraver, depuis la récente découverte signalée par M. William H. Holmes[2]. Il s'agit d'une tombe trouvée près du temple de la Croix de Palenqué par M. Herman Collier, et que M. Thompson a fouillée avec grand soin pour le *Field Columbian Museum* de Chicago. Cette tombe, construite dans le flanc de la pyramide, du temple de la Croix, *built into the side of pyramid*, contenait, entre autres objets, une statuette brisée de la même famille que les nôtres.

Cette pièce, dont les jambes et les bras ont disparu[3], est « puisamment modelée, dit M. W. H. Holmes, en une argile jaunâtre, la surface antérieure ayant reçu un revêtement de couleur rouge ». Le style de l'œuvre est décidément caractéristique de Palenqué, continue l'archéologue américain, le crâne est représenté comme aplati à un degré extraordinaire, la partie supérieure du nez et l'espace entre les sourcils sont surélevés en une crête verticale représentant peut-être un ornement fixé à cette place, comme cela se voit dans les reliefs muraux et les tablettes de calcaire. L'ornementation pittoresque de la tête semble composée de plumes flottant au vent, d'un collier de perles et de larges disques d'oreilles. L'empreinte des doigts de l'artiste se voit nettement sur ces derniers. Le corps est couvert d'une étoffe tournant autour des reins et tombant par devant à la manière ordinaire[4]. »

Les fragments de statuettes n°s 78 et 80 et la première de celle du fascicule de M. Uhle sont du même style que celle de MM. Thompson et Holmes, et il faudra peut-être un jour se décider à les classer parmi les œuvres d'art palenquéennes. Décrivons-les, en attendant, sous le vocable qu'elles ont jusqu'à présent conservé.

La première (Cat. du Mus., n° 8051) est brisée à la ceinture, et ressemble d'une manière frappante au buste de Berlin. Elle est faite d'une fine terre rouge et représente un personnage debout, les bras croisés. Sa figure est des plus caractéristique avec son grand nez busqué, son front déprimé, sa bouche charnue, ses yeux à l'américaine, un peu obliques et fort petits, enfin l'élégant tatouage en relief qui couvre presque tout son visage[5]. Un étroit bandeau rayonne autour du front, et un turban, que masquent cinq panaches largement étalées, supporte une haute volute gracieusement enroulée. Un pectoral, de forme circulaire, est suspendu en haut de la poitrine et de larges disques s'adaptent aux oreilles. L'embouchure d'un sifflet encore bien sonore s'ouvre en arrière au milieu du bras droit.

---

1. *Veröffentlichungen aus dem Königlichen Museum für Völkerkunde.* I Bd., I Heft. Berlin, 1889, in-4°; taf. I, *Männliche Figur von Thon. Yucatan* (S. 1-2) : Taf. X, *Yukatekische Terracotta* (S. 43-44).

2. W. H. Holmes. *Archæological Studies among th ancient Cities of Mexico.* Part II. *Monuments of Chiapa, Oaxaca and the Valley of Mexico* (*Field Columbian Museum Anthrop. Series*, vol. I, n° 1, p. 206-208, pl. XXIII).

3. On l'avait probablement brisée à dessein, comme celles de la planche XXVI, avant de la mettre dans la tombe.

4. Il est regrettable que les archéologues du *Field Columbian Museum* ne nous disent pas si la statuette du temple de la Croix montre, comme deux des nôtres, une embouchure de sifflet derrière l'épaule droite. Ce détail serait presque décisif.

5. Cf. Diego de Landa, *trad. cit.*, p. 121.

Notre seconde figurine (Cat. du Mus., n° 8059) est réduite à la tête qui offre à peu près le même type général que celle de la première, mais n'est plus tatouée que sur le front et montre de petites élevures régulièrement disposées le long de la ligne mentonnière, comme pour simuler une barbiche[1]. La coiffure se compose de sept cornets allongés, qui rayonnent autour de la face, partant d'un large cimier dont une cassure a fait disparaître le sommet.

La troisième figurine (Cat. du Mus., n° 8063) est encore un sifflet de terre cuite en forme de petit personnage debout, les bras croisés. L'exécution en est un peu différente et la coloration caractéristique bleu cendré qu'il a conservée sur ses disques d'oreilles, son collier de perles et sa ceinture, lui assure d'une manière à peu près incontestable une origine yucatèque[2].

Son type facial est exagéré et fort enlaidi, et son équipement est fort particulier. Sa chevelure est massée en petites mèches symétriquement disposées et coupées carrément sur le front. Son chapeau est une sorte de panier d'osier renversé, que fixe un bandeau noué en arrière, dont un des bouts dépasse transversalement. Il porte un collier de cinq grosses perles, une ceinture épaisse que termine un devantier qui descend jusqu'aux genoux, et l'on retrouve en haut de son bras droit l'embouchure de sifflet du n° 78[3].

GRELOTS EN TERRE CUITE DE JAÏNA, CAMPÊCHE

Les statuettes de Jaïna (fig. 81, 82, 83) sont d'un tout autre style. Ces lourds et disgracieux grelots de terre cuite ont été exhumés dans l'île de Jaïna à 32 kilomètres au nord de Campêche. Les premières antiquités de cette île avaient été découvertes, il y a plus d'un demi-siècle, par l'archéologue D. Leandro José Camacho, dont j'ai déjà parlé plus haut[4].

Plus tard, D. J. Cladera, consul de Brême à Campêche, a possédé d'autres terres cuites de cette localité et notamment le curieux vase à katuns décrit par M. H. Strebel en 1881[5]. Des centaines de pièces, trouvées dans d'innombrables tombes dont l'île est couverte, ont été depuis lors dispersées dans les collections des deux mondes, et le Musée d'Ethnographie qui possédait quelques-unes des pièces de Camacho[6] a reçu pour sa part toute une série de poteries intéressantes recueillies par MM. D. Charnay[7] et Labadie.

La première de celles que nous reproduisons (n° 81) est déjà représentée à petite échelle dans le *Tour du Monde* de 1887[8]. C'est une figurine creuse où roule une boulette de terre cuite; elle est haute de 0^m,16, et large de 0^m,11 et à l'aspect d'un personnage richement vêtu, qui se tient debout dans une attitude de prière, les mains à la hauteur des épaules. La tête est enfoncée dans le cou, et comme écrasée sous le poids d'une immense coiffure de plumes : Le cou porte un lourd collier, et le tronc est couvert d'une robe ouvragée qui descend jusqu'aux genoux et d'un grand camail arrondi.

Le second grelot de Jaïna (coll. Labadie, n° 19423) montre un autre personnage, à peine un peu plus petit (haut, 0^m,145, larg. 0^m,095) portant une coiffure que surmonte un très large plumet et à laquelle se rattache un décor rayonnant qui offre une certaine analogie avec celui de Xoxotlan décrit un peu plus haut[9]. Les cheveux coupés en créneau, les oreilles et la poitrine surchargées d'ornements, le petit personnage lève la main droite ouverte, tandis que la gauche est ramenée transversalement sur le ventre. Une ceinture à gros plis verticaux serre une tunique ou robe qui s'arrête au-dessous des genoux.

Le personnage du troisième grelot de Jaïna, figuré sous le n° 83, est remarquable par son chapeau à grandes anses, et par sa collerette de plumes. Il porte la même blouse ou robe que ses voisins, et ses bras, comme ceux du n° 81, sont ouverts dans l'attitude de la déprécation. Il mesure 0^m,155 de hauteur, et 0^m,10 de largeur.

La face postérieure de ces trois pièces est convexe et nue et l'on n'y voit aucune trace d'ornement.

---

1. « Ils n'avaient point de barbe, dit cependant Landa (*trad. cit.*, p. 115); ils disaient que leurs mères leur brûlaient le visage avec des linges chauds dans leur enfance afin d'en empêcher la croissance, mais maintenant ils en ont, quoique les poils soient aussi rudes que des soies de sanglier. »
2. Cette coloration bleue, dont les collections de Berlin et de Paris contiennent un certain nombre de spécimens, a été constatée sur des pièces authentiquement trouvées à Aké, Akankeh et Uxmal.
3. Le Musée possède encore trois autres statuettes à sifflets dites du Yucatan mais dont les embouchures sont ouvertes dans une base élargie.
4. Voy. plus haut, p. 48.
5. H. Strebel, *Ein antikes Thongefäss aus Yucatan* (*Verhandl. des Vereins f. Naturw. Unterh.* Bd. V).
6. On y voit, entres autres, deux vases en terre grise, à panse côtelée, de Jaïna, accompagnés de leurs certificats de fouille datés de 1845 et de 1846.
7. Cf. D. Charnay, *Ma dernière expédition au Yucatan* (1886) (*Le Tour du monde*, t. LIII, p. 310-320, 1887).
8. Id., *ibid.*, p. 320, fig.
9. Voy. plus haut, pl. XXIII.

CÉRAMIQUE DU YUCATAN.

Jaïna, etc.

PLANCHE XXVII

N°s 84-89

CÉRAMIQUE
DU CHIAPAS ET DU YUCATAN

COUPE A PIED EN TERRE CUITE D'EL PALENQUÉ

J'ai décrit rapidement un peu plus haut[1] un vase en terre rouge assez élégant, sorte de calice monté sur une base en forme de tronc de cône, découvert par L. J. Camacho dans ses fouilles d'El Palenqué en 1842. Le vase n° 86 de la planche XXVII, poussé dans une terre semblable et de forme analogue, a la même origine. C'est une sorte de tulipe assez allongée (haut. o^m,175, larg. o^m,12), portée sur un support bas et divergent.

La panse est ornée d'un décor en faible relief, assez finement moulé, composé de deux panneaux encadrés d'hiéroglyphes katouniques, en haut et sur les deux côtés. Le premier panneau, celui que l'on voit sur la photogravure, met en scène trois sujets qui rappellent tout à fait ceux d'un des stucs les mieux conservés d'El Palenqué[2].

Debout au centre de la composition, un personnage, la tête couverte d'une de ces grandes coiffures étranges et compliquées dont les sculptures palenquéennes ont si souvent représenté les panaches et les pendentifs, passe de profil tenant dans sa main gauche un objet en forme de disque rayonnant, monté sur un manche et qui rappelle le miroir de Tezcatlipoca, dans certaines terres cuites des montagnards, à l'est de Mexico. Sa main droite, largement ouverte, est tendue en avant par un geste hiératique dont on connaît d'autres exemples ; il est surchargé d'ornements, assez vaguement indiqués, oreillères, pectoral, manchettes et ceinture à pendants, jupon bizarrement découpé. Deux personnages plus petits sont agenouillés l'un à droite et l'autre à gauche ; celui de droite fume avec une petite pipe et la fumée se déroule en deux spires, l'une montante, l'autre descendante, exactement comme sur le bas-relief célèbre d'El Palenqué, qui ornait jadis le pilier droit du sanctuaire du premier temple de la Croix[3].

L'autre sujet à genoux présente, les bras tendus, une offrande dont on ne distingue pas le détail.

Deux rangées de monstres s'alignent sur les côtés de la scène ; ils ont quelques rapports de formes avec les figures d'Ehecatl.

Dans la deuxième scène, les adorateurs ont disparu et le personnage debout dialogue avec un nouveau venu plus simplement vêtu, arrivant du côté gauche. Coiffé d'un petit casque à panaches, serré dans une grosse ceinture, à plusieurs plis, garnie d'une frange, il tend de la main gauche un objet indéterminé et laisse retomber sa main droite ; les pieds sont nus. Le personnage empanaché répond à cette présentation en reportant simultanément ses deux bras en arrière, comme s'il voulait montrer la bande de monstres qui se détache de la paroi et avance vers le milieu de la scène.

J'ai déjà dit que des catuns encadrent les deux tableaux ; la rangée horizontale est plus large et mieux visible que les rangées ascendantes plus étroites et moins bien arrêtées.

Ce curieux vase a été moulé en deux pièces dont on voit la couture, et le creux a été ensuite légèrement retouché à la pointe en quelques endroits.

BOL ET COUPE A PIED EN TERRE CUITE DE TIKUL

J'ai déjà eu l'occasion d'appeler l'attention des archéologues sur un procédé tout particulier de décoration des vases de terre, connu des anciens céramistes de Téotihuacan, qui *champlevaient* leurs figures sur l'argile engobée, lustrée et cuite[4].

---

1. Voyez plus haut, p. 48.
2. Cf. *Monuments du Mexique*, pl. 12, côté gauche.
3. *Ibid.*, pl. 24.
4. Voy. plus haut, p. 20.

Ce genre de fabrication, qui paraît remonter à des temps antérieurs aux invasions des Chichimèques, se retrouve le même à Tikul en plein Yucatan, chez un autre peuple non moins artiste dont cette constatation vient ainsi contribuer à resserrer les liens déjà bien manifestes avec les anciennes tribus civilisées de Tula, de Téotihuacan et de Cholula.

Les figures 84 et 85 représentent deux de ces vases de Tikul[1], dont le premier est décoré de la même façon que celui de Téotihuacan.

C'est une espèce de bocal cylindrique, légèrement renflé au milieu, haut de 0^m,165, large de 0^m,135 à 0^m,140. Deux tableaux, presque identiques, se détachent symétriquement sur le fond rayé de rouge et de brun. Un personnage, assis comme un tailleur, est orné de plumages immenses qui retombent en avant et en arrière; ses deux mains relevées combinent des gestes inexpliqués.

Le second de nos vases de Tikul (n° 8040 du Catalogue) est un long cylindre de 0^m,295 de hauteur, et de 0^m,118 de diamètre, dilaté en forme de pavillon vers la base qui en atteint 0^m,15. L'engobe est d'un rouge brillant et le décor a été obtenu par le même procédé, mais sur la terre *séchée et non encore cuite*. Cette différence dans le mode opératoire se reconnaît par l'examen des incisures qui n'ont plus la même netteté dans les fonds et montrent le long des bords des arêtes adoucies et des raclures que la terre cuite ne saurait donner sous l'instrument tranchant. Le fond du champlevé est d'ailleurs irrégulier, et avait été sans doute comblé avec un enduit coloré.

La partie, ainsi entamée du vase n° 85, se compose de cercles contournant le bord de la pièce et d'un grand tableau encadré d'un décor formé de deux galons enserrant des ovales allongés centrés eux-mêmes d'un petit cercle. Le tableau représente une figure symbolique où se manifestent certains éléments qui paraissent se rapporter à l'iconographie du dieu Tlaloc. La trompe relevée qu'on voit en haut et à droite rappelle celle que donnent parfois à cette divinité les peintures et les terres cuites de l'Anahuac; le grand œil qui occupe le centre de la face, les coquilles déterminatives de l'eau, les groupes de plumes, etc., ont leurs similaires dans les images des Hauts-Plateaux consacrées au dieu de la Pluie.

BOLS ET TASSE EN TERRE CUITE DE JAÏNA

Le premier des trois vases (n° 87) rapportés par M. Charnay de Jaïna (n° du Catalogue 19949) est de forme globuleuse à fond plat et à large ouverture. D'une terre rouge engobée de jaune et noircie par place de coups de feu, elle est ornée d'un curieux décor champlevé après cuisson qui comprend une bande de sept katuns incisés le long du bord et un hiéroglyphe largement étalé sur la panse en manière d'écusson.

Je ne dirai rien et pour cause des katuns encore inexplicables, mais j'observerai que la figure fantastique que cette formule surmonte rappelle les traits généraux attribués à Ehecatl par les sculpteurs de l'Anahuae. Il me semble bien reconnaître dans le nez recourbé, dans les deux rangées de dents de la gueule ouverte que sépare une langue plate, dans les volutes articulaires qui terminent les mâchoires en arrière, dans l'œil carré logé dans la courbe maxillaire, tout autant d'organes plus ou moins déformés d'un vieil Ehecatl toltèque.

Le second vase de Jaïna (n° 88) qui porte au Catalogue général du Musée d'Ethnographie le n° 19948, est en forme de cylindre un peu évasé vers le haut et vers le bas. La terre est engobée de gris et champlevée après cuisson. Cinq groupes katouniques dont le principal se répète jusqu'à trois fois courent autour de l'ouverture et une scène d'adoration, reproduite deux fois avec des variations sans intérêt, nous montre un personnage accroupi coiffé d'un chapeau de longues plumes, portant une longue corde au cou. Devant sa bouche se développent les volutes de la fumée qui sort de la pipe sacrée[2].

Le décor de notre troisième vase de Jaïna (n° 89) est d'un tout autre caractère. Ce bol de terre noirâtre, lustré dans sa moitié supérieure, a été orné à l'aide d'un picotis, pratiqué à l'aide d'une pointe aiguë en suivant des lignes à peu près parallèles, qui couvrent toute la moitié inférieure un peu renflée du vase. Ce sont des stries plus ou moins profondes, plus ou moins allongées, tracées dans la pâte encore molle, qui se relève à l'extrémité du sillon en une petite boulette raplatie ensuite au pouce. Ces ornements d'un caractère primitif forment cinq rangées alignées. La hauteur du récipient est de 0^m,095; son diamètre en atteint 0^m,125.

---

1. D. Charnay, *op. cit.*, p. 319. — M. D. Charnay en a donné des figures trop réduites et d'une mauvaise exécution.
2. Voy. plus haut, n° 86.

CÉRAMIQUE DU CHIAPAS ET DU YUCATAN.

Palenqué, Tikul, Jaïna.

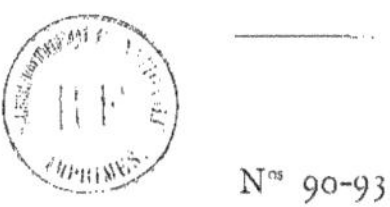

CÉRAMIQUE DE GUATÉMALA

(Haute-Uzumacinta, Peten, Patrocinio)

VASES A OFFRANDES TROUVÉS DANS UN DES TEMPLES
DE LORILLARD-CITY (HAUTE-UZUMACINTA)

Les deux pièces représentées en haut de la planche XXVIII (nᵒˢ 90 et 91) ont été déjà figurées à très petite échelle, à la page 384 du grand ouvrage souvent cité de M. Désiré Charnay[1]. C'est, en effet, à ce voyageur que l'on doit la connaissance de ce type de vases, caractéristique de l'ancienne industrie céramique, inconnue jusqu'alors, de la Haute-Uzumacinta.

Parcourant les ruines de la vieille cité à laquelle il a donné le nom de Lorillard[2], M. Charnay a trouvé ces terres cuites au lieu dit le *premier temple*. Autour de la grande et bizarre statue, surchargée d'ornements, de la divinité adorée en ce lieu, puis dans chacune des pièces composant l'ensemble de l'édifice, étaient déposées en grand nombre ces céramiques « d'une terre grossière et d'une forme nouvelle ». Ce sont des bols de 0ᵐ,10 à 0ᵐ,15 de diamètre sur 0ᵐ,05 à 0ᵐ,06 de hauteur, dont les bords sont ornés de masques humains représentant des figures camardes et d'autres à grands nez busqués, véritables caricatures où l'art fait complètement défaut... Ces vases servaient de brûle-parfums et la moitié sont encore pleins de copal. Nous en donnons deux, continue l'auteur, qui offrent les types les plus opposés. Nous retrouverons de ces mêmes vases dans tous les édifices qui paraissent avoir été destinés au culte. C'était donc bien un temple, et qui nous rappelait cette phrase de Cogolludo : « que le pays des Lacandons était plein de temples en pierre avec de grandes idoles de pierre »[3].

M. Charnay a rapporté quinze de ces vases qui rentrent tous dans les deux variétés juxtaposées dans notre planche. Ils sont d'une terre rouge généralement bien cuite, enduite de blanc en dehors, et toute noire encore du copal brûlé à l'intérieur.

Les uns ont la forme d'une coupe à pied, les autres ressemblent à des écuelles. Les coupes au nombre de huit, dont les dimensions varient de 0ᵐ,06 à 0ᵐ,10 en hauteur et de 0ᵐ,12 à 0ᵐ,18 en diamètre, ont la panse lisse et sont ornées de têtes saillantes de 0ᵐ,077 à 0ᵐ,145 de large sur 0ᵐ,06 à 0ᵐ,15 de haut, coiffées de bandeaux perlés. Le haut de la tête est étroit, un énorme nez busqué aux narines profondément creusées déborde en avant de 0ᵐ,02 à 0ᵐ,04, les sourcils sont très saillants, un gros bouton en marque le milieu. Les yeux, ouverts, à paupières égales, placés très bas, vers le milieu des joues, sont aussi en fort relief. D'autres boutons font saillie en dehors des commissures des lèvres qui sont épaisses et s'entr'ouvrent pour laisser voir les dents. La mâchoire est carrée et les oreilles plates et larges sont fixées au bord du vase par des disques aplatis.

Les écuelles qui mesurent 0ᵐ,09 à 0ᵐ,18 de large et 0ᵐ,05 à 0ᵐ,10 de hauteur, ont la panse décorée de lignes droites ou de spirales tracées grossièrement en creux. Sur le bord sont fixées par les deux extrémités de leur base des têtes beaucoup plus petites que celles de la première série, étroites du sommet, coiffées d'un bandeau décoré de petits grains saillants et présentant des traits moins arrêtés que celles des coupes à pied. Le nez est court et la bouche très large montre de grosses dents mal rangées.

---

1. D. Charnay, *Les anciennes villes du Nouveau-Monde; voyages d'exploration au Mexique et dans l'Amérique centrale*. Paris, 1885, in 4, p. 384. — On retrouve ces mêmes figures dans la décoration de la couverture de l'ouvrage.
2. Id., *ibid.*
3. D. Charnay, *loc. cit.*, p. 384.

Tous ces vases sont percés d'un petit trou au fond, et de deux autres sur la panse.

Le colonel Galindo a trouvé chez les Indiens actuels du nord du Guatémala des vases presque semblables à ceux de Lorillard-City. Le Musée d'Ethnographie a reçu de la Société de Géographie de Paris, en 1886, deux de ces vases, dont un en excellent état; ils sont peints de couleurs criardes, noir, jaune, rouge, et ressemblent d'une manière frappante à ceux de Lorillard-City.

TÊTE GROTESQUE DE L'ILE FLORÈS

L'est et le centre de la péninsule Yucatèque sont habités par un certain nombre de tribus demeurées indépendantes, et qui appartiennent en majorité, comme les Lacandons dont il vient d'être question, à la race Maya-Quiché. Il se rencontre pourtant chez ces indigènes, en certains points, des sujets appartenant à « un type inférieur, au ton de peau relativement foncé, à la tête globuleuse, au nez un peu évasé, aux lèvres relativement épaisses. » Ce type dont M. Charnay me signalait l'existence à Tikul[1] a été représenté avec une verve comique sur la tête d'une statue grotesque, en terre cuite lustrée, haute de 0^m,12, recueillie jadis au milieu du Peten, dans l'île de Florès, par le colonel Galindo[2]. Cette tête, qui a appartenu à la Société de Géographie, a été offerte, en même temps que les vases dont il vient d'être question, au Musée du Trocadéro (n° 12281). Elle est remarquable par son crâne globuleux, son nez dilaté fortement retroussé et terminé en un lobule cylindrique, sa bouche largement fendue et ses pommettes anguleuses. Le personnage archaïque et risible, ainsi mis en scène, est coiffé d'une bizarre calotte à cornes, galonnée en avant[3] et porte des disques à pédicule plantés dans les oreilles.

La terre est grise, englobée de brun rouge au haut de la tête et au cou, et une ouverture régulièrement circulaire de 0^m,04 environ perfore l'occiput.

CRUCHE DE PATROCINIO

Ce spécimen de la céramique ancienne du Guatémala a été découvert par M. Dufourcq à Patrocinio, près de Pueblo-Novo. C'est une cruche, globuleuse, aplatie, de 0^m,25 de hauteur et de 0^m,20 de diamètre. Le col, aussi haut que large (0^m,095), est orné d'un buste humain en relief, les yeux obliques, le nez rond, la bouche large débordant en avant. Le personnage porte une coiffe à trois pointes très ajustée et de longs pendants descendant de deux grandes oreilles sommairement indiquées sur les côtés de la tête. Deux bras grêles en mince relief se rejoignent sur une sorte de gobelet qui fait saillie sur le haut de la panse. Cette disposition, que nous retrouverons dans certains vases du Pérou, indique nettement, à mon sens, le caractère funéraire de la cruche de Patrocinio qui, comme celles du Bas-Pérou dont il sera question plus loin, est un de ces vases placés dans les tombes auprès des momies pour symboliser l'offrande de la boisson au mort.

La fouille de Patrocinio a donné, outre ce curieux vase, un grand nombre de fragments généralement intéressants offerts au Musée par M. Dufourcq et groupés avec les collections du Peten, de l'Uzumacinta, du Chiriqui et du Darien, dans une de nos vitrines.

1. D. Charnay, *Corresp. manuscrite.*
2. Cf. J. Galindo (Colonel), *A Short Account of some Antiquities discovered in the District of Peten, in Central America* (The *Archæologia*, vol. XXV, p. 570, pl. IX).
3. Nous retrouverons une ornementation analogue à la planche XXIX ci-après.

CÉRAMIQUE DU GUATÉMALA.

Haute Uzumacinta, Peten, Patrocinio.

N° 94

TORCHÈRE FUNÉRAIRE

(Amatitlan, Guatémala)

Les bords du petit lac d'Amatitlan, à une trentaine de kilomètres au sud de Guatémala, à 20 kilomètres de la Antigua, sont couverts de ruines dont les plus importantes se voient sur la rive droite de la rivière Michatoya après sa sortie du lac. C'est en ce point qu'a été trouvé en 1855 le volumineux morceau de céramique (n° 21182) figuré dans la planche XXIX [1].

Il mesure dans son état actuel 0^m,49 de hauteur, mais il devait atteindre, quand il était complet, des dimensions bien plus considérables. Le personnage assis qu'il représente est en effet brisé au niveau des genoux, et il manque toute la base. Il est appuyé sur le cylindre d'une grosse torchère dont le fond a disparu [2] et qui va s'évasant sensiblement vers le haut (diamètre en bas de la pièce, 0^m,22 ; diamètre à l'embouchure, 0^m,30).

L'attitude générale est raide : la tête droite, les bras détachés du tronc, les coudes en arrière, les mains emboîtant les genoux. La paupière s'abaisse sur l'œil, le nez aquilin est pincé du bout, et la bouche un peu contractée projette fortement la lèvre inférieure. La maigreur de la face accentue la saillie des pommettes et l'enfoncement des joues. Il semble que l'on ait voulu représenter un mort.

Au dessus de chaque commissure et tout autour du menton, sont percés de part en part sept trous, qui servaient certainement à implanter des bouquets de cheveux ou de poils simulant une barbe [3]. Un autre trou, plus grand, ouvert au niveau de l'os hyoïde, devait être utilisé pour ajuster quelque amulette aujourd'hui disparue.

Les oreilles sont masquées par deux énormes disques ronds et plats ; un bonnet cylindrique, frangé d'un rang de pendentifs qui ressemblent à des élytres d'insectes, vient s'appliquer au front ; deux plumets cylindriques (l'un des deux a été brisé) s'élevaient au-dessus et en arrière, tandis que deux gros pompons (celui de droite a disparu) s'étalaient de chaque côté, au-dessus des disques d'oreilles.

La collerette est simple, de largeur moyenne et fait le tour du cou, laissant gracieusement retomber une frange de grosses boules également espacées. Au milieu pend un volumineux médaillon sans décor, de 0^m,08 de diamètre, percé au centre d'un large trou de 0^m,02, où s'engageait sans doute quelque applique en pierre précieuse ou en métal.

Les poignets sont serrés dans de larges bracelets du même style que la collerette et sur les bras s'appliquent des espèces de chevrons dont le bout le plus large va s'attacher au gros cylindre.

La terre est bien cuite, et engobée de peintures blanchâtres surajoutées. Deux ailerons dont il reste l'amorce devaient border la figure, en dissimulant en partie la torchère, comme il arrive sur les pièces, de même caractère général, que j'ai précédemment décrites.

Cette torchère, dont l'étude permet d'entrevoir de nouveaux liens archéologiques entre le Guatémala et les provinces sud-orientales du Mexique, serait une pièce tout à fait unique si le capitaine Toufflet n'en avait pas découvert, au cours de sa mission en Amérique centrale, une seconde, dont les dimensions sont un peu moindres, mais qui présente avec la nôtre des analogies considérables.

Ce vase, trouvé à Zapotetan, a été acquis par M. Louis Adam après la mort de Toufflet, et est récemment devenu la propriété du Musée Impérial et Royal de Vienne [4].

---

1. Cette pièce a été rapportée et donnée par M. Léonce Angrand en 1855 ; elle ne figure donc pas sur le catalogue de M. de Longpérier imprimé quatre années plus tôt. Transportée au Trocadéro avec les autres antiquités américaines du Louvre, elle a pris dans notre inventaire le n° 21182.

2. Ce cylindre a laissé en route une bonne partie de sa hauteur, car deux trous d'évent qu'on n'aurait pas ouverts inutilement sont percés au voisinage de la cassure.

3. Encore aujourd'hui, c'est de cette façon que les Indiens fixent la barbe postiche des masques grotesques dont ils ont conservé l'usage traditionnel.

4. Il reste le n° 54648 de l'inventaire dressé par M. Heger, conservateur de ce Musée, qui a bien voulu m'aider à compléter la description de cette précieuse pièce, dont M. Adam m'avait remis naguère trois belles photographies.

Il a à peu près la forme d'un cylindre haut de o^m,26 à o^m,27, un peu évasé du haut, ouvert aux deux extrémités, épais de o^m,02 vers son fond, mais cloisonné en dedans à o^m,12 au dessus de sa base. Une applique creuse, modelée en forme de figure humaine, se détache en très haut relief, occupant presque toute la moitié supérieure de la pièce : le front fuyant du personnage est marqué entre les sourcils d'une large empreinte ovale; les yeux, très largement ouverts, sont remarquables par la brièveté et le peu de courbure de la paupière supérieure, et l'énorme développement de la paupière inférieure faite d'un cordon en demi-cercle qui se déroule jusqu'aux oreilles. Le nez est droit, et son lobule déborde des narines relativement dilatées. La bouche ouverte laisse voir les dents de la rangée supérieure; elle est bordée aussi d'un fort relief, et une bandelette à double contour décrit tout le long du bord mentonnier un demi-cercle dont les extrémités, se repliant vers la commissure des lèvres, simulent une espèce de barbiche ayant plus ou moins l'aspect d'un fer à cheval. Les oreilles, en point d'interrogation, se terminent par des pendants discoïdes, et de chaque côté d'épaisses torsades descendent obliquement, terminées par deux volutes, vers une applique convexe formant comme une sorte d'anse large et plate, au devant de la poitrine. Une autre saillie, de structure analogue, apparaît au-dessus de la tête, le long du bord du vase; elle a la forme d'une main qui vient saisir les cheveux tressés du personnage. Comme le vase d'Amatitlan, celui de Zapotetan porte en arrière et en haut des ailerons carrés longs, ornés sur ce dernier de quatre petits disques creux. On voit un peu plus bas des espèces de bras assez mal indiqués.

La terre du vase du Musée de Vienne est recouverte d'une engobe générale brun rougeâtre : mais elle avait été décorée par places de peintures brillantes qui ne sont pas entièrement effacées; la prunelle est rouge, et les ornements en reliefs de la tête ou de la face sont de couleur orange ou verte claire.

94

TORCHÈRE D'AMATITLAN.

Guatémala.

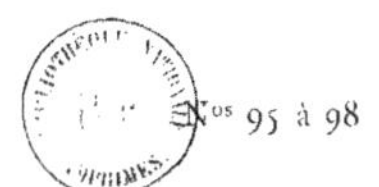

CÉRAMIQUES DE COLOMBIE

STATUETTE DU RIO HACHA,
VASE DE LA SIERRA DE SAINTE-MARTHE

Les Américanistes comprennent habituellement sous le nom de Cundimarca[1] un ensemble de territoires assez mal délimités, qui s'étendaient jadis de la Sierra Nevada de Sainte-Marthe au bord de la mer des Antilles à la haute vallée de San-Agostin, aux sources de la Magdalena.

On rencontre fréquemment dans cette vaste étendue de pays les vestiges de petits peuples ayant atteint dans les arts céramiques, la glyptique, la métallurgie, etc., un certain degré d'habileté, qui se traduit par des œuvres de l'aspect le plus varié.

Au nord, par exemple, les Tuy-Coua, anciens habitants de la Sierra de Sainte-Marthe, ont accumulé dans les tombes de leurs chefs les vases en terre noire fine et lustrée en forme d'animaux ornés de petites incisures, les marmites et les tasses godronnées, les aiguières à anse plate et à double tubulure symétrique et inhumé avec ces curieuses céramiques de menus objets d'or, des perles et des boutons d'agate, des haches et d'autres ustensiles en pierre dure adroitement polie. Tandis que, un peu plus à l'est, les anciens indigènes du Rio Hacha confectionnaient des statuettes d'une terre jaune grisâtre remarquable par la forme triangulaire du visage, l'exiguïté du nez, la largeur des paupières et la brièveté des bras simulant de petites anses.

J'ai juxtaposé dans la planche XXX des spécimens de ces deux céramiques si profondément différentes, quoique d'origine si rapprochée. La figure 98 montre une de ces aiguières à anse plate et à double tubulure, empruntée à la collection Colville (n° 21217). Haute de 0^m,21, large de 0^m,17, elle n'a d'autre ornement que des stries tracées à la pointe sur le col et la panse[2].

La figure 95 représente, par contre, une des statuettes féminines, trouvée au Rio Hacha par M. H. Candelier (n° 25250). Cette grossière figurine, haute de 0^m,25 et large de 0^m,15, est entièrement nue, mais porte une coiffure compliquée, faite des trois tours d'un turban plat qui s'adaptent à deux touffes de cheveux massées en forme de cornes au dessus des tempes[3], pour descendre sur les côtés de la nuque en grandes anses symétriques. Les yeux sont indiqués par une large fente un peu oblique; le nez est court et retroussé; la bouche petite est souriante, quoique la lèvre inférieure déborde quelque peu en avant; le menton est bien dessiné. Deux boutons indiquent les oreilles, deux autres marquent les seins, l'ombilic est légèrement imprimé en creux à l'aide d'un cylindre mousse. Les bras sont de toutes petites anses, les pieds, d'énormes disques plats et tuberculés...

---

1. Il faut toutefois remarquer qu'en géographie politique le *estado de Candinamarca* est limité à la portion moyenne de la vallée de la Magdalena avec Bogota, à laquelle s'ajoute tout le pays sauvage à l'est, entre le Guaviare, l'Orénoque et la Mauta.

2. La collection du Trocadéro renferme un autre pied à peu près semblable. Plus petit (haut 0^m,17, diam. 0^m,11) et d'aspect plus moderne avec son engobe noire et luisante, ce second vase diffère surtout du premier par son col plus haut et sa panse dièdre. Il est orné de dessins au trait gravés sur la terre sèche, avant la cuisson, et qui représentent des rangées de lignes obliques formant des chevrons, des triangles, des crosses, etc.

Le Musée possède aussi dans la collection Chaffanjon trois vases d'Antioquia en terre rouge lustrée terminé par une anse plate et deux courtes tubulures divergentes, comme le n° 21217. Le premier (n° 31897), peint de blanc et de noir, a fait partie du cabinet de M. Koppel; il est en forme de personnage en haut relief, avec jambes pyriformes et anse ronde postéro-inférieure. Le deuxième (n° 1895), sorti de la même collection, se termine au bas par quatre lobes égaux; le troisième (n° 31907), acquis de M. Jimenès, engobé de brillantes peintures rouges et noires, a la panse globuleuse verticalement déprimée. Un quatrième vase (n° 21234), en forme de sphère aplatie, monté sur quatre pieds bulbeux, vient de Cartago vieja, et se différencie de tous les autres par sa terre gris jaunâtre, son décor pointillé, et les serpents ondulants, appliqués en pastillages entre les carrés qui ornent le décor de la panse.

3. Ceci rappelle jusqu'à un certain point la coiffure féminine aztèque.

La statuette est creuse et contient un grelot, ce qui autorise à penser que c'est une poupée funéraire, assez analogue à celles que l'on trouve si souvent dans les *huacas* des Péruviens du littoral[1].

VASES DU RIO CAUCA

Les vases de la vallée du Rio Cauca se distinguent surtout des précédents par la couche de peinture rouge, qui recouvre la terre grisâtre dont ils sont façonnés. Les figures 96 et 97 représentent deux types de cette fabrication, rapportés par M. J. Chaffanjon, le premier de Cambia, le second d'Antioquia.

Le vase de Cambia (Cat. Mus., n° 31875), haut de 0^m,32, large de 0^m,19, est une cruche en forme de personnage féminin assis les jambes croisées. La tête, large et déprimée, est coupée horizontalement au dessus du front, et l'ouverture circulaire ainsi faite est garnie d'un mince bourrelet. Les yeux sont de simples incisions sur un même plan, qui entament transversalement le relief des paupières. Le nez courbé porte un anneau qui tire en bas sa pointe en déformant sa sous-cloison. La bouche est coupée comme les yeux, et le menton, très court, est percé de quatre trous, destinés à insérer des touffes de cheveux en guise de barbe. Les oreilles sont réduites à deux demi-disques, transversalement appliquées sur les côtés de la pièce et percés l'un et l'autre de deux trous superposés.

Le corps du personnage qui correspond à la panse de la cruche montre mal indiqués les deux rudiments de seins et un ombilic en cratère. Des épaules percées d'un trou en manière d'anse, au dessous des aisselles, descendent deux longs bras maigres dont les mains grossièrement découpées viennent s'appuyer sur les cuisses. Membres supérieurs et inférieurs sont d'ailleurs façonnés comme ceux des statuettes archaïques du Mexique, etc., à l'aide de minces rouleaux de terre; les jambes fort raccourcies chevauchent l'une sur l'autre, et s'entrecroisent comme celles du tailleur assis.

Le vase d'Antioquia (Cat. Mus., n° 31906), également engobé de rouge sur un fond d'un gris jaunâtre, est composé de deux sphères accolées, réunies par une anse plate horizontale. L'une des deux sphères est surmontée d'un tube conique raccourci, qui sert d'orifice; l'autre porte une tête humaine fort sommaire, dont le nez se profile en demi-cercle, percé d'un trou qui porte un petit anneau de métal. Trois fentes, incisées dans la pâte déjà cuite, indiquent la bouche et les yeux. La tête est coiffée d'une sorte de pétase côtelé.

Ce bonnet est peint en blanc; les yeux, en dessous du bonnet, la bouche vers les commissures, le cou, la nuque sont colorés en brun ainsi qu'une partie de la poitrine, où l'on distingue dans un triangle foncé une sorte de lyre, terminée par des volutes ayant conservé la coloration du fond. Deux bandes noires, partant de la base, remontent au milieu du vase, séparant les deux membres pyriformes qui servent de pieds au vase.

La hauteur de la pièce atteint 0^m,115, sa largeur est de 0^m,10, sa plus grande longueur, de 0^m,20.

On trouvera un vase presque identique à celui-ci, réduit au tiers, mais tiré en couleur, dans la seconde planche du luxueux ouvrage récemment publié à Berlin sous le titre de *Kultur und Industrie Südamerikanischer Volker*[2]. Cette pièce, qui ne diffère de la nôtre que par le nez du petit personnage, dont le port de l'anneau n'a pas déformé la pointe, et par le détail des peintures noires qui ornent ses deux sphères, a été trouvée à Pereira, près Cartago Vieja, et fait partie des collections du Musée d'Ethnographie de Leipzig[3].

---

[1]. M. Candelier a rapporté du Rio Hacha une seconde statuette (n° 25249) fort semblable à la première, plus petite (haut. 0^m,21, larg. 0^m,12) et moins bien conservée.

[2]. *Kultur und Industrie Südamerikanischer Volker, nach den im Besitze des Museums für Volkerkunde zu Leipzig befindlingen Sammlungen* von A. Stübel, W. Reiss und B. Koppel. Text und Beschreibung der Tafeln von Max Uhle. Erster Band. *Alte Zeit*. Berlin, Asher und C°, 1889, in-f°. Taf. 2, Nr. 6 u. 6 b.

[3]. La figure 7 de la même planche, provenant de Manizales, est assez semblable au n° 21234, dont il était question dans la note 2 de la page précédente.

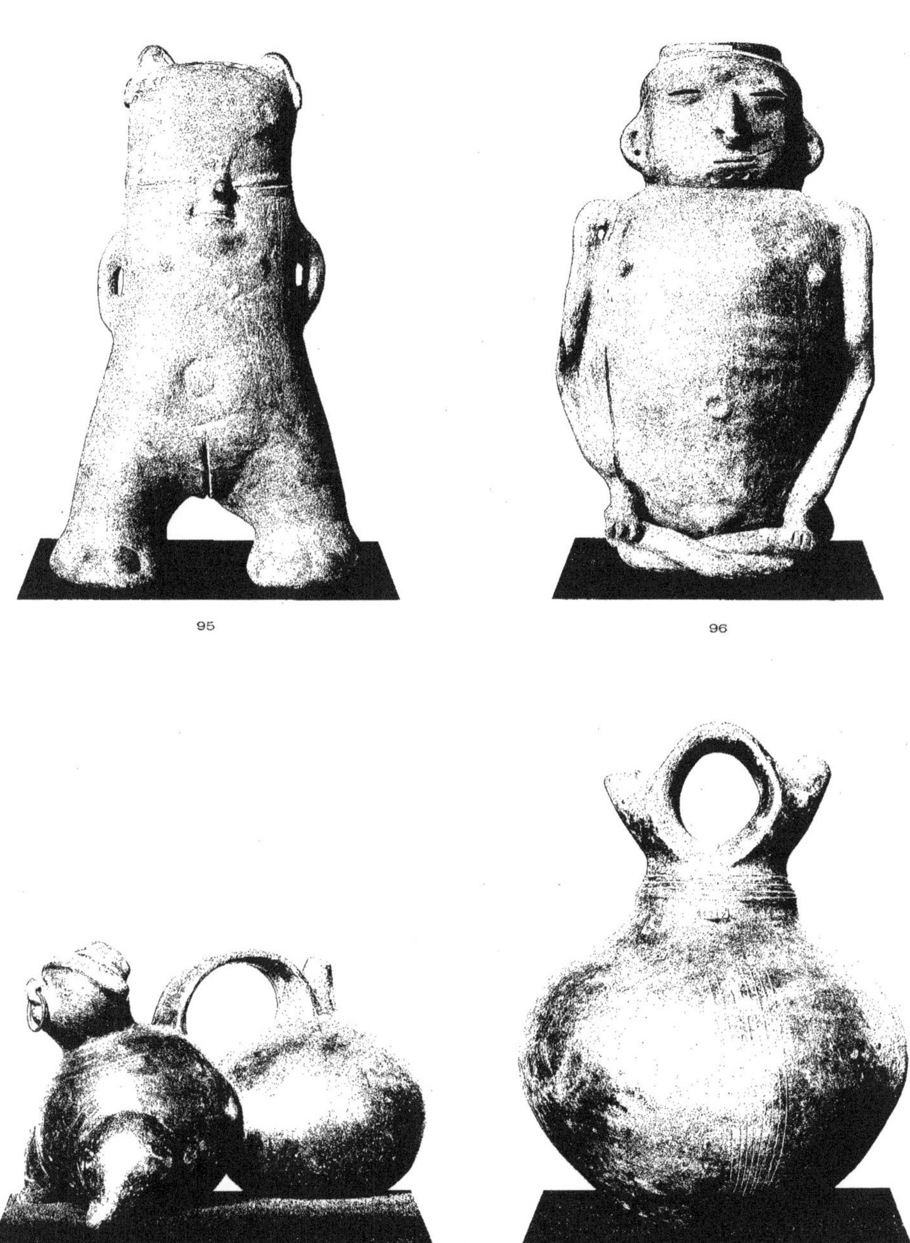

CÉRAMIQUE DE COLOMBIE.

Rio Hacha, Cambia, Antioquia, S. Francisco-Villegas.

GROUPE EN TERRE CUITE DU CUNDIMARCA, BAS-RELIEF DU MANABI

PERSONNAGE PORTÉ SUR UN PAVOIS (GROUPE EN TERRE CUITE)

(CUNDIMARCA, COLOMBIE)

La première figure de l'album de MM. W. Reiss, A. Stübel et B. Koppel, dont M. Max Uhle s'est chargé de décrire les planches, représente un groupe de terre cuite trouvé à Zipaquéra, dans le Cundimarca, et qui a pour inscription ces mots : *Fürstliche Figur, von 6 Mannern auf einer Bahre getragen*, Figure d'un prince porté par six hommes sur un brancard[1].

C'est un sujet semblable que représente le monument grossier, en forme de torchère, qu'on voit à gauche de notre planche XXXI sous le numéro 99 et que Lemoine a recueillie à Guatavita en 1854 (nᵒ 21123). Le personnage, beaucoup plus grand que ses serviteurs et vu seulement jusqu'à la ceinture, repose sur une plate-forme qui représente une sorte de pavois et quatre porteurs appliqués aux angles et modelés aussi jusqu'au bas de la poitrine, sont supposés le soutenir[2]. La tête du prince est coiffée d'un bonnet de plumes figurées par des cylindres ornés de petits cercles imprimés en creux, sur la terre encore molle, avec la diaphyse d'un os d'oiseau; le bandeau est coupé d'incisures obliques alternées; plumes et bandeau ont gardé des traces de couleur; du vert, du jaune, du rouge se retrouvent aussi à la face, dans les paupières, etc. Les yeux clos sont faits de deux bandelettes horizontales presque juxtaposées et qui correspondent aux paupières; le nez est droit, troué largement à la base pour porter un ornement guilloché, de forme carrée longue, qui cache complètement la bouche[3]. Une chaîne à laquelle sont suspendus cinq larges anneaux plats, verts, rouges et jaunes, décore le haut de la poitrine; les oreilles largement percées sont ornées d'un bouton qui traverse la conque et de cercles marqués en creux sur le lobule.

Les quatre brancardiers, coiffés de hauts bonnets plats à · oreilles chargés de cinq rangées de cercles centrés d'un point et colorés de vert, de jaune et de rouge, la figure peinte en jaune, ont la poitrine drapée d'une écharpe dont les plis parallèles, profondément tracés, sont aussi teintés de jaune et de vert.

Deux piquets enroulés de cordes calent latéralement le personnage sur sa plate-forme, percée en bas de deux larges évents destinés au tirage de la large torchère ménagée dans l'intérieur. La base est en forme de calotte à peu près hémisphérique.

Ce sujet, très familier aux céramistes du Cundimarca, se répète jusqu'à six fois dans les collections du Trocadéro. Une seconde figure de terre cuite de Guatavita, de la collection Lemoine (nᵒ 21124), montée sur un pivot central, était soutenue, comme celle de Leipzig, par six porteurs, tous mutilés à présent. L'un d'eux, en arrière, tourne son bras grossièrement modelé autour d'un lourd bâton de brancard; un autre à droite appuie de l'épaule gauche et soutient de la main droite par un mouvement en travers fort naturel. Le sujet porté est une femme, coiffée d'une calotte à quatre compartiments indiqués par d'épais galons et dans les intervalles desquels se dessinent des cercles et des triangles en creux. Dans la sous-cloison du nez un large trou laisse passer un anneau plat de grand module; au cou s'attache un collier à six pendentifs discoïdes ornés d'une volute. La main gauche tient une coupe; la droite, un objet indéterminé dont il n'est resté que le manche. Deux fragments (nᵒˢ 21131 et 21140), toujours de la collection Lemoine, appartiennent à une troisième statue, en

---

1. Cf. *Kultur und Industrie Sudamerikanischer Völker*, nach dem im Besitze des Museums für Völkerkunde zu Leipzig befindlichen Sammlungen von A. Stübel, W. Reiss und B. Koppel. — Text und Beschreibung der Tafeln von Max Uhle. — Erster Band. *Alte Zeit*. Berlin, 1889, in-fᵒ, Taf. 1, fig. 1.

2. Nous retrouverons une scène analogue dans nos étoffes du Bas-Pérou.

3. Borlase, qui possédait des pièces toutes semblables dans sa riche collection, plus frappé de cette fermeture apparente de la bouche que de l'attache d'un support à la sous-cloison perforée, a supposé fort gratuitement que les statues de terre cuite ainsi ornementées représentaient *le dieu du Silence, God of Silence!* (Cf. E.-T. Hamy, *Études ethnographiques et archéologiques sur l'Exposition coloniale et indienne de Londres*. Paris, 1887, in-8ᵒ, p. 45). — M. Chaffanjon a rapporté de Guatavita la tête d'une statue en terre cuite, qui est presque de grandeur naturelle et porte un pendant de nez, de dimensions considérables, et tout guilloché (nᵒ 31982).

forme de torchère, comme la première. Ce sont des porteurs en appliques, coiffés de bonnets de plumes à larges oreilles. Un bras, droit, seul débris du personnage en l'honneur duquel avait été modelé ce groupe, saisit un manche d'instrument brisé. Un fragment de la base se recourbe en forme de calotte.

Une quatrième statue, de la collection Pinart, découverte à Tunja (n° 2148), nous montre un porteur encore coiffé d'un haut bonnet à ailes, décoré de lignes et de points, et appuyé sur un second personnage plus grand dont il ne reste que la moitié de la poitrine, l'épaule et le bras gauche. Un cinquième fragment, aussi de Tunja (n° 2139), est tout à fait grossier et n'a rien pour nous arrêter.

Un sixième enfin, toujours de Tunja (n° 2136), beaucoup moins volumineux, représentait dans son intégrité une statuette centrale, montée sur une plate-forme carrée, portée par quatre brancardiers, dont il n'est demeuré qu'un seul. La base de ce petit monument était hémisphérique. Le tout est en mauvais état; mais offre ce grand intérêt, de nous apprendre que l'on modelait au Cundimarca suivant le type très spécial, décrit ci-dessus, non seulement des pièces de grandes dimensions, décorées avec soin, et peintes de couleurs brillantes, mais encore de petites et laides images, fort grossièrement façonnées. Ce n'étaient donc pas des monuments dédiés à de grands personnages, comme M. Uhle l'a supposé, et la figure princière, *fürstliche Figur*, n'est autre que la momie d'un mort, plus ou moins riche, plus ou moins ornée, que l'on va porter au tombeau.

On remarquera que cette image funéraire rappelle celles de l'Oaxaca, dont la rapproche encore sa destination de torchère.

BAS-RELIEF SCULPTÉ

DIEU DE LA CHASSE?

(Manabi, Équateur)

Le Manabi est la province maritime qui s'étend sous l'Équateur entre celles d'Esmeraldas au nord, de Pichincha au nord-est et de Guayas à l'est et au sud. Ce territoire, d'un abord difficile, mal connu, peu peuplé aujourd'hui, était jadis occupé par une nation plus nombreuse, plus puissante, et qui a laissé en quelques points des traces bien caractéristiques de son séjour.

L'un des morceaux les plus curieux, que l'on ait rapportés en Europe, de l'art de ces indigènes réunis parfois par les ethnographes sous le nom de Caras, est assurément le bas-relief (n° 11597) que j'ai fait reproduire sur la moitié droite de la planche XXXI de cet album.

Cette sculpture, haute de 0^m,46, large de 0^m,38[1], est une simple dalle de grès fin qui mesure seulement 0^m,056 d'épaisseur et sur laquelle un artiste du Manabi a représenté en très bas relief un personnage vu de face encadré dans un motif d'architecture assez élémentaire. Au milieu et en haut se dessine, entre des pilastres associés trois à trois et terminés par des chapiteaux sans ornements, un éventail demi-circulaire composé d'un rayonnement de neuf digitations, doublement encadrées. De chaque côté, en dehors des pilastres deux crosses se déroulent, inégales, surmontant trois ou quatre quadrilatères irréguliers.

La tête du personnage est elle-même entourée d'un ornement cintré, composé aussi de petits carrés juxtaposés, et qui se termine horizontalement à droite et à gauche.

La face est à peu près circulaire; le front est bas, les yeux sont faiblement marqués, le nez est droit et saillant, la lèvre supérieure très haute et la ligne de la bouche rendue par un trait mince. Le cou est fin, le corps trapu. Les bras et les jambes écartés sont remarquablement anguleux, d'une part, les avant-bras coudés à angle droit sur les bras, et les mains ramenées à la hauteur des épaules; les cuisses ouvertes d'autre part, et les jambes se rapprochant et montrant par le dos des pieds énormes étalés en largeur, sont tout autant d'emprunts aux formes géométriques imposées par les procédés du tissage; et l'on est conduit, en comparant cette morphologie particulière à celle que donnent les tapisseries anciennes du Pérou[2], à considérer ce bas-relief du Manabi comme une imitation monumentale des étoffes de la période incasique[3].

Notre personnage porte au cou un collier de trois rangées de plumes, qui rentre dans le type des haussecol de certains Indiens modernes de la Sierra. Sa ceinture, qui fait le tour de la taille, se termine au-dessous du pubis en un large disque frangé. Enfin il tient dans chaque main un filet à larges mailles en forme de poche dont il menace deux gros oiseaux, qui picorent à ses pieds d'un long bec très robuste.

En somme, ce bas-relief du Manabi semble bien correspondre à quelque représentation d'une divinité chasseresse, plus ou moins comparable au Mixcoatl des anciens Mexicains[4].

Il est très regrettable que M. Pinart, auquel le Musée doit ce morceau curieux, n'ait eu que des indications fort vagues sur son lieu d'origine.

---

1. C'est la largeur en haut; le monument se rétrécit graduellement vers le bas.

2. On consultera utilement sur cette intéressante question de morphologie artistique un bon mémoire de M. William H. Holmes intitulé : *A Study of the textile Art in its relation to the developpment of form and ornament* (Extr. from the *Sixth Annual Report of the Bureau of Ethnology*), Washington, Governm. Print. Off., 1889, in-4°.

3. Voyez plus loin. pl. XLVIII à L, p. 96 et suiv.

4. Cf. Sahagun, *trad. cit.*, p. 72.

99

PERSONNAGE PORTÉ SUR UN PAVOIS.
Groupe en terre cuite.
Cundinamarca, Colombie.

100

DIEU DE LA CHASSE?
Bas-relief en grès.
Manabi, Équateur.

— · —

N°s 101 et 102

SIÈGES DE PIERRE DU MANABI

(ÉQUATEUR)

— — — · — —

La planche XXXII représente deux autres objets encore de la province de Manabi, non moins caractéristiques que celui que je viens de décrire.

Presque tous les grands musées d'Europe possèdent des exemplaires, plus ou moins bien conservés, de ces lourds sièges monolithes en grès découverts dans le Manabi, et notamment aux environs de Manta.

La galerie américaine du Trocadéro a reçu deux de ces sièges de pierre, le premier, du docteur Alcide Destruges, de Goyaquil, qui a fait naguère quelques recherches archéologiques en différents points de la République de l'Équateur[1]; le second, de M. Charles Wiener, qui a occupé pendant quelques années le poste de vice-consul de France, dans ce même port de Goyaquil et dont les longs voyages à travers l'Amérique du Sud ont été très fructueux pour nos collections ethnographiques[2].

Ces deux pièces, comme tous les autres monuments de même nature recueillis dans le Manabi, ont la forme d'un U, dont les bras seraient d'inégale hauteur; la branche droite étant plus haute que la gauche, et la différence se chiffrant sur le premier siège par 4 centimètres et par 6 centimètres sur le deuxième. L'écart entre les deux bras est, en même temps, un peu plus grand en avant qu'en arrière, et tandis que, dans le premier cas, leur distance au sommet est de o^m,34 en arrière, elle atteint o^m,36 en avant : dans le second cas les mêmes mesures égalent respectivement o^m,345 et o^m,395.

En somme, ces deux sièges sont d'un type exactement semblable qui se reproduit d'ailleurs toujours le même, sur les autres objets similaires. Ils ne diffèrent, à vrai dire, que, par le support qui est un homme d'une part et de l'autre, un quadrupède fantastique assez difficile à déterminer[3].

Manta.

Le personnage humain du siège de la collection Destruges est appuyé sur les coudes et sur les genoux, et supporte tout le poids de l'U de pierre sur les épaules et sur le dos. L'animal qui soutient le siège de M. Wiener est appuyé sur le bord externe des bras et la patte armée d'ongles robustes se replie en dedans vers la poitrine, mais il a une face plate qui grimace en montrant désagréablement les dents et dresse deux longues oreilles qui se terminent en pointe. Il porte un ornement de cou exactement semblable à celui du bas-relief de la planche précédente. Les poings sont fermés, les épaules reportées en avant forment deux disques épais, aux côtés de la tête. Les coudes touchent les genoux en dessinant une espèce d'X; enfin bras et jambes, mal indiqués, se détachent à peine de la masse.

C'est, en somme, un travail grossier et lourd, qui se retrouve identiquement le même sur tous les grès taillés en U que nous connaissons.

M. Wiener attribue les sièges de pierre de Manta[4] à ce qu'il appelle l'*art des Canaris*, « rois dont la résidence était plus au sud, probablement dans les environs de Cuenca, mais dont le pouvoir s'étendait certaine-

1. Cf. *Bull. Soc. d'Anthrop. de Paris*, 1863, t. IV, p. 463.

2. Cf. Ch. Wiener, *Les Indiens Colorados et les sièges de pierre de la région de Manabi* (*Revue d'Ethnographie*, t. I, p. 455-458 et fig. 176, 1882). — M. Ch. Wiener a trouvé ce siège, à onze lieues et demie au nord de Manta, le 26 juillet 1882.

3. C'est peut-être un *pouma*.

4. C'est, en effet, toute une collection de sièges que ce voyageur a rencontrés : « D'autres sièges brisés, dit-il, dont quatre seraient faciles à restaurer, se trouvent sur un seuil en grès (*roche en place*) à onze lieues et demie au N.-E., du petit port de Manta. Le fourré équinoxial est épais dans cette région et je ne puis dire, d'une façon absolue, s'il se trouve des ruines sous ces bosquets, que je n'ai pas eu le temps de battre en tous les sens ». (*Revue d'Ethnogr.*, t. I, p. 458.)

ment plus au nord de Quito, peut-être jusqu'aux domaines des peuplades Chibchas, en Colombie » et il suppose que les Indiens Colorados sont les derniers descendants de cette grande race que les Incas ont soumise peu de temps avant de devenir eux-mêmes les victimes des Espagnols[1].

M. Uhle[2] qui vient de faire connaître un autre siège de Manta, du même genre que celui de Destruges, se contente de donner une description minutieuse de l'objet et s'abstient de formuler aucune hypothèse. Je ferai de même, estimant qu'il est imprudent de risquer une théorie ethnographique, si peu osée qu'elle pût être, sur des peuples aussi mal connus que ceux qui relient dans l'espace les Chibchas et les Péruviens.

1. *Revue d'Ethnographie*, t. I, p. 458.
2. *Kultur und Industrie Südamerikanischer Völker, nach dem in Besitze des Museums für Völkerkunde zu Leipzig befindlichen Sammlungen von* A. Stübel, W. Reiss und B. Koppel. Text und Beschreibung der Tafeln von Max Uhle. 1 Bd. *Alte Zeit*. Berlin, 1889, in-f°, Taf. 14, nr. 17 et 17 a.

101

102

SIÉGES DE PIERRE DU MANABI.

ÉQUATEUR.

Nᵒˢ 103 et 104

MOMIE TRÉPANÉE

DE PIEDRA GRANDE DE L'UTCUBAMBA

(Chachapoyas, Pérou)

Le voyageur naturaliste Vidal-Senèze, qui parcourait en 1877 la vallée de l'Utcubamba, découvrit à quelque distance de ce cours d'eau une montagne fort singulière, nommée Piedra Grande de l'Utcubamba, présentant une immense coupure taillée à pic, ornée d'hiéroglyphes peints en rouge, et percée de distance en distance de grottes artificielles renfermant des tombeaux d'une construction toute particulière.

Ces tombeaux ont la forme de calottes hémisphériques ou de ruches d'abeilles. Leurs dimensions moyennes sont de 2 mètres de circonférence et de 1ᵐ,25 à 1ᵐ,50 de hauteur. Ils sont construits d'un mélange de pierres et de terre argileuse pétrie avec des matières végétales ou animales[1].

Les tombes sont placées les unes à la suite des autres, mais se trouvent tantôt isolées, tantôt reliées entre elles. Dans ce dernier cas, les cavités où elles se dressent communiquent par de petites ouvertures d'environ 0ᵐ,10 à 0ᵐ,12.

Chaque tombe séparée est surmontée d'une figure, variant de forme et de dimensions, construite avec la même pâte argileuse dont je viens de parler. Les tombes groupées et communicantes ne portent qu'une seule tête ; cette tête unique est très grosse et peut atteindre 0ᵐ,50 de largeur. Mais sur cette tête principale se greffent autant de petites têtes qu'il y a de tombes groupées. Ces petites têtes sont disposées de toutes les façons sur la grande ; on en trouve au sommet, sur les joues, les oreilles, etc. On remarque que la plus volumineuse de ces têtes secondaires est toujours placée plus haut et que plus bas elles sont ajustées sur la pièce principale, plus elles diminuent de grosseur[2].

Les momies enfermées dans ces tombes, et dont M. Vidal-Senèze réussit à rapporter quatre spécimens, sont repliées, les cuisses contre le sternum, le bout du pied droit couvrant le pied gauche, les genoux sous le menton, les bras en dedans et la tête appuyée sur les doigts qui supportent la mâchoire inférieure. Les cheveux sont châtains, la peau est d'un gris blanchâtre[3]. Une de ces momies, celle qui est représentée dans les deux figures de la planche ci-contre, a été débarrassée de ses enveloppes[4] dont les empreintes sont demeurées très nettement marquées sur la peau. Elle n'avait d'autres accessoires qu'un petit sac en tapisserie assez bien conservé, orné de dessins géométriques.

La tête est remarquable par une large perte de substance faite dans le pariétal, à l'aide d'une espèce de trépan. C'est un trou ovale, mesurant 0ᵐ,63 de haut et 0ᵐ,53 de large, dont les contours à bords plats et tranchants sont formés par l'enchevêtrement de vingt et un demi cercles dont chacun correspond à une perte de substance régulièrement arrondie d'un centimètre ou environ. Ces trous, tous égaux, ont dû être produits par un cylindre creux et tranchant, roseau ou métal, mû, normalement à la surface de l'os, par un mouvement continu, assez longuement prolongé.

Un crâne isolé de la même provenance, offert par Vidal-Senèze à la Société d'Anthropologie[5], présente

---

1. V.-Senèze considérait ce ciment particulier comme une « espèce de terre glaise mêlée de poils » (P. Vidal-Senèze, *Perforations craniennes sur d'anciens crânes du Haut-Pérou* in *Bull. Soc. d'Anthrop. de Paris*, 2ᵉ série, t. XII, p. 561, 1877).

2. Une de ces petites têtes, primitivement appliquée sur l'oreille d'un sujet plus gros, est au Musée d'Ethnographie du Trocadéro (nᵒ 4221). Elle était peinte en rouge comme toutes les autres, mais cette coloration a disparu aujourd'hui.

3. Cf. Vidal-Senèze et Jean Noetzli, *Voyage dans les républiques de l'Équateur et du Pérou. Notes complémentaires*, par E.-T. Hamy (*Bull. Soc. de Géogr. de Paris*, 7ᵉ série, t. VI, p. 591-593, 1895).

4. Une seconde de ces momies, conservée dans ses enveloppes intactes, figure à côté de celle qui a été dépouillée, dans la vitrine de la galerie américaine du Musée d'Ethnographie. J'ignore donc si elle a été trépanée, mais une troisième dont j'ai fait un squelette au Muséum est sans la moindre trace d'ouverture cranienne ; la quatrième pièce est celle de la Société d'Anthropologie décrite un peu plus loin.

5. *Bull. Soc. d'Anthrop.*, 2ᵉ série, t. XII, p. 562

une perte de substance à peu près semblable à la base du front. Broca, qui a étudié cette perforation, la décrit ainsi :

« Elle est très large et présente sur sa circonférence une série de demi-cercles bien réguliers de 0^m,006 à 0^m,007 de diamètre, résultant d'autant de petites perforations à l'aide desquelles on a circonscrit et enlevé la pièce centrale. D'après l'aspect de ces demi-cercles, il est évident que chaque perforation partielle a été faite à l'aide d'un instrument tournant qu'on appliquait perpendiculairement à la surface de l'os. »

Les contours de la perte de substance du crâne de Chaclacayo récemment décrit par M. Otis T. Mason[1], sont plus grossiers. On n'y distingue pas de perforations méthodiques, et des traces d'incisions en forme d'octogone irrégulier cernent la blessure.

Dans ce dernier cas, comme dans les observations dues à Vidal-Senèze, il semble bien que la trépanation, opérée après la mort, ait eu pour objet de contribuer à la momification du sujet. Pour les sujets de Piedra Grande de l'Utcabamba, la chose ne saurait plus être mise en doute, depuis que l'auteur a tiré de la cavité cranienne du sujet de la planche xxxiii « une éponge qui tenait lieu d'encéphale et devait être imbibée d'un liquide antiseptique »[2]. Cette trouvaille inattendue a donné complètement raison à Broca qui avait proposé de prime abord de ne voir dans les trépanations de Piedra Grande qu'un *procédé de momification*. « Cette pratique, disait-il à la Société d'Anthropologie, était destinée peut-être à évacuer la substance cérébrale, ou, plus probablement, à introduire dans le crâne des substances aromatiques pour empêcher la putréfaction »[3].

L'opération terminée, on obturait le trou à l'aide d'une plaque rectangulaire. « Cette plaque n'était probablement pas métallique, dit encore Broca, car elle n'a pas été retrouvée[4], mais la surface, parfaitement rectangulaire, qu'elle recouvrait, se distingue par des bords très nets qu'accuse un changement de couleur bien visible. »

Les autres cas de perforations craniennes, signalés au Pérou, ceux notamment dont M. Mantegazza a décrit les particularités[5], sont des cas chirurgicaux, opérés sur le vif et se distinguent par conséquent d'une manière très nette de ceux dont il vient d'être parlé.

Quant à l'observation si curieuse de Squier publiée en 1867[6], elle est demeurée jusqu'à présent tout à fait isolée, et l'on n'a plus jamais rencontré de crâne péruvien, comme celui de Yucay[7], découpé carrément avec un robuste burin.

---

1. Otis T. Mason, *The Chaclacayo trephined Skull* (*Proceed. of U. S. Nat. Mus.*, 1885, p. 410-412, pl. XXII). — Chaclacayo est une montagne de 4,000 pieds anglais près de Chosica.

2. *Bull. Soc. de Géogr.*, 7e série, t. VI, p. 593, 1885.

3. Cette dernière hypothèse, continuait-il, « me paraît la plus vraisemblable, car vous pouvez voir sur le crâne que je vous présente (c'est le crâne isolé dont il est parlé ci-dessus) que l'ouverture réellement pénétrante, c'est-à-dire l'ouverture de la table interne, est assez étroite. L'ouverture de la table externe est large, il est vrai ; mais l'opérateur, ne connaissant pas l'extension que peuvent prendre les sinus frontaux, s'était trop rapproché de l'arcade sourcilière, de sorte que le fond de la grande ouverture est en partie formé par la paroi profonde du sinus frontal. L'ouverture pénétrante est ainsi rendue trop étroite pour qu'on ait pu extraire par là la substance cérébrale ; mais elle était parfaitement suffisante pour donner passage aux instruments qui introduisaient dans le cerveau les substances aromatiques » (Broca, *loc. cit.*, p. 563).

4. Elle aurait d'ailleurs, ce que Broca aurait dû ajouter, teinté profondément les os.

5. P. Mantegazza, *La trapanazione dei Crani nell'antico Perù* (*Archivio per l'Antropologia*, vol. XVI, p. 99-109, tav. 1-2, 1886). — La collection rapportée par M. Ch. Wiener de sa mission au Pérou contient une autre pièce mutilée de la même façon. C'est un crâne masculin dont le bregma présente une perte de substance assez régulièrement ovale, longue de 0^m,48, large de 0^m,40 ; les bords, un peu évasés, sont coupés très net et la pièce ne présente que de faibles traces de cicatrisation. M. Wiener l'a exhumée de l'une des grottes funéraires qu'il a découvertes à Bellavista, à 24 lieues au nord du Cuzco. (Cf. Wiener, *Pérou et Bolivie*, p. 303 et 646.)

6. *Bull. Soc. d'Anthrop. de Paris*, 2e série, t. II, p. 403-408, 1867. — *Journ. of the Anthrop. Institute of New York*, vol. I, p. 71-77, 1871-72. — E. G. Squier, *Peru. Incidents of Travel and Exploration on the Land of the Incas*, New-York, 1877, in-8°, p. 457 et 572. — Squier avait trouvé cette pièce unique dans la collection d'antiquités péruviennes de la Señora Zentino.

7. Cette ancienne nécropole de Yucay, dont je reparlerai plus loin, est située à 22 milles à l'est du Cuzco, à moins d'un mille du lieu dit *Bain de l'Inca*.

MOMIE TRÉPANÉE,
de Piedra Grande del Utcubamba.
CHACHAPOYAS, PÉROU.

Nᵒˢ 105 à 108

CÉRAMIQUES DE L'ENTRE-SIERRAS

(Utcubamba, Huaraz, Tarma, Copacabana)

Nº 105

VASE EN FORME DE THÉIÈRE

DE L'UTCUBAMBA

Les momies de Piedra Grande de l'Utcubamba étaient entourées de vases dont la matière et la forme sont assez exceptionnelles ; la figure 105 représente le plus remarquable. C'est une espèce de lourde théière, haute de 0ᵐ,185, large de 0ᵐ,19, faite d'une terre épaisse et lourde, mais bien cuite et recouverte d'une peinture brune, posée en lignes perpendiculaires. La base est globuleuse, aplatie et le goulot adhérent au col a la forme d'une tête d'animal, dont le museau servirait d'orifice. Les naseaux sont relevés, la bouche s'ouvre en demi-cercle, les oreilles s'arrondissent en arrière des yeux ronds et saillants, enfin la queue s'enroule en une anse cylindrique qui décrit un cercle presque complet et se termine en pointe aiguë.

Vidal-Senèze a recueilli à Piedra Grande, en même temps que ce vase nº 4233, deux autres vases doubles à anse pleine, dont le premier, incomplet, est surmonté d'une tête humaine grossièrement exécutée (nº 4231) ; le second, presque intact (nº 4232), est orné d'une tête de jeune cerf. Ces vases aux formes massives, mais de bonne cuisson, sont engobés de brun et rappellent par leurs apparences extérieures certaines pièces de l'Esséquibo.

Nº 106

GOURDE EN TERRE CUITE ORNÉE DE BAS-RELIEFS

HUARAZ

Cette gourde, haute de 0ᵐ,21, large de 0ᵐ,19 et épaisse de 0ᵐ,12, est un intéressant spécimen d'un art mixte qui a reçu tout à la fois des influences de la côte et de l'intérieur. Huaraz, où elle a été trouvée par M. Maturana, est en communication très facile par la rivière du même nom avec cette portion du littoral où l'on trouve en si grande abondance les *huacas* des anciens Chimus. D'autre part, cette ville, pleine de débris antiques, est déjà à 265 kilomètres de Chimbote et à 3,027 mètres d'altitude et la Cordillera Nevada la sépare seule de Chavin de Huantar et des autres vieilles cités de l'Entre-Sierras, situées à peu de distance dans l'est. Les indigènes de Huaraz étaient donc soumis à la fois à des influences ethnographiques venant de l'estuaire et descendant des cols, et leurs productions artistiques se ressentent manifestement de cette double action.

Si, dans l'espèce, les procédés de fabrication ne se différencient guère de ceux des céramistes de Santa ou Moche, la forme qu'a prise le vase rappelle beaucoup au contraire celles des hautes vallées.

La terre est rougeâtre, bordée autour du goulot d'un galon blanchâtre. Mais à la base du col très raccourci deux lourds anneaux s'appliquent, à la façon de ceux qu'on voit sur le col des grandes aryballes du Cuzco. Sur les deux faces arrondies se dessine, en bas-relief, un animal monstrueux, les oreilles droites, la gueule ouverte, les grandes canines menaçantes et les griffes bien dégagées, dont on ferait volontiers un puma, si un semis voulu de mouchetures blanchâtres ne venait indiquer que l'artiste a entendu représenter un carnassier de robe bigarrée, tel que le jaguar par exemple. L'animal est figuré, comme il arrive très habituellement dans l'art péruvien, avec deux membres seulement, dont chacun représente, en réalité, la paire correspondante. En avant et en arrière se profilent au niveau du front et à la base des cuisses deux bandeaux mouchetés ; ce dernier est certainement une queue singulièrement brisée dans son contour, ainsi qu'il arrive parfois dans les œuvres des céramistes du littoral [1]. Je ne sais trop que faire du premier, où l'on ne saurait voir une corne, malgré la place qu'il occupe.

Il est intéressant de constater que tout ce qui caractérise ce singulier animal se retrouve très exactement esquissé d'un trait blanchâtre sur un vase brun découvert à Moche par M. Drouillon et offert au Musée du Trocadéro par cet archéologue.

N° 107

TIMBALE EN FORME DE PERSONNAGE ASSIS

TARMA

Les plus anciennes fouilles exécutées méthodiquement au Pérou sont celles que le naturaliste Dombey exécuta, au cours d'une longue mission scientifique, à Pachacamac, d'abord, au voisinage du fameux temple du Soleil, puis aux environs de Tarma et à Paucartamba, près du Cuzco. La collection ainsi formée fut déposée au Cabinet du Roi le 31 janvier 1786; elle comprenait surtout des vases en terre cuite de formes très variées, dont le plus remarquable (n° 3995) est reproduit sous le n° 107 de la planche XXXIV.

Ce vase, en terre jaunâtre lustrée, vient de la seconde de ces trois localités et se fait tout à la fois remarquer par la finesse de sa pâte et la perfection relative du travail de retouche de ses détails. Il a 0ᵐ,20 de hauteur et 0ᵐ,13 de largeur, et son orifice mesure 0ᵐ,067 d'ouverture. C'est un Indien assis, la tête couverte d'une calotte lisse, et entourée d'une fronde qui maintient une plume au-dessus de l'oreille droite. Les cheveux longs, indiqués par une peinture brune, tombent sur le cou et en avant des oreilles attachées très loin en arrière. Les pupilles et les sourcils sont indiqués à l'aide d'une couleur semblable à celle des cheveux. Les yeux en amande, aux paupières égales, sont cernés d'un léger relief, les angles externes portent une sorte de tatouage formé d'un petit cercle avec un point au centre. Le nez est aquilin, les narines sont un peu dilatées et la bouche souriante, aux lèvres minces relevées en arc de cercle, est cernée par un repli génio-labial bien accentué.

Le personnage est vêtu d'une longue chemise peinte de rayures longitudinales blanches et brunes. Les bras sont nus, le droit assure à la hauteur du sein une bretelle en bandoulière qui porte un petit sac où se trouve un instrument brisé devenu indéterminable. Le bras gauche porte une lourde hache assujettie dans un manche de bois à l'aide d'une épaisse courroie.

C'est la hache de pierre à oreilles, telle que nos voyageurs l'ont parfois rencontrée dans leurs fouilles. Le Musée d'Ethnographie du Trocadéro possède plusieurs de ces haches, trouvées dans les hautes terres, et dont une surtout, esquissée ci-contre au quart de sa grandeur, est identique à celle que le personnage de Tarma porte sur l'épaule gauche. Cette belle pièce a été découverte par M. Th. Ber au cours de ses fouilles de Tiahuanaco [2].

TIAHUANACO

N° 108

COUPE A DEUX ANSES PLATES AVEC COUVERCLE

COPACABANA

Nous aurons l'occasion de parler, à plusieurs reprises, de la céramique si particulière, des anciens indigènes des rives du lac Titicaca. La coupe, que représente la figure 108, planche XXXIV, en est un type très caractéristique. Cette coupe, élégamment montée sur un pied un peu court, est en terre brunâtre lustrée assez épaisse. Sa forme est celle d'une lentille renflée, surtout en haut vers l'ouverture. Les anses, de dimensions fort inégales, sont toutes deux aplaties et verticalement attachées.

Le vase mesure 0ᵐ,135 de haut sans l'anse, et 0ᵐ,16 avec l'anse; son diamètre maximum atteint 0ᵐ,275; le pied qui n'est pas tout à fait rond a 0ᵐ,109 dans un sens et 0ᵐ,112 dans l'autre. L'ouverture est de 0ᵐ,165.

Il est surmonté d'un lourd couvercle concave, muni d'un anneau central à anse verticale. Ce couvercle, à peu près circulaire, atteint un diamètre de 0ᵐ,175 à 0ᵐ,176.

Cette coupe, rapportée de Copacabana par M. Théodore Ber, a de nombreux similaires dans les grands musées d'ethnographie.

---

1. Je citerai, par exemple, une raie peinte sur un vase et dont la queue, très allongée, encadre carrément plusieurs fois l'animal.

2. M. l'abbé Termos a rapporté au Musée du Trocadéro, de son voyage en Colombie, une petite hache en coquille, haute de 0ᵐ,027 seulement et large de 0ᵐ,013, qui reproduit en miniature celle dont on voit ci-dessus les contours. Cette amulette a été trouvée par lui à Salente, État du Cauca (Cat. Mus., n° 24864).

CÉRAMIQUE DE L'ENTRE-SIERRAS.

Utcubamba, Huaraz, Tarma, Copacabana.

N° 109

VASE

REPRÉSENTANT LE *FELIS ALBESCENS* (PUCH.)

(Haut-Pérou)

J'ai réuni dans une armoire de la galerie américaine du Musée d'Ethnographie une série considérable de vases péruviens, de toutes provenances, représentant des animaux et qui forment comme une sorte de petit musée de céramique appliquée à la zoologie. On y reconnaît, de bas en haut et de droite à gauche, d'abord des singes de diverses espèces, puis une chauve-souris, des carnassiers assez variés, puma, jaguar, etc., une espèce d'ours, des lamas, un dauphin, etc. Puis ce sont des oiseaux, rapaces diurnes et nocturnes, passereaux, grimpeurs, gallinacés, échassiers, palmipèdes, parmi lesquels on remarque surtout des perroquets, des hoccos, des canards, une spatule, etc. Puis viennent des chéloniens, des sauriens, des ophidiens, des batraciens; des poissons assez divers; enfin des crustacés, une mygale, des mollusques univalves et bivalves, notamment des spondyles, un poulpe, etc. [1].

J'ai fait figurer sur la planche XXXV un spécimen tiré de cette collection et qui montre dans quelle mesure les céramistes péruviens se préoccupaient de l'imitation de la nature. Le vase n° 109 reproduit assez exactement, comme on peut le constater, les caractères d'une espèce de félin américain, dont le pelage offrait certaines particularités de nature à frapper l'artiste indigène.

Le *Felis albescens* de Pucheran a, en effet, le col strié, des oreilles aux épaules, de bandes noires parallèles plus ou moins continues, plus ou moins droites et qui aboutissent à une sorte de collier incomplet. Notre potier a rendu les lignes de cette fourrure par des stries droites ou onduleuses, qui s'arrêtent exactement à la base du cou.

L'animal a, comme il convient, de gros yeux ronds à fleur de tête, le nez saillant et relevé. Un rictus féroce plisse la face de la bête, qui de sa langue contournée lèche sa lèvre supérieure. On voit entre les deux oreilles le reste d'une anse pleine qui aboutissait au large goulot arrondi qui s'évase au milieu du dos du carnassier. La queue relevée un peu de côté se termine par un fouet tressé.

Le travail de cette curieuse pièce est fort archaïque, tous les traits sont obtenus à l'aide d'une pointe mousse et, détail assez particulier, les dents carrées sont toutes égales, ce que l'on ne voit jamais sur les terres cuites des Basses-Terres, où les canines offrent toujours des dimensions exagérées.

La terre est fort bien cuite; l'engobe, rouge sur le corps, brune au niveau du col, est d'un ton rougeâtre clair sur la face du félin. Il porte sur quatre pieds à rebords, ronds et trapus.

1. Les meilleurs de ces vases viennent du département de Libertad : les uns sont en terre noire fine et lustrée, extrêmement mince ; les autres sont modelés dans une terre rouge engobée de blanc ou de noir. Il y a bien aussi, par ci par là, d'autres vases en forme d'animaux du département de Lima, mais ils sont toujours de qualité fort inférieure.

109

VASE REPRÉSENTANT UN FELIS ALBESCENS.

Haut Pérou.

N° 110

GRAND VASE DOUBLE A LA CHICHA

(Yapanqui, près du Cuzco)

Cette remarquable pièce donnée jadis au Musée du Louvre par M. Colpaërt (n° 20992) est un nouvel exemple de pénétration, dans les hautes régions de l'intérieur du Pérou, de modèles fournis par les artisans de la côte. Comme le potier de Huaraz[1], celui de Yapanqui[2] a copié, en les modifiant à peine, des formes importées du littoral. Que l'on détache l'une de l'autre, en supprimant la tubulure qui les relie, les deux cruches de la planche XXXVI, on retrouvera, presque sans changement, les gros récipients à tête humaine si communément rencontrés dans les nécropoles des environs de Lima.

La largeur totale du groupe de Yapanqui est de 0ᵐ,46, 0ᵐ,23 pour chacun des deux personnages qui le composent; la hauteur atteint 0ᵐ,41. Les têtes qui forment le col des deux vases sont fort semblables; celle de droite regarde pourtant un peu plus en dehors et le haut de sa coiffure est un peu différent. Cette coiffure est formée de bandes en relief, étroites et denticulées qui rayonnent tout autour de la tête et représentent manifestement des rangées de plumes, perpendiculairement insérées dans une couronne aussi de plumes.

Ce type décoratif se rencontre communément sur les vases funéraires du département de Lima, mais avec deux appliques seulement faisant latéralement saillie : le Musée d'Ethnographie possède une couronne de plumes d'ara trouvée à Ancon, munie ainsi de deux oreilles transversales. Les couronnes qui ont servi de modèle au céramiste de Yapanqui avaient tout autour des appendices analogues, qu'il a tenté de rendre à l'aide des crêtes à quatre ou cinq dents de notre figure 110.

Les deux personnages ont les oreilles cachées par d'énormes disques ronds et plats, copiés certainement d'après ces larges pièces de bois montées sur pivots qui perforent si souvent les oreilles des momies Yuncas.

La face est large et carrée, le nez est court et pointu, les yeux en amande ont les deux paupières égales, la lèvre supérieure est très haute, le menton est extrêmement court. Deux triangles de peintures noires grillagées couvrent les deux joues. La courbe des sourcils, le cercle des paupières, les pupilles, le dos du nez et les lèvres se détachent également en noir brunâtre sur l'enduit blanc qui couvre le reste de la tête.

La panse de chaque vase est formée du personnage assis dont les bras et les jambes se dessinent en faible relief. Les avant-bras appuient sur les genoux et les mains grossièrement ébauchées soutiennent une petite tasse arrondie.

Une large collerette, frangée et garnie de bandes d'applique descend sur les épaules et la poitrine.

Le Musée d'Ethnographie ne possède pas moins de six grands vases simples, tout semblables à ceux dont l'accouplement forme la pièce de la planche XXXVI. Le plus ancien, qui vient du *fonds des émigrés*, a 0ᵐ,43 de haut et 0ᵐ,22 de diamètre; l'ouverture ovale (0ᵐ,13 sur 0ᵐ,115) est ménagée au sommet d'un bonnet de plumes à cinq crêtes. La face est courte, le nez droit, largement ouvert, la bouche très petite; les oreilles, demi-circulaires, ne présentent aucun détail. Les membres informes se terminent par des extrémités grossièrement modelées en relief : celles qui correspondent aux mains saisissent une petite coupe en forme de calice. Des taches violacées marquent les pupilles et les lèvres, le reste du vase est engobé de blanc.

---

1. Voyez plus haut, pl. XXXIV.
2. Yapanqui, sous sa forme moderne Abancay, est le chef-lieu d'une des provinces du petit département d'Apurimac, à 100 kilomètres à l'ouest du Cuzco.

Les collections Wiener, Quesnel, Pinart et de Cessac renferment cinq pièces analogues, recueillies dans la grande nécropole d'Axem. La hauteur de ces vases varie de $0^m,35$ à $0^m,41$; leurs diamètres oscillent entre $0^m,17$ et $0^m,23$. Des peintures noires ou violacées dessinent vers les angles externes des yeux ou aux commissures des lèvres des décors géométriques, dont le plus remarquable (Cat., n° 246) représente deux panneaux quadrillés. Les membres se détachent parfois un peu plus nettement par un artifice de peinture sur le fond blanchi de la panse.

Il est intéressant de constater que les grands vases à chicha du littoral du département de Lima ont fourni, non sans de graves altérations dans le décor et dans les formes, le principal type des urnes funéraires des Calchaquis du nord-ouest de la République Argentine, dont une énorme collection réunie par M. Zavaleta était récemment exposée au Palais du Trocadéro.

Ces analogies sont très apparentes sur une très belle pièce offerte au Musée par cet archéologue à la suite de cette Exposition.

GRAND VASE DOUBLE A LA CHICHA.

Yapanqui, près du Cuzco.

N° III

VASE EN FORME D'ARYBALLE

DE LA GROTTE FUNÉRAIRE DE SAN-SEBASTIAN

PRÈS DU CUZCO

Longpérier n'a pas hésité à qualifier du terme classique d'*aryballe* [1] une série de vases à fond conique et à anses latérales, découverts par Angrand à Yucay, à 4 lieues au nord-ouest du Cuzco, et offerts par cet archéologue au Musée du Louvre en juin 1850 [2].

Ces *aryballes* du Pérou rappellent, en effet, à certains égards, les vases antiques de l'Italie auxquels on donne habituellement ce nom. L'un d'eux semblait même à Longpérier pouvoir « être *facilement confondu* avec ceux que l'on trouve à Corneto et dans quelques autres localités au nord de Rome » [3]. Les analogies sont toutefois plus frappantes, si l'on compare les céramiques de Yucay avec quelques-unes de celles d'origine corinthienne, découvertes à Cervetri, l'ancienne Cære, et surtout aux pièces de style géométrique de l'Attique, du type du Dipylon.

Nos vases de Yucay ont de ces dernières œuvres la technique habile et les grandes dimensions. La terre, de belle qualité, est bien épurée et admirablement cuite, mais elle est montée en forte épaisseur et ses formes sont lourdes et massives. Les vases de l'Entre-Sierras ont aussi de ceux du Dipylon les engobes solidement lustrées, noires, jaunâtres ou rougeâtres, et les dessins tracés d'une main ferme et toujours géométriques. Le col est haut, toujours comme dans le type du Dipylon, et s'élance en forme de long tuyau évasé; l'épaule est étroite, la panse peu dilatée [4], mais les anses, épaisses et plates, sont attachées très bas; deux petits anneaux évidés viennent de plus s'accrocher symétriquement de chaque côté, sous la bouche même du vase.

En troisième lieu, on voit constamment saillir en haut relief, sur la face la plus ornée, au niveau de la base du col, une petite tête d'animal, d'un travail simplifié et généralement fort laide.

En quatrième lieu, la base a presque constamment la forme d'un cône large et court [5].

Enfin, ce qui constitue une différence bien autrement importante, on n'a jamais constaté sur un seul vase du Pérou la moindre trace du tour que connaissaient et employaient constamment les potiers athéniens du VIᵉ siècle.

D'Orbigny, Rivero et Tschudi, Castelnau, etc., ont depuis longtemps figuré des vases de ce type, plus ou moins remarquables par leur ornementation.

Notre planche XXXVI représente l'un des plus grands spécimens connus, déposé dans les galeries du Musée du Trocadéro par M. Ch. Wiener qui l'a trouvé en 1876 dans la grotte funéraire de San-Sebastian, près du Cuzco.

Cette grotte « se compose, dit ce voyageur, d'une galerie principale et de galeries latérales qui partent sous des angles de 0ᵐ,90 à droite et à gauche. Dans quelques-unes de ces galeries des piliers en maçonnerie soutiennent la voûte du caveau. En plusieurs endroits, les piliers ont été ménagés dans la roche vive. Les sépultures, dans ces caveaux, sont disposées de deux façons : puits fermés par en haut et niches murées par devant [6]. »

C'est dans une des niches que gisaient le grand vase intact de la planche XXXVI, et un autre, presque pareil, mais dont le col avait été mis en pièces [7].

---

1. Cf. A. de Longpérier, *Notice des monuments exposés dans la salle des antiquités américaines (Mexique, Pérou, Chili, Haïti, Antilles) au Musée du Louvre*. Paris, 1851, 2ᵉ éd., p. 100. — Ces pièces sont aujourd'hui déposées au Musée du Trocadéro sous les n° 20806 et suivants.

2. Yucay était, nous dit Garcilaso de la Vega, « un lieu de plaisance » où les Incas « s'alloient descharger du pesant fardeau des affaires ». C'était « le jardin de l'Empire » (*Le commentaire royal ou l'Histoire des Yncas rois du Peru*, trad. fr. de Baudoin, 1633, in-4°, p. 632-633).

3. A. de Longpérier, *l. c.*, p. 102.

4. Cf. E. Pottier, *Musée du Louvre, Catalogue des vases antiques de poterie*, 1ʳᵉ partie, p. 214 et suiv. Paris, 1896, in-12.

5. C'est très exceptionnellement que le cône basilaire se trouve un peu tronqué et que le vase peut poser sur une étroite base circulaire.

6. Ch. Wiener, *Pérou et Bolivie*. Paris, 1880, in-8°, p. 370-371, et fig. 1.

7. Ce dernier est exposé au Musée de Sèvres ; on lui a refait un col en surmoulant celui du Musée d'Ethnographie.

Celui que j'ai fait figurer mesure o^m,88 de hauteur ; le diamètre transversal de sa panse, anses comprises, en atteint o^m,63 et l'évasement du col est de o^m,315 [1].

Le ton général est un jaune sale, les peintures sont rouges, brunes-rougeâtres ou brunes-violacées. Deux grandes lignes de la couleur du fond délimitent un champ médian dans lequel se détachent sur un brun violet quatre losanges entiers et deux demi-losanges disposés en série verticale, peints en rouge et cernés de huit traits bruns fort déliés. En dehors des deux grandes lignes jaunâtres, deux champs latéraux symétriques sont couverts de petits triangles rouges, tracés en rangs horizontaux, sur un fond violet brunâtre. Le col offre au contraire des séries analogues de très petits losanges peints en brun sur son engobe rougeâtre. De grands chevrons d'un brun clair bordent tout le contour de l'orifice.

On peut rapprocher des grands vases aryballoïdes de San-Sebastian celui que feu M. de Sartiges a trouvé dans une fouille qu'il a faite à Cumana, aux bords du lac Titicaca, et que ses enfants ont offert au Musée du Trocadéro, en décembre 1894 (*Cat. Mus.*, n° 36349).

C'est aussi un très grand vase ; quoique le col ait disparu, il mesure encore o^m,615 et sa largeur aux anses atteint o^m,64. Il a les mêmes formes que le précédent ; le fond est conique, la panse est arrondie, et les anses plates s'insèrent aussi bas, tandis que deux têtes de puma se détachent à peu près de semblable manière de la base du col.

Mais ce vase de Cumana offre une décoration d'un caractère particulier et tout à fait remarquable. Il porte, en effet, sur la face antérieure, cinq rangées de valves alternées de *spondyles*, assez exactement modelées, pour qu'il ne puisse y avoir aucun doute sur l'espèce ainsi reproduite. C'est sans contredit le *Spondylus pictorum* que les potiers des rives du Titicaca ont imité d'après nature. Or cette belle coquille a dû nécessairement leur être apportée des bords de la mer, et sa présence à Cumana suffirait, à elle seule, pour permettre d'établir l'existence de relations suivies, à l'époque de la grande civilisation des plateaux, entre les montagnards du bassin intérieur et les riverains de la mer.

Le spondyle se rencontre d'ailleurs assez fréquemment dans les tombes du Pérou maritime : tantôt c'est la coquille, contenant encore le mollusque, que le mort a emportée avec d'autres comestibles ; tantôt ce bivalve est transformé en boîte à fard ou à couleur qu'enveloppent le coton et le *Bombax ceiba* ; tantôt, enfin, il a servi à tailler des pièces de collier [2].

Le *Spondylus pictorum* avait déjà passé par plusieurs mains avant de parvenir ainsi chez les Yuncas de Pachacamac ou d'ailleurs. Il est originaire, en effet, de l'île Plata, à 13 kilomètres de la côte de l'Équateur, par 1° 18′ 45″ lat. sud [3]...

Le *vase de Sartiges* est orné de vingt-sept de ces spondyles modelés en relief, et encadrés d'un décor géométrique d'un très beau jaune d'or.

Le col est entouré d'une sorte de collerette tracée en creux ; des zigzags réguliers formés de petits carrés montants et descendants dessinent un peu au-dessous une ligne brisée, qui surmonte en arrière quatre rangs de rectangles, dont les diagonales isolent de petits triangles mouchetés de brun sur fond jaune, ou circonscrivent de petits cercles concentriques sur fond brun. Chaque ligne de ces rectangles est séparée des autres par une bande claire d'un centimètre. Des rectangles semblables, mais plus petits, séparent chaque spondyle.

Le reste du vase est couvert d'une engobe brune : le fond conique est entouré d'une bande de vingt-huit oiseaux noirs, à longs cols, des échassiers sans doute, dont l'exécution un peu sommaire ne permet pas de déterminer l'espèce [4].

Il est intéressant de comparer à ce beau vase de Cumana un remarquable fragment d'un autre vase (n°4029) presque aussi grand, trouvé par M. Th. Ber dans ses fouilles de Tiahuanaco. C'est une partie d'un col d'aryballe richement décorée qui n'a pas moins de o^m,29 de diamètre. L'orifice est orné en-dessous, comme celui du vase de San-Sebastian, de larges chevrons brunâtres appliqués sur le fond blanchâtre de la pièce. Tout le reste du col est couvert de bandes horizontales alternativement blanchâtres ou rougeâtres, chargées de losanges bruns.

---

1. La planche est réduite à un peu moins d'un tiers.

2. On le trouve, en outre, modelé en terre noire ou grise et devenu vase à pied. C'est surtout dans le territoire des anciens Chimus qu'abondent ces dernières pièces, dont le Musée du Trocadéro possède *neuf spécimens*. Sur ces neuf échantillons six ont une provenance précise ; il y en a deux d'Ancon, les quatre autres sont de Chimu-Capac, Santa et Moche. Les trois, sans origine connue, viennent de Lemoine, dont la collection a été formée en grande partie à Truxillo.

3. Cf. A.-T. de Rochebrune. *De l'emploi des mollusques chez les peuples anciens et modernes* (*Revue d'Ethnogr.*, t. I, p. 478, 1882).

4. Ce détail d'ornementation est tout à fait exceptionnel, tous les autres ornements des vases de même type étant purement géométriques.

GRAND VASE EN FORME D'ARYBALLE.

Grotte funéraire de San Sebastian,
près du Cuzco.

VASES EN FORME D'ARYBALLES
DU SACSAÏHUAMAN ET DE COPACABANA

La planche XXXVIII rapproche deux autres aryballes de dimensions moyennes trouvées l'une aux bords du lac Titicaca, l'autre au Sacsaïhuaman dans les environs du Cuzco.

Celle-ci, tout à fait de même forme que celle de San-Sebastian, est haute de $0^m,335$, large aux anses de $0^m,297$; au bord du col elle mesure $0^m,123$. Elle est d'une belle terre rouge, engobée de brun ou de blanc. Les anses sont brunes, ainsi que la tête d'animal fort grossière, qui fait relief à la place ordinaire. Le col est entièrement blanchi.

Le décor se compose d'un large galon blanc et brun décoré de deux bandes de créneaux et de dents engagées et bordé de deux bandelettes brunes. De chaque côté montent deux espèces de grandes feuilles dont les nervures sont indiquées par de triples traits aboutissant à une petite tache brune. On a tracé en outre, en arrière du vase à la jonction du col et de la panse, un ornement géométrique léger composé de rectangles coupés suivant leurs diagonales, et que séparent des lignes verticales variant en nombre de trois à neuf.

Le vase de Copacabana, un peu plus haut et un peu plus large que celui du Cuzco (haut. $0^m,36$, larg. aux anses $0^m,31$), mais d'égale ouverture ($0^m,123$), en diffère surtout par le masque en relief qui apparaît sur le devant du col[1]. Ce masque, grossièrement façonné, a les yeux demi-clos, écartés et convexes, le nez petit et triangulaire, la bouche étroite ouverte beaucoup trop bas. La teinte est d'un brun violacé, et deux lignes d'un noir bleuâtre se portent en travers un peu au dessous de la racine nasale. Deux bandelettes blanches quadrillées de rouge bordent cette face en haut et en bas et d'autres lignes brisées chevronnent les deux côtés des joues, et le haut et le bas du col. Deux côtes en relief, striées en avant, lisses en arrière, relient les petits anneaux de l'orifice à la bande qui limite en arrière la face ornée du vase.

Une bande brune occupe le centre de la décoration et porte des losanges dont le centre rouge est encadré de blanc rayé de noir. De chaque côté de cette bande médiane, deux doubles galons blancs limitent en dedans de larges champs couverts de très petites lignes de fines dents de loup.

La face postérieure montre, au sommet de la panse, de minces lignes circulaires noires, qui enferment un décor géométrique quadrillé noir et violacé, séparé par des intervalles unis d'étendue irrégulière.

Les aryballes, de taille moyenne, comme celles que je viens de décrire, moins rares que les très grandes pièces dont il était question précédemment, sont encore clairsemées néanmoins dans les collections. Nous en possédons pourtant trois autres au Trocadéro : la première (coll. Ber), haute de $0^m,38$ et large de $0^m,30$; la seconde (coll. Wiener), mesurant $0^m,36$ de hauteur sur $0^m,30$ de diamètre; la troisième (même collection) ne dépassant pas $0^m,27$ de hauteur et $0^m,24$ de largeur.

Les spécimens de $0^m,16$ à $0^m,23$ sont bien plus nombreux, j'en relève plus de douze dans nos vitrines. Enfin il s'en trouve une quinzaine qui ne dépassent pas $0^m,14$ et s'abaissent même jusqu'à $0^m,08$.

---

1. Ch. Rau a dit quelques mots d'un vase semblable, mais de dimensions beaucoup moindres (C. Rau, *Amerikanische Gesichtsurnen*, *Archiv für Anthropologie*, Bd. VI, p. 170, fig. 55, 1873).

On a trouvé ces vases rouges aryballoïdes disséminés le long de l'Entre-Sierras depuis la Bolivie jusqu'à l'Équateur. Ils jalonnent notamment cette longue et célèbre route des Incas, étendue jadis depuis les confins méridionaux de la Colombie jusqu'à l'entrée des territoires de la République Argentine. Quito, Guano, Yucay, Le Cuzco, San-Sebastian, Cumana, Copacabana, sont les localités mentionnées dans nos inventaires.

Ces formes toutes spéciales se rencontrent le plus souvent dans les anciennes sépultures de l'Entre-Sierras. Elles ont toutefois gagné quelques points de littoral, et l'on a signalé des imitations des aryballes de Yucay, en plein territoire chimu. M. Drouillon a, en effet, déposé au Trocadéro trois vases de ce type, en terre noire, fine et lustrée, qu'il a recueillis à Moche; deux de ces vases portaient, comme celui de M. Th. Ber, une tête humaine en relief sur le col, l'une des deux a même une coiffure et des colliers et des bras en relief sur la panse. Quesnel et M. Wiener ont aussi exhumé à Ancon quatre autres vases de terre noire, de fabrication moins fine, mais d'un type à peu près semblable. Lemoine n'en avait pas moins de trois dans sa collection formée, je l'ai dit, sur le littoral péruvien. Enfin on peut voir, figuré dans l'atlas de MM. Reiss et Stübel, un vase rouge assez grossier, avec figure humaine et les bras en relief, trouvé par ces deux archéologues dans leur grande fouille d'Ancon[1].

1. W. Reiss und A. Stübel, *op. cit.*, pl. 97. — Cf. Rivero et Tschudi, *Antiq. Peruan.*, lam. XXXVI.

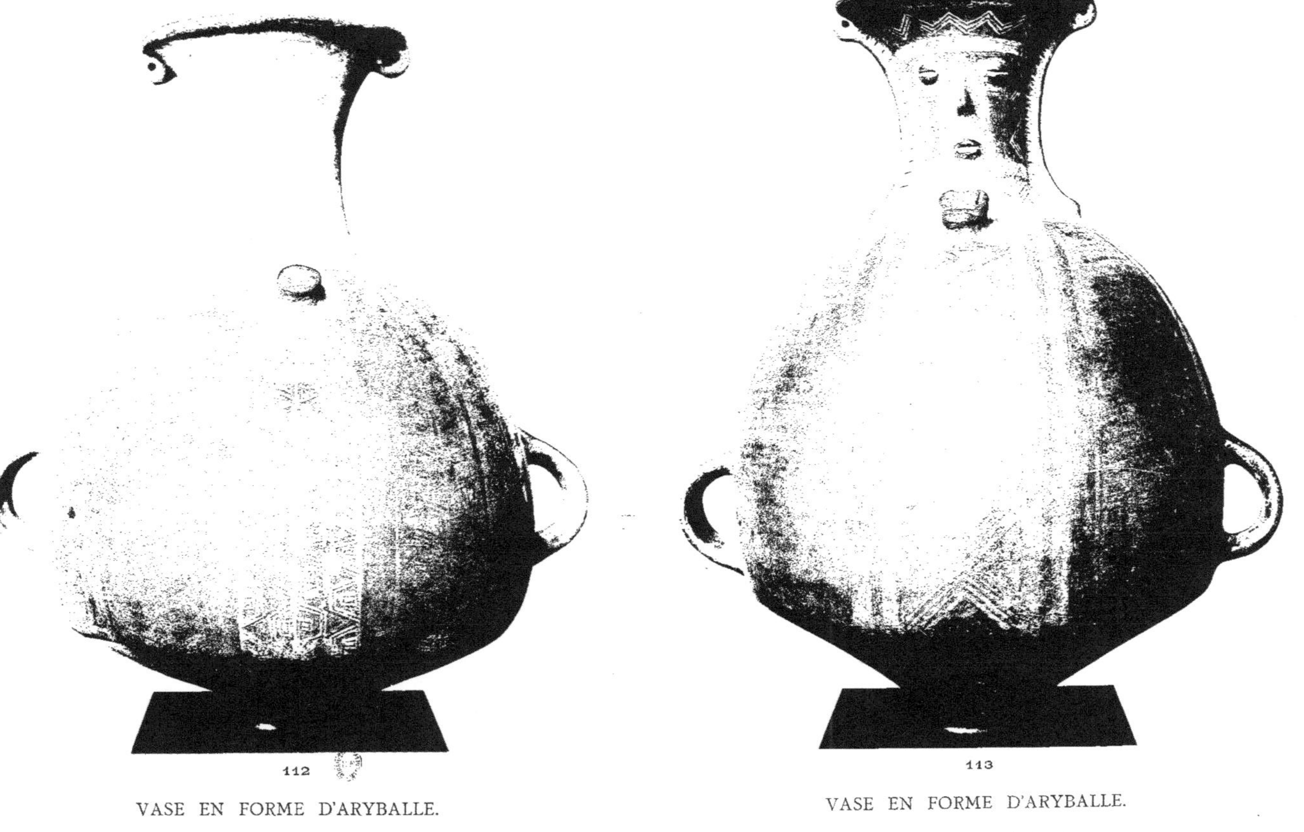

112

VASE EN FORME D'ARYBALLE.

Sacsaïhuaman, près du Cuzco.

113

VASE EN FORME D'ARYBALLE.

Copacabana, Lac Titicaca.

PLANCHE XXXIX

N° 114

RÉCHAUD

ORNÉ D'UN MASCARON A TÊTE DE PUMA

(Tiahuanaco)

Castelnau a représenté, dans la planche XV de la troisième partie de son ouvrage sur l'Amérique du Sud[1], un *vase antique* « conservé dans le Musée de la Paz » fort semblable à celui que j'ai fait figurer ici.

C'est une sorte de réchaud de terre cuite fort épais, à base plate et circulaire, un peu rétréci, puis évasé vers le haut, découpé sur son bord en six lobules demi-circulaires et muni en arrière d'un court manche cylindrique, arrondi du bout. En avant, le contour du vase est masqué par une large et lourde applique quadrilatère, obliquement inclinée, ornée d'un mascaron en fort relief qui représente la tête d'un puma (*Felis concolor*). Le corps du vase, engobé de rouge clair, est orné de dessins noirs, cercle centré d'un point, singe grossièrement esquissé, avec la queue en anse sur le dos, etc.

On ne connaît pas l'origine de ce vase du Musée de la Paz. Il est toutefois à peu près certain qu'il a été trouvé sur les bords du lac Titicaca.

Celui que montre notre planche XXXIX provient des fouilles exécutées par M. Théodore Ber à Tiahuanaco, dont j'ai déjà parlé précédemment. Il mesure 0ᵐ,26 de hauteur et 0ᵐ,22 de diamètre maximum ; ses formes sont plus lourdes et l'applique plus basse et plus épaisse est en même temps plus large. Le puma a d'ailleurs bien plus de caractère, avec sa tête carrée massive, son nez brusquement tronqué en avant, et ses grandes canines menaçantes, qui sortent des lèvres contractées par un puissant rictus.

Ces formes, données à l'animal symbolique si souvent représenté dans les céramiques du Haut-Pérou et de la Bolivie, se retrouvent sur divers monuments de pierre ou sur des vases provenant soit de l'Entre-Sierras, soit de la région des Lacs.

Je citerai, en particulier, les statues de pumas assis du Cuzco, dont Squier a reproduit un exemplaire[2]; la tête de l'animal est à peu près cubique, la face antérieure du cube formée par les narines et les lèvres taillées à pic, la supérieure, par l'ensemble de la face comprenant le nez, les yeux et les oreilles dressées. La seule différence notable entre cette figure et la nôtre consiste dans la continuité de la série dentaire qui sur la sculpture du Cuzco est bien suivie et régulière, tandis que sur l'applique du vase de Tiahuanaco, les canines sont remarquables par leur saillie et leur volume. Cette différence disparaît, au surplus, sur le puma en basalte de la collection d'Alcide d'Orbigny, qu'on peut voir au Muséum d'histoire naturelle, dans le cabinet de géologie[3]. Cette tête, hiératisée de même que les précédentes suivant un type conventionnel, est renversée en arrière comme celles dont il vient d'être question, et les yeux, aussi bien que les narines, sont placés sur la même horizontale que le front; mais la gueule qui s'évide au devant de la face carrée tournante du monstrueux animal, montre sur ses angles deux épaisses colonnettes formées par l'emboîtement de canines énormément développées. Les narines sont d'ailleurs taillées à pic et largement ouvertes, et les yeux sont à fleur de tête, ainsi que sur l'applique de notre réchaud de Tiahuanaco[4].

---

1. *Expédition dans les parties centrales de l'Amérique du Sud, de Rio de Janeiro à Lima, et de Lima au Para*, etc. Paris, 1854, in-4°, 3ᵉ partie, *Antiquités des Incas*, p. 2 et pl. XV.
2. Squier, *op. cit.*, p. 458.
3. Cette précieuse pièce, dont l'atlas d'Alcide d'Orbigny a fait connaître la face et le profil, avait été achetée par M. Léon de Cessac à la vente qui suivit le décès de d'Orbigny et offerte par ce voyageur, à titre d'échantillon de roche travaillée, au cabinet de géologie où elle est encore. Il n'y avait, à cette époque, d'autre Musée d'Ethnographie que celui du Louvre, où les antiquités américaines étaient reléguées dans un corridor inaccessible au public!
4. Cf. A. d'Orbigny, *op. cit.*, *Antiquités*, pl. 10.

Les mêmes caractères se retrouvent sur une autre tête, aussi en basalte, mais bien plus petite (hauteur, 0ᵐ,12, largeur, 0ᵐ,075), rapportée du Haut-Pérou par M. Ch. Wiener (Cat. Mus., n° 11559). Cette pièce a la face carrée; le front est à peine convexe, et domine quelque peu le plan horizontal qui comprend toute la mâchoire supérieure renversée. Le nez est coupé d'une rainure verticale; un sillon transversal sépare la joue de la lèvre, et les canines emboîtées forment deux pilastres encadrant l'orifice carré de la gueule[1]...

Le réchaud dont il vient d'être question n'était pas seul de son espèce dans la fouille de Tiahuanaco. M. Ber a recueilli un grand fragment d'un deuxième ustensile semblable au premier. Ce morceau qui correspond à la partie supérieure et postérieure comprend le manche qui est cylindrique cette fois et orné de cercles peints en noir. Ce qui reste du corps du vase ne présente qu'une décoration rudimentaire (Cat. Mus., n° 4030).

1. Il n'est pas sans intérêt de rapprocher de ces pumas de l'Entre-Sierras un ocelot en albâtre, de type archaïque, trouvé à Téotihuacan, et que M. et Mᵐᵉ Allen Ball ont bien voulu nous autoriser à reproduire en plâtre pour le Musée du Trocadéro (n° 26101). Cette dernière pièce, qui semble bien appartenir à la période archaïque de l'art toltèque, est une sorte de table d'offrandes : les deux récipients sont creusés dans le dos du carnassier couché, dont la tête carrée rappelle à quelques égards celles des collections d'Orbigny, Wiener, etc.

114

RÉCHAUD
Orné d'un mascaron à tête de puma.
Tiahuanaco.

N°s 115 et 116

TIMBALES EN BOIS
DÉCORÉES DE LAQUES POLYCHROMES

(PISACC)

Pisacc est à 5 lieues au nord-est du Cuzco dans l'Entre-Sierras et contient des ruines colossales que M. Ch. Wiener a sommairement décrites et figurées. Au voisinage, s'ouvrent des grottes funéraires « soutenues par des piliers en maçonnerie et pourvues d'un linteau »[1]. C'est une de ces grottes qui a donné le vase en bois décoré qui porte le n° 116 sur la planche XL de l'album[2].

Ce vase est une grande timbale, haute de 0^m,178, large de 0^m,099 à la base et s'évasant, suivant une courbe régulière, jusqu'à atteindre 0^m,159 à l'ouverture. L'épaisseur du bois de *chonta* dans lequel elle est taillée varie de 0^m,012 à 0^m,015. Elle est décorée de figures champlevées dans le bois jusqu'à une profondeur d'un millimètre et dont le creux est rempli d'une matière de couleur brillante, analogue à de la laque. Ce décor est coupé en deux champs séparés par des lignes verticales.

A droite, ce sont des alignements obliques de grands oiseaux, des échassiers sans doute, montés sur de longues pattes et munis de longs cous. Chaque rangée a ses couleurs particulières : oiseaux rouges à têtes vertes, oiseaux jaunes à têtes presque noires, oiseaux roses enfin à têtes plus ou moins blanchâtres.

A gauche, l'ornement est partagé en deux caissons : un caisson supérieur est bordé en haut et en bas de créneaux d'un jaune orangé vif, à double contour, entre lesquels s'agencent quatre rangs de figures géométriques alternées; triangles rectangles un peu allongés, accôtés par l'hypothénuse; quadrilatères coupés par une diagonale en escalier de cinq marches. Le caisson inférieur est décoré de quatre grandes fleurs rouges qu'on pourrait prendre pour des fleurs de cactées.

Ce vase est le second ainsi rapporté à Paris. Dès 1873 M. Legrand avait déjà offert au Louvre (MNB.513) un vase de provenance indéterminée dont le décor polychrome ne diffère que par le choix des sujets de celui du vase de Pisacc de la collection Wiener.

Le vase Legrand (n° 21285) est plus haut de deux centimètres et plus large de quatre. Il mesure verticalement 0^m,20 environ et ses diamètres atteignent 0^m,126 à la base, 0^m,198 à l'ouverture. Il est presque régulier et son épaisseur, partout égale ou bien peu s'en faut, atteint 0^m,014. Sa décoration se répète sur les deux faces. Elle se compose de trois champs superposés, le plus haut et le plus important occupant un peu plus de la moitié supérieure. On y voit un guerrier passer sur un fond noir semé de petits ronds blancs qui simulent des étoiles, *c'est la nuit*. Coiffé d'un bonnet rouge orné d'une sorte de cocarde noire, sur lequel sont piquées de longues plumes blanches rayonnantes, il s'avance d'un pas allongé; de la main droite il brandit une lance en bois rouge armée d'un carreau peint en vert, tandis que la main gauche supporte une targe carrée-longue, ornée d'armoiries chevronnées rouges, jaunes et vertes, et enveloppée d'une large garniture brunâtre.

La robe de notre Péruvien, d'un brun plus clair en haut, plus foncé vers le bas, ne dépasse pas le genou; elle est couverte en haut d'un camail rouge et bordée d'un galon assorti au camail.

Un décor cintré simulant peut-être la voûte du ciel, formé de trois bandes, jaune, verte et rouge, borde cette scène de sa courbe polychrome. Deux pumas, vus de face, sont tapis dans l'ombre à la base des deux cintres, les oreilles droites, les yeux brillants rendus par un point rouge bordé de blanc.

Le second champ, séparé du premier par une simple bande, est orné de figures géométriques. Dans un

---

1. Ch. Wiener, *op. cit.*, p. 376.
2. Id., *op. cit.*, p. 581.

triangle isocèle, large et bas, s'inscrit un escalier aux marches régulières, qui comprend lui-même un autre triangle entre ses degrés montants et descendants.

Tout au bas poussent de nouveau les cactées aux belles fleurs rouges dont il était déjà parlé plus haut.

Toute cette décoration est de même facture que celle du vase de Pisacc, et la communauté d'origine des deux pièces me paraît incontestable. J'irais même jusqu'à admettre que c'est un même artisan patient et adroit qui les a exécutées toutes deux jadis.

Les pièces, comme le vase Legrand, sont extrêmement intéressantes, non seulement par elles-mêmes, mais aussi par les comparaisons qu'elles suggèrent et il est vraiment fâcheux que la polychromie fort inégale qui les caractérise se prête mal à la reproduction photographique.

Les conservateurs de Berlin ont cru mieux faire en confiant à la chromolithographie la publication d'une pièce de même ordre qu'ils possèdent; ils sont tombés dans le défaut contraire en nous donnant une figure criarde, et dont les traits ont beaucoup perdu de leur physionomie originale.

Cette troisième pièce en bois laquée vient encore des mêmes parages; elle a été trouvée en 1872 par un ingénieur allemand, M. Hohenhagen, dans une tombe, à quelques kilomètres de Pisacc[1]. C'est une espèce de *canope*, haute de 0^m,19 environ, large de 0^m,11 en bas, de 0^m,17 en haut, et portant une tête de puma en haut relief. La figure de l'animal est ornée d'ovales et de dents, et surmonte des lignes de losanges pointillées jaunes, rouges et verts. En arrière se déroule au milieu d'une forêt une scène militaire où nous retrouvons sur le front de bataille notre personnage du vase Legrand, suivi de deux compagnons d'armes semblablement accoutrés, aux prises avec trois Indiens de l'intérieur, des Moxos, si je ne me trompe, couronnés de plumes, vêtus de longues chemises d'écorces bariolées, et armés d'arcs et de flèches[2].

Le chef des guerriers péruviens a exactement le même bonnet et la même coiffure que celui du vase Legrand, mais le camail en escalier est remplacé par un collet arrondi, une ceinture maintient la tunique, et des espèces de culottes larges descendent à mi-jambe. Le bouclier est aussi garni un peu différemment : il est surmonté d'un panache et de deux ornements triangulaires jaunes piqués de petits disques rouges, et se termine par un long pendentif, de même nuance, contourné en virgule, et constellé de jaune. Les trois Péruviens brandissent la fronde de la main droite, tandis que sous leurs pieds de brillants oiseaux et des singes verts à têtes rouges circulent au milieu des arbres.

<hr>

1. Cf. *Zeitschrift für Ethnologie*. Bd. IV, p. 391 und Taf. XIII, 1872.

2. On pourra comparer à ces figures celles que donne d'Orbigny (*Atl. Hist., Costumes*, pl. VI), et qui représentent des Moxos. Trois de ces Indiens ont des robes d'écorce dont le décor en losange est tout à fait le même que celui des sauvages du vase de Ollantaÿ-tambo.

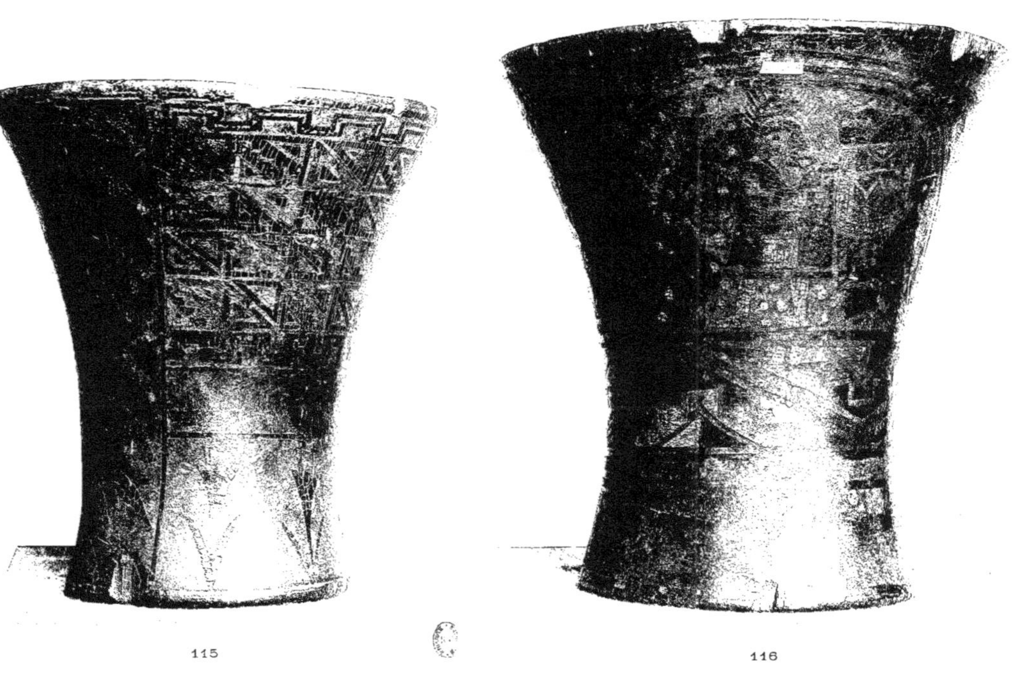

115   116

TIMBALES EN BOIS DÉCORÉES DE LAQUES POLYCHROMES.

PISACC, PÉROU.

VASE A ANSE TUBULÉE

A FIGURES PEINTES

DIT VASE SEGRESTAN

(Gran-Chimu)

Il n'est point de forme plus caractéristique dans les œuvres des anciens céramistes de l'empire des Chimus que celle du vase représenté sur la planche XLI de cet album. Cette forme se différencie de toutes les autres[1] par l'anse qui s'élève au-dessus du corps du vase et s'ouvre dans une tubulure plus ou moins allongée, qui termine la pièce par le haut. J'appelle ces vases qui sont surtout abondants dans les *huacas* du département de la Libertad, *vases à anse tubulée*.

Si, dans les pièces de ce type, l'anse se modifie peu, le corps ou la panse peut offrir au contraire des variations infinies. Elle prend, en effet, suivant le caprice du modeleur toutes les formes naturelles; fruit ou légume, coquillage ou poisson, oiseau ou mammifère, homme, divinité même, reconnaissable à quelque signe bien apparent.

Avant de parler de cette série de vases que j'ai fait figurer en plusieurs exemplaires dans les planches qui vont suivre, je voudrais en décrire une autre dont les spécimens sont plus rares et plus artistiques et que le vase célèbre Segrestan, acquis naguère par le Musée du Louvre, représente brillamment dans nos collections[2]. Ces vases à panse globuleuse et à base circulaire aplatie, sont décorés à l'aide de peintures rouges appliquées sur un fond clair, jaunâtre ou blanchâtre et soigneusement lustrées. Les décorations, simplement esquissées au trait, mais qui comportent aussi des applications particlles de tons rouges posés à plat, peuvent être répétées sur les deux faces du vase, ou courir tout autour en une scène continue.

Le vase Segrestan (Cat., n° 21261) appartient au premier de ces deux types; ses deux faces (fig. 117 et 118) reproduisent en effet, à quelques variantes près, la même scène, où l'on voit un personnage assis sur un fauteuil, tenant une arme de la main droite et de la gauche étranglant un monstre à tête humaine et à corps de poisson. La tête du vainqueur est une tête de fantaisie avec un gros nez court et saillant et un menton à la galoche. Des rides énormes courent à travers cette face demi-grotesque, où l'on distingue des yeux vus de face dans le profil, à la façon des peintures d'Égypte, et une énorme bouche circulaire dans laquelle deux canines énormes font saillies. Il est coiffé d'un bonnet coupé dans la peau d'un jaguar dont la tête grimaçante forme le frontal, et qui couvre toute la nuque; un large éventail de plumes s'étale au-dessus, terminé par un long panache qui vole au vent, et des pendentifs en têtes de serpents tombent sur les épaules.

Il porte un camail clair découpé en dents de loup et un justaucorps serré à la taille par un serpent vivant transformé en ceinture et dont la tête se balance menaçante au-dessus du fauteuil où le personnage est assis. Ses genouillères et ses guêtres sont, comme le justaucorps, de couleur rouge d'ocre; ses poignets sont garnis de brassards plissés et l'arme qu'il serre à droite est une lame de hache sans manche, trouée à la base et attachée à une longue courroie.

L'ennemi fantastique, qu'il est occupé à réduire, a comme lui une tête grimaçante et ridée, le même œil de face et la même gueule ouverte et munie de canines développées. Sa chevelure tombe sur son cou et son

---

[1] On ne doit point cependant oublier qu'il s'est quelquefois trouvé des vases à anse tubulée dans l'ethnographie nord-américaine. Il s'en est rencontré dans plusieurs *mounds*, à Pecan Point (Arkansas) par exemple (W. H. Holmes, *Ancient Pottery of the Mississipi Valley, Fourth Ann. Rep. of the Bureau of Ethnology*, p. 422, 1886), et nos collections du Trocadéro en contiennent deux que M. Alph. Pinart a rapportés de son voyage dans l'Arizona.

[2] Ce vase remarquable a été acquis en 1859 par l'administration de M. Martin Segrestan dont il a conservé le nom. Il est haut de 0ᵐ,305 et son diamètre est de 0ᵐ,150.

mince turban est surmonté d'une touffe de plumes. Dans la première des deux scènes (fig. 118), du poing droit fermé il frappe le nez de son adversaire; dans la seconde (fig. 117), son bras contracté est retombé contre son corps, mais le sang coule en abondance du nez de son vainqueur[1]. Des deux côtés du vase, il est armé à gauche d'une espèce de hache semblable à celle dont il était question plus haut : son corps écailleux garni de huit nageoires dorsales ou ventrales, est le corps d'un poisson fantastique et indéterminable.

Un troisième personnage assiste à cette rencontre, sans y prendre part, et semble applaudir au résultat de la lutte. Il porte un condor pour casque, sa tête n'est pas moins plissée que les deux autres, et son vêtement est une blouse rayée.

La scène du combat se passe au bord de l'eau, comme le montrent les poissons et les mollusques répandus autour de la composition.

L'anse est au contraire exclusivement décorée de serpents fortement contournés.

Squier avait publié dans son Voyage au Pérou[2] une scène semblable, mais moins complète, se déroulant aussi sur la panse d'un vase du Gran-Chimu. On y retrouve le personnage au serpent, coiffé cette fois encore d'un casque tout semblable à celui de la planche XLI. Il est aussi armé d'une lame attachée avec une courroie, mais le bout de ce lien est une tête de serpent qui vient s'ajouter à celles des oreillères et de la ceinture terminée cette fois par deux grosses têtes de reptiles. Il est protégé par une cuirasse matelassée, en coton je suppose[3], et saisit, non plus un gros poisson, mais un crabe fantastique, à tête humaine, qu'il tient par une sorte de crinière hérissée qui surmonte sa figure grimaçante. Le crabe agite, impuissant, deux énormes pinces ouvertes; il a huit pattes de crustacé et deux jambes d'homme.

Le Musée du Trocadéro nous montre quelques scènes de même ordre, dans l'importante suite de vases peints qu'il a reçus des environs de Truxillo, de Moche en particulier. Ici ce sont des mêlées de monstres enchevêtrés, là c'est notre héros au serpent qui saisit par la queue un animal bizarre au nez couvert de longs poils, aux pattes sauroïdes, à l'appendice caudal terminé par une petite tête qui grimace. Plus loin, c'est un autre monstre, cuirassé, armé de la hache, tenant du poisson et de l'oiseau. Un autre encore, homme et poisson, jette des lignes où se prennent les habitants des eaux[4], etc.

Squier a depuis longtemps produit une explication rationnelle[5] de toute cette iconographie bizarre et je ne saurais mieux faire que d'appliquer les données qu'il a publiées aux divers groupes dont il vient d'être question dans cette notice.

Le célèbre archéologue américain considère les personnages combattant représentés sur les vases des anciens Chimus comme symbolisant les trois grandes divinités cosmiques adorées par ce peuple. « Parmi les Chimus, écrit-il, les symboles de l'Eau étaient le poisson, la tortue ou le crabe; ceux de la Terre étaient le serpent et le lézard; celui de l'Air était le tonnerre, représenté par une lance, le symbole typique de l'éclair en maintes parties du monde. » Les divinités présidant aux *trois éléments*, continue Squier, « s'identifient non seulement par le port de ces symboles, mais par des chapeaux ou des couronnes de forme particulière », dont il donne la description à l'aide de la figure dont j'ai parlé plus haut et d'une autre de Virù copiée par Bollaert au *British Museum*[6].

Notre personnage assis, déterminé par les serpents de ses oreillères, de sa ceinture, devient ainsi le dieu de la Terre; il est vainqueur, comme de coutume en ces scènes cosmiques[7], du dieu de l'Eau, symbolisé par le poisson, et le dieu de l'Air assiste à la lutte. Ce dernier n'a point de lance, comme celui de Bollaert, mais porte sur la tête le condor, l'oiseau au large vol, qui le caractérise d'une manière très expressive.

---

1. Si quelques détails échappent dans la planche, c'est parce que le vase est poli et brillant et qu'une ligne lumineuse est venue le couper d'un large éclat.

2. G. Squier, *Peru*, p. 186.

3. Cette hypothèse est fondée sur la présence dans nos collections du Trocadéro de deux cuirasses de coton, piquées en carrés, qui ont été découvertes à Ancon.

4. J'aurais bien d'autres pièces à citer encore, si je ne voulais tenir compte que des sujets, et étendre mes comparaisons à toute la céramique du littoral péruvien. Notre collection de vases *à bas-relief* contient, en effet, beaucoup d'autres scènes de même ordre, et notamment celle de Squier, quelque peu simplifiée. On peut en voir aussi des variantes très intéressantes sur certains vases à bas-reliefs du Musée de Berlin (Cf. A. Bastian, *Aus der ethnologischen Sammlung der königlichen Museums zu Berlin* (*Zeitschrift für Ethnologie*, Bd. IX, p. 143-150, Taf. V, 1877).

5. G. Squier, *Peru*, p. 184.

6. W. Bollaert, *Antiquarian, ethnological and other Researches in New Granada, Equador, Peru and Chile*. London, 1860, 1 vol. in-8°, fig., p. 203.

7. G. Squier, *op. cit.*, p. 187.

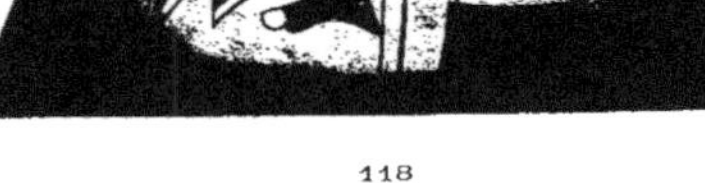

VASE A ANSE TUBULÉE, A FIGURES PEINTES, dit VASE SEGRESTAN.

Gran-Chimu.

N°s 119-122

CÉRAMIQUE CHIMU
TYPES HUMAINS

Les céramiques chimues, à figures peintes à plat sur une panse tout à fait lisse, sont relativement moins communes dans les collections d'antiquités américaines; le Musée du Trocadéro en possède néanmoins une centaine. Je citerai parmi les plus intéressantes, outre le *vase Segresian*, et les autres plus ou moins analogues, précédemment examinés, un vase en forme de gourde (n. 7275) sur lequel un oiseau de proie enlève un homme par les cheveux; un autre (n° 7008), où l'on voit d'autres oiseaux semblables se ruer sur une fosse ouverte où gît le cadavre d'un guerrier; un autre encore (n° 7006) dont la panse représente un soldat conduisant un prisonnier enchaîné par le cou, dont il porte les dépouilles au bout de sa massue. Puis ce sont une panoplie d'armes groupées autour d'un bouclier (n° 7009), une tête humaine dans un décor strié que contourne un croissant, (n° 2913) etc., etc.

Les vases à reliefs, de même provenance, sont infiniment plus nombreux, et notre collection n'en renferme pas moins de 256.

Ils représentent, je l'ai déjà dit, les sujets les plus variés, botaniques, zoologiques, etc., etc. On y trouve des légumes, des fruits, des animaux, etc., et la figure humaine, avec ses variétés locales, occupe dans la série une très large place.

J'ai pu remplir toute une armoire du Musée de vases du Chimu représentant des personnages fort divers; les huit sujets des planches XLI et XLII ont été choisis dans cette précieuse collection, pour leurs types, leurs attitudes, leurs costumes ou leurs accessoires.

Le premier (n° 119) est de Lambayeque [1] et provient des fouilles exécutées dans les huacas qui avoisinent cette ville par Léonce Angrand (n° 10862).

Voici en quels termes Longpérier en donnait la description dans son Catalogue du Louvre [2] : « Homme assis, portant sa main gauche à sa bouche, les yeux, les ongles sont peints. Le buste est revêtu d'une sorte de veste de couleur brune, rayée de blanc. Le reste est nu. Les oreilles sont percées... largeur 0^m,16, hauteur 0^m,33. » Et il ajoutait un peu plus bas : « Cette figure est entièrement creuse et a dû servir de vase : mais le bras droit étant brisé, on ne voit plus maintenant comment s'ajustait le col. »

Longpérier aurait pu dire quelques mots du type si caractéristique du personnage qu'il décrivait. Il devait parler notamment de cette forme spéciale de l'ouverture oculaire que l'on retrouve si fréquemment chez les Indiens d'Amérique et qui se caractérise par l'ampliation de la paupière inférieure, égalant, dépassant même en longueur la supérieure.

Le nez est court, un peu creux, le lobule est déprimé, les narines sont dilatées, les pommettes sont saillantes, le menton est lourd, et la face a la forme d'un losange.

La bouche grande et forte s'entr'ouvre légèrement et le pli génio-labial dessine vaguement un sourire, pendant que la main paraît envoyer un baiser [3].

---

1. Lambayeque, chef-lieu du petit département du même nom (au nord de celui de la Libertad, au sud de celui de Piura).
2. *Notice des monuments exposés dans la salle des Antiquités américaines, au Musée du Louvre.* 2e éd. Paris, 1851, p. 73, 99 et 104.
3. On trouvera plus loin la description d'un second vase de Lambayeque, représenté sous le n° 132 de la pl. XLV.

Les trois autres *huachus* de la planche XLII (Cat. du Musée, 7930, 7020, 7929) ont été trouvées par M. Droullion, alors agent consulaire de France à Truxillo, au cours de fouilles très fructueuses exécutées dans la nécropole de Moche, à 3 kilomètres au sud-est de ce chef-lieu.

La première (n° 120) adossée à un goulot qui lui sort obliquement du cou en s'évasant en arrière (haut o^m,28, larg. o^m,07) est à la fois peinte de rouge et de blanc et striée avant la cuisson à l'aide d'une coquille ou d'un bâtonnet. Un turban, obliquement rayé de minces lignes blanches geminées, s'enroule deux fois autour du crâne; un bandeau le recouvre et va se replier sur la nuque. Les cheveux longs tombent en lourdes masses en avant et en arrière des oreilles, séparés sur le milieu du dos, où l'on voit, incisée d'un petit décor vertical, la chemise blanche qui se montre en avant échancrée vers le milieu. Un jupon, serré par une corde représentée en creux, couvre le reste du corps qui paraît accroupi sur les genoux. Les deux grosses mains, en palettes, brunes aux ongles blancs, reposent, la droite sur la poitrine, la gauche sur le genou correspondant.

Le type est celui des Indiens actuels du littoral du département de Libertad, visage court et dilaté, grands yeux aux paupières égales, nez à peu près droit dont le lobule est un peu renflé et dont les narines s'épatent légèrement, bouche forte, grande, tristement grimaçante, plis génio-labiaux relativement accentués. Le menton est finement tatoué d'un décor qui dessine une série de losanges à peu près réguliers.

La seconde terre cuite de Moche (n° 121) est une simple cruche à tête humaine (haut. o^m,22, larg. o^m,14), mais l'exécution du visage, qui forme le devant du goulot, est enlevée à l'ébauchoir, avec une verve qui ferait honneur à un artiste européen. Cette figure pensive et triste a quelque chose d'attirant malgré sa vulgarité et son type, qui exagère la nature dans les courbures des paupières, la grosseur des narines, la lourdeur des pommettes, intéresse néanmoins vivement le visiteur.

Le front et les oreilles sont cachés par la coiffe blanche qui enveloppe la tête et ne laisse voir que deux masses de cheveux derrière la jugulaire qui serre le menton. Un grand manteau blanc couvre tout le corps, et une corde brune, dont on voit les deux bouts noués sur la poitrine, dessine sur le dos du sujet une sorte de huit de chiffre à anse inférieure nouée.

Les mains, en relief, se rejoignent vers le milieu de la panse.

La troisième terre cuite de Moche (n° 122) qui semble un portrait d'après nature avec ses yeux qui clignent, son nez triangulaire un peu froncé à gauche, sa bouche en arc de cercle et son long menton, nous montre un chef à sa toilette, les jambes entrecroisées. Son bonnet ou turban est orné d'une tête de pouma en relief, que surmonte un plumet étalé et aplati masquant le large goulot du vase. Les deux mains cherchent à nouer une mentonnière qui fixe le turban. Deux grosses touffes de cheveux blancs descendent sur le dos et passent dans la ceinture, après avoir décrit de longues anses symétriques.

119

120

121

122

CÉRAMIQUE CHIMU.

MOCHE, LAMBAYEQUE.

N° 123-126

CÉRAMIQUE CHIMU
TYPES HUMAINS

Les n°ˢ 123 et 124 (7015 et 7016 du Catalogue du Musée) proviennent l'un et l'autre des fouilles de M. Droullion à San-José Ascopa, dans la vallée de Chicama. Le premier est un vase tubulé de 0ᵐ,20 de haut et de 0ᵐ,13 de large en forme de personnage accroupi en tailleur, les mains sur le genou et la cheville gauches. Cette attitude rappelle celle des terres cuites figurées plus haut, trouvées au Cerro de las Palmas, à Tula, à Cholula, etc., et du bas-relief de marbre, du Yucatan[1].

Les engobes sont d'un rouge brun ou d'un blanc plus ou moins vif pour les vêtements, d'un rose jaunâtre pour la figure, les mains et les jambes. Le sujet est coiffé d'un turban plusieurs fois enroulé, maintenu par un fichu qui forme mentonnière et s'attache par un nœud au-dessus de la tête. Un autre nœud se ferme sur la nuque, et les bouts écartés tombent lourdement en arrière. Un enfilage de grosses perles fait le tour du cou et un pectoral blanc, découpé en forme d'oiseau, s'étale entre les seins.

Le vêtement se compose d'une veste échancrée sur le haut de la poitrine et dont les manches serrées sont galonnées de blanc et d'une sorte de caleçon s'arrêtant à mi-cuisse et fixé par une ceinture à bouts pendants.

Le n° 124 avec son nez aquilin et ses mâchoires massives est d'un tout autre type que le précédent, et rappelle plutôt les montagnards de la région voisine des Andes, dont M. Giglioli a donné un si bon portrait dans son beau volume[2]. Sa figure, ses mains, ses cuisses, au lieu d'être d'un rose jaunâtre, comme celles du n° 123, sont d'un brun rouge franchement accusé. Le personnage se tient aussi dans une pose toute différente : il est agenouillé, et ses mains écartées appuient sur la poitrine.

Le crâne est protégé par un bandeau à frontal losangique, qui forme couronne autour de la tête. Les oreilles sont garnies d'énormes disques à rayures concentriques. Il porte un long manteau moucheté de petits cercles, fabriqué peut-être avec une peau de jaguar, et sa tunique courte, décorée de bandes convergentes vers le bas, indiquées seulement par des lignes et des points, se termine par un large bord, de couleur blanche, où se dessinent en rouge des triangles et des crosses.

Le n° 125 (haut. 0ᵐ,21, larg. 0ᵐ,13), rapporté par M. Ch. Wiener du Gran-Chimu, tout près de Truxillo, offre le même type facial, un peu moins massif et un peu moins lourd des mâchoires. La face est peinte, comme les jambes, d'un décor noir qui rappelle celui de certaines tribus amazoniennes.

Le sujet est représenté assis : ses bras nus sont dans la même attitude que ceux du n° 124, la main gauche est toutefois un peu plus relevée que la droite et semble tenir quelque objet indéfinissable.

---

1. Voyez plus haut, p. 19 et pl. X et XXV.
2. E. H. Giglioli, *Viaggio intorno al globo della R. Pirocorvetta italiana* Magenta. *Relazione descrittiva e scientifica*. Milano, 1875-76, in-4°, p. 874.

La coiffure est une sorte de casque conique orné de rinceaux blancs, terminé en arrière en couvre-nuque carré, et maintenu par une jugulaire nouée sous le menton et dont les bouts descendent sur la poitrine. De lourds paquets de cheveux cachent entièrement les oreilles.

Un large collet blanc couvre une tunique sans manches dont la bordure est ornée de crosses blanches et rouges enchevêtrées. Les poignets sont garnis de bracelets de plumes (?) rouges et blanches. Enfin la pointe d'un mouchoir plié en triangle descend entre les cuisses.

Le n° 126 (haut. 0^m,23, larg. 0^m,13) qui vient de Moche, comme les n° 120 et 122 de la planche précédente, fait partie d'une petite collection recueillie par M. Ordinaire, vice-consul de France au Callao, et donnée par lui au Musée du Trocadéro en 1886 (n° du Catalog. 16081).

Avec ce précieux morceau de céramique, nous revenons au visage large et court, au nez petit un peu aplati du bout, aux narines élargies, aux lèvres fortes, à la peau plus claire, qui semblent caractériser le type des anciens Chimus[1]. L'homme est assis et tient de sa main droite une baguette à bout arrondi et sous son bras un tambourin long et étroit tout engobé de blanc. La bandoulière blanche qui supporte son sac est nouée sur la poitrine. La main gauche est armée d'un court fouet et repose sur le genou du même côté.

La coiffure, au dessus et en arrière de laquelle on aperçoit l'extrémité de la tubulure du vase, a la forme d'un de ces bourrelets en paille qu'on met aux jeunes enfants. Elle est ornée de dents de loup blanches et rouges. Le costume est une longue chemise qui ne découvre que l'extrémité des pieds.

1. M. E. H. Giglioli a donné une excellente figure représentant ce type moderne à la p. 875 de sa relation déjà citée du voyage de la *Magenta* : « Gli Indiani della costa, écrit le savant ethnographe..., mi parvero di carnagione più chiara, meno olivastra : e non ne vidi alcuno col naso aquilino grosso e assai caratteristico dei montaneri, anzi l'avevano piuttosto piccolo e diritto, colle narici scoperte. Avevano inoltre occhi più grandi e labbra più carnose. »

123

124

125

126

CÉRAMIQUE CHIMU.

GRAN-CHIMU, MOCHE, S. JOSÉ ASCOPA, ETC.

MASQUE, CONQUE ET TROMPETTES DE TERRE CUITE

(MOCHE)

Rivero et Tschudi ont donné des renseignements assez étendus sur la musique vocale et instrumentale des anciens habitants du Pérou. On voit, dans le chapitre qu'ils ont consacré à cette intéressante matière, que les Péruviens possédaient un orchestre assez varié, le *huayra-puruha*, espèce de syrinx ou de flûte de Pan, formée de tuyaux inégaux, juxtaposés, en pierre ou en roseau, la *chayna*, flûte grossière aux sons mélancoliques, une autre flûte appelée *pincullu*, le *huaycullu* ou flageolet, le *ccuivi* ou siffleur, la *cquappa* ou trompette, la *tinya*, guitare à cinq ou à six cordes, le *huancar* ou tambour, les *chilchiles* et les *chancares*, tambours de basque et grelots [1].

Le *huayra-puruha* nous est connu par la célèbre pierre de talc jaunâtre décrite par Humboldt et dont Rivero a donné une bonne figure [2]. On le retrouve, plus ou moins grossièrement figuré sur un certain nombre de terres cuites de la côte et de l'intérieur. Ainsi, par exemple, un vase noir lustré de la collection Drouillon, trouvé à Moche (*Mus. d'Ethnogr.*, nᵒ 7945) montre une bande de danseurs grossièrement modelés en basrelief, tournant au son de deux flûtes de Pan à quatre tuyaux décroissants. Un beau vase peint de Truxillo, de la collection Macedo, reproduit à peu près le même motif au milieu d'une pompe religieuse [3]. Un autre vase noir, à anse tubulée, de la collection Lemoine (nᵒ 21084), représente un virtuose qui joue d'un instrument semblable composé de six tubes. Un quatrième vase, copié par M. Ch. Wiener et venant de Chavin de Huantar, montre une autre variété de *huayra-puruha* comprenant dix tuyaux [4].

Diverses *huachas* des collections Angrand, Maturana, etc., nous montrent d'autres musiciens jouant le *huaycullu*, ou le *ccuivi*. Sur un grand flacon à anse de la nécropole de Santiago de Cao donné par le Dʳ Macedo à notre Musée (nᵒ 2700), on voit deux personnages, battant d'une main avec un bâton à grosse boule une sorte de caisse étroite ou de tambourin que l'autre main retient solidement en avant de la poitrine.

Enfin notre Musée américain possède sous le nᵒ 21452 une bouteille de terre cuite du Gran-Chimu, sur le ventre de laquelle se déroule une danse animée dont les acteurs agitent de volumineux grelots.

J'aurais pu représenter quelques-uns de ces curieux vases, le dernier, en particulier, dont les détails sont fort intéressants. Mais, obligé de me restreindre, j'ai préféré donner les instruments eux-mêmes que nous possédons, et dont les fouilles heureuses de M. Drouillon à Moche ont porté le chiffre à trois.

La planche XLIV, réservée à la musique du Pérou, reproduira donc seulement des *cqueppa* en terre cuite, l'un en forme de conque marine, les autres affectant à peu près le type des anciens cornets de diligence. Hâtons-nous de dire que ces deux sortes d'instruments à vent ont tout juste les mêmes sons harmonieux que les trompes de terre cuite de notre Carnaval parisien.

Le nᵒ 128 est une conque en terre fine, longue de 0ᵐ,21 et large de 0ᵐ,15, engobée de rouge à son embouchure et d'un blanc jaunâtre partout ailleurs. Elle imite assez bien les caractères de la coquille des strombes [5].

---

1. *Trad. cit.*, p. 123-125.
2. *Atl. cit.*, pl. XXXII.
3. Ch. Wiener, *Pérou et Bolivie*, p. 706.
4. Id., *ibid.*, p. 203. — La *zampona* représente cet instrument dans l'ethnographie actuelle (Ch. Wiener, *loc. cit.*, p. 197).
5. M. G. Marcel, de la Bibliothèque nationale, a récemment présenté à la Société des Américanistes de Paris, une autre conque pareille à la nôtre, un peu plus volumineuse toutefois et ornée d'un décor noirâtre d'une certaine élégance.

Les n°s 129 et 130 sont deux cornets, aussi en terre cuite, dont la courbe décrit un tour de spire en son milieu. Le premier (n° 7934 du Cat.), plus court (0^m,30) terminé en gueule de carnassier, est rayé et tacheté de blanc ; le second, beaucoup plus allongé (0^m,445) à pavillon conique, est aussi engobé de ci de là de blanc strié légèrement de noir.

Les embouchures des instruments sont toutes les trois du même type, formées d'une petite cavité à peu près hémisphérique, communiquant par un orifice circulaire relativement rétréci avec la colonne vibrante.

La planche XLIV se complète par la reproduction d'un masque (n° 127) trouvé avec les trompes et qui constitue sans doute avec ces engins bruyants le mobilier funéraire de quelque histrion chimu.

Ce masque, haut de 0^m,153, large de 0^m,170, est assez adroitement modelé. Les yeux horizontaux, aux paupières à peu près égales, sont de dimensions moyennes (larg. 0^m,03). La bouche, aussi ouverte, est relativement plus large (0^m,045) ; le nez retroussé a ses narines largement ouvertes, et des traces de peinture noire salissent les deux joues rebondies.

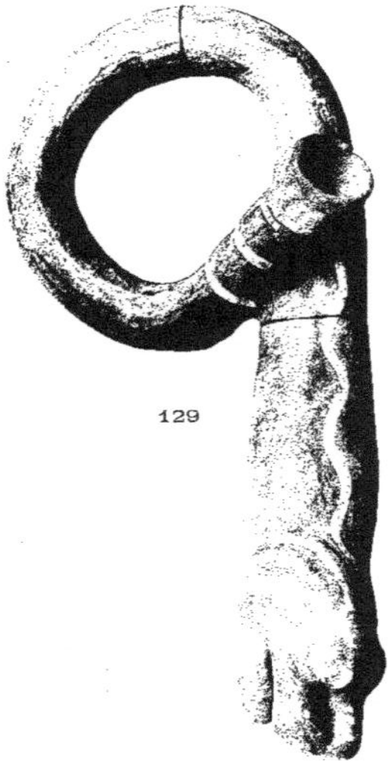

127

129

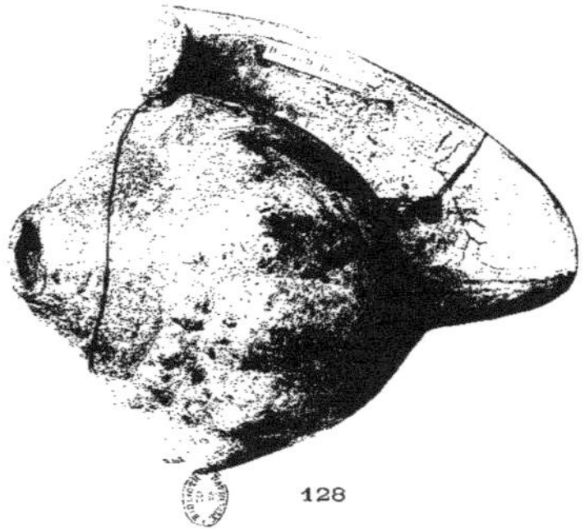

128

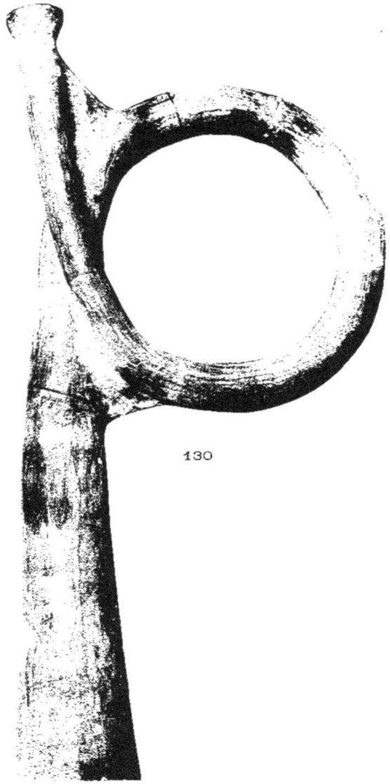

130

MASQUE, CONQUE ET TROMPETTES.

Moche, Pérou.

PLANCHE XLV

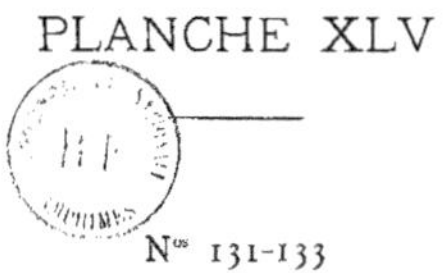

N°s 131-133

CÉRAMIQUES CHIMU ET YUNCA

Toutes les œuvres d'art des anciens Chimus que l'on vient de passer en revue sont uniformément exécutées à l'aide d'une terre non tournée, bien homogène, dont la cuisson est également poussée à travers toute l'épaisseur, et qui, à la cassure, montre des surfaces d'un beau rouge, égales et sans vacuoles.

Ces habiles céramistes confectionnaient avec la même habileté technique d'élégantes poteries noires extraordinairement minces, lustrées avec une dextérité remarquable, et donnant une cassure compacte et homogène.

Ces poteries noires reproduisaient toutes les formes des poteries rouges, vases à anses tubulées, fioles à long goulot, cruches en façon de personnages, cassolettes, plats creux, marmites, etc., etc.

Elles servaient, en outre, plus particulièrement à la fabrication de certaines poteries d'une complication recherchée, à laquelle la terre noire se prêtait plus volontiers que la rouge[1].

C'est presque exclusivement en terre noire que l'on a exécuté tout le long de la côte des Chimus, et jusque chez les Yuncas du nord, ces vases bizarres et délicats dont la panse se répète symétriquement jusqu'à trois et quatre fois, ou encore ces petites scènes de genre qui groupent autour d'un col de vase plusieurs personnages en action[2].

La figure 131 reproduit, à peu près de grandeur naturelle, un de ces groupes empruntés à l'ancienne collection Lemoine acquise jadis par le Musée du Louvre.

Quatre personnages composent ce curieux ensemble de figures : deux portefaix soulèvent un hamac solidement suspendu à une forte barre, un personnage est couché dans l'appareil et un autre maintient de la main droite le bord du filet pour en régler les oscillations.

Les trois serviteurs ont les traits anguleux des *montañeros*; leur costume consiste en un bonnet conique que les porteurs ont assuré à l'aide d'une jugulaire et une large ceinture qui passe entre les jambes et retombe carrément en avant où elle se termine par une frange. Le personnage couché porte le même bonnet à jugulaire et une longue blouse.

Le petit groupe est monté sur un récipient carré long (long. 0^m,102, haut. 0^m,08, épais. 0^m,105) qui communique par une large tubulure avec un second récipient globuleux (diam. 0^m,10) et aplati que surmonte un long col étroit (haut. 0^m,19). Une anse plate, jetée entre ce tube et le dos du portefaix d'arrière, se termine par un renflement qui communique par le tronc du petit homme avec le récipient carré. Ce renflement est percé en embouchure de sifflet.

Que l'on remplisse à demi d'un liquide quelconque les vases communiquants et qu'on incline celui des deux que surmontent les personnages, l'air chassé du récipient devra sortir par le trou du sifflet et chaque bulle en s'échappant fera entendre un léger bruit[3].

Les Espagnols distinguent depuis longtemps ces vases si particuliers sous le nom de *silvadores* (vases siffleurs) et ce mot a passé dans la nomenclature archéologique américaine.

---

1. J'ai placé, face à face, dans un des compartiments de la galerie américaine du Trocadéro les céramiques *rouge* et *noire* des anciens Chimus, et le parallélisme des deux fabrications ressort d'une manière tout à fait frappante de la comparaison entre les deux séries ainsi mises en regard.

2. Il ne faut cependant pas oublier que le Dr Macedo a acquis de M. Agostin Icaza, propriétaire à Recuay, cent cinquante vases trouvés par celui-ci dans des grottes sépulcrales ouvertes à l'est de cette localité. Ces pièces sont tout aussi compliquées que les vases noirs de Truxillo, etc., modelées en terre rouge engobée de blanc, mais plus curieuses pour l'ethnographe que pour l'artiste. On ne saurait, en effet, en comparer, même de loin, la technique à celle des poteries noires dont la figure n° 131 est un si remarquable spécimen. Les poteries de Recuay sont presque toutes au *Museum für Völkerkunde* de Berlin. M. Wiener en a figuré seize d'après des photographies obtenues de M. Macedo (*op. cit.*, p. 597, 603, 610, 618, 624-626, 674, 718-721 et 728. — Cf. *Revue d'Ethnogr.*, t. I, p. 68-71, 1882).

3. Ce sifflement varie à peine d'un vase à l'autre. Si M. Wiener avait eu à sa disposition, quand il a écrit son volume, la collection d'une soixantaine de *silvadores* du Musée d'Ethnographie, il n'aurait certes pas affirmé, comme il l'a fait à la page 629, qu'*une habile disposition du sifflet reproduit avec une fidélité remarquable les cris de différents animaux et imite avec justesse même la voix humaine.*

Un second silvador, en terre noire, haut de 0^m,24 et large de 0^m,18, est vu de côté sous le n° 132. Ce vase trouvé à Lambayeque par Angrand, comme le n° 119 de la planche XLII, est à panse angulaire, monté sur un pied peu élevé. « Sur la calotte supérieure, dit Longpérier[1], est placée une figure d'homme debout, le cou entouré d'un collier, les oreilles ornées de grandes boucles en forme de cônes proéminents; la tête coiffée d'un bonnet surmonté de deux longues aigrettes qui retombent à droite et à gauche[2]. Cet homme souffle dans un instrument (sorte d'*ocarina*) qu'il tient de la main droite, tandis que de la gauche il conduit en laisse un chien. Cette figurine est reliée par une anse plate à un goulot tubulaire ».

Le n° 133 est une gamelle en terre d'un jaune rougeâtre de 0^m,17 de diamètre, à bords légèrement évasés et à fond convexe. Ce récipient est épais et lourd, assez rudement lissé à l'intérieur pour prendre l'aspect d'une pièce grossièrement tournée, et décoré à l'extérieur de losanges et de croix à doubles contours peints en rouge brun.

Au milieu du vase, un petit groupe surgit composé d'un lama bridé et de son conducteur grossièrement soudés au fond de la cavité L'homme, court et trapu, la tête dans les épaules, caresse le dos de l'animal, qui gronde de plaisir et dresse les oreilles.

Cette pièce, unique dans son genre, a été offerte au Musée d'Ethnographie par mon ami le professeur E.-H. Giglioli, de Florence, qui l'avait trouvée dans les fouilles qu'il a faites au cours du voyage de la *Magenta* à la huaca Perez, à proximité de Lima[3]. C'était peut-être quelque *chef-d'œuvre* de céramique inhumé avec son auteur! Ou bien avait-on voulu mettre au service du défunt serviteur et monture prêts à l'assister l'un et l'autre dans une autre vie peu différente de celle dont il terminait le cours?

Quoi qu'il en soit, ce vase composé donne une bonne idée de la céramique des Yuncas sensiblement inférieure, d'une manière générale, à celle de leurs voisins du nord, dont elle dérive en partie d'ailleurs, tout en présentant certains types qui lui sont propres, ceux entre autres que va représenter la planche suivante.

1. *Notice*, p. 104.
2. On rapprochera cette coiffure de celles que représentent quelques-uns des fragments de tapisseries figurés plus loin.
3. Enrico H. Giglioli, *Viaggio intorno al globo della R. Pirocorvetta italiana* Magenta. Milano, 1876, in-4°, p. 878 et n° 5 de la planche d'antiquités de la p. 886.

131

133

132

CÉRAMIQUE CHIMU.

Silvadores, etc.

N°s 134-135

GRANDS VASES A CHICHA

(Chancay, Pérou)

Le désert de sable qui s'étend entre les rivières de Chillin et de Chancay, au nord du Callao, cache sous ses collines ondulées des nécropoles immenses où gisent, classées en diverses catégories mortuaires, des myriades de momies, plus ou moins enfoncées dans les profondeurs du sol. A Ancon notamment et à Chancay l'*arenal*, constamment fouillé depuis de longues années, donne encore, chaque jour, aux nègres qui l'exploitent, de nombreux monuments des divers temps de la civilisation incasique.

Les morts couverts d'épaisses couches d'étoffes, le crâne protégé par une sorte de tête postiche peinte en rouge, sont placés dans une attitude accroupie, au milieu d'une chambre quadrilatère[1] qui communique avec le monde extérieur par un puits carré, de plusieurs mètres de longueur. Autour de la momie est disposé un matériel, abondant et varié, où dominent les ustensiles en terre, écuelles, cruches, etc.

Qu'un sondage heureux fasse reconnaître l'existence d'une de ces chambres mortuaires, on rencontrera plus ou moins bas, au-dessous d'un toit en poutrelles couvertes de roseaux, les momies, entourées de toutes sortes d'objets usuels, qui leur étaient offerts pour les besoins d'une autre vie.

La plupart des vases exhumés dans ces conditions sont d'une terre rouge, assez mince et bien cuite, atteignant parfois de grandes tailles, couverts d'engobes variées et ornés d'un décor tantôt peint et tantôt en relief.

Feu M. Quesnel, négociant français à Lima, qui a longtemps fréquenté les *arenales* où il s'est fait une superbe collection qu'il a bien voulu nous offrir[2], avait remarqué que les terres cuites qu'il trouvait vers Chancay étaient habituellement revêtues d'une engobe blanchâtre, sur laquelle les potiers indigènes avaient appliqué des décors d'un noir violet. Il en a conclu à l'existence d'une ancienne industrie locale, dont les produits se seraient répandus assez loin en suivant la côte, mais sont surtout accumulés dans les tombes de Chancay ou des localités voisines.

J'ai choisi, pour représenter ce type industriel important, les deux cruches que l'on peut voir sur la planche XLVI. Ces deux pièces, trouvées à Chancay, l'une par le M. Dr Macedo, de Lima, l'autre par feu M. Quesnel, donnent une idée fort juste du galbe et du décor de ces curieuses poteries.

Le vase de gauche (Coll. Macedo, n° 11590), haut de 0^m,45 et large de 0^m,32, régulièrement ovoïde, avec deux petites anses plates ouvertes perpendiculairement sur les côtés, se termine par la figure d'un jeune oiseau en relief, qui supporte le col de la cruche, très court et un peu évasé (diam. 0^m,11). L'animal, dont le bec et les yeux sont très accusés, porte un collier orné de trois petits pendants. Il soulève ses courtes ailes encore imparfaites et de ses pieds s'appuie sur le haut de la panse. Le dessus de la tête, le dos entier et le bas du col sont revêtus d'une couche de peinture d'un noir violet; tout le reste du vase est simplement engobé de blanc.

Le vase de gauche (Coll. Quesnel, n° 11591) est, au contraire, couvert du haut en bas de décors violacés. Haut de 0^m,51, large de 0^m,42, il est ovoïde comme le précédent, mais fort aplati, muni des mêmes anses latérales et surmonté aussi d'un animal qui supporte un orifice large de 0^m,125. Cet animal est un

---

1. M. Wiener a brièvement décrit une de ces chambres qui mesurait 2 mètres de long sur 6 de large et dont le plancher était à plus de 11 mètres de profondeur (*op. cit.*, p. 50).

2. Cf. Ch. Wiener, *Pérou et Bolivie*, p. 42-43 et 54.

félin, modelé avec beaucoup de négligence; il a de grands yeux et de larges oreilles et ses pattes torses appuient sur le haut de la panse.

Un peu au-dessous du col, deux petits personnages en relief, coiffés de longs bonnets coniques, se détachent sur un fond blanc hexagonal, entouré d'un cadre peint. Le reste du décor se compose de doubles lignes perpendiculaires ou obliques, dans lesquelles sont figurés de petits poissons, des cercles centrés d'un point, et de courtes volutes.

A la face postérieure de larges bandes verticales sont peintes à côté de lignes plus petites ornées de points en épaisseur.

Le Musée d'Ethnographie possède un certain nombre de grandes pièces plus ou moins analogues à celles dont il vient d'être question. Un très grand vase de forme ovoïde attire particulièrement l'attention des visiteurs par ses dimensions exceptionnelles; il n'a pas moins de $0^m,60$ de haut et de $0^m,45$ de large. Noir dans sa moitié inférieure, engobé de blanc dans la supérieure, il est orné à droite d'un large quadrillé à double contour, à gauche de lignes obliques alternant avec des serpentins.

Je citerai encore une gourde très aplatie, qui atteint $0^m,53$ en hauteur et dont les diamètres égalent respectivement $0^m,23$ et $0^m,39$. Les anses verticales s'attachent à la partie plus large, un puma en relief se dresse au-dessous du col, et un décor géométrique aligne ses triangles, tout le long de la panse.

Puis ce sont une grosse cruche ovale, dont le col a la forme d'une coupe, et où de grands échassiers cernés de doubles cercles, s'enlèvent sur un fond brun taché de disques blancs; une autre, surmontée de personnages en relief et ornée de poissons schématiques montant entre des lignes obliques : une autre supportant deux singes en relief, tout engobée de blanc; une autre encore avec une tête humaine formant le col et de tout petits bras recroquevillés au-dessous; une autre enfin que décorent des rayures, des serpentins et des triangles.

Les vases de même fabrique, de taille plus petite, sont infiniment plus nombreux, mais copient presque tous dans leur cuisson et leur engobe, leurs reliefs et leurs peintures, les spécimens de grand format, que les fouilles du Dr Macedo, de Quesnel, de M. Wiener ont accumulés depuis vingt ans entre mes mains.

VASES A CHICHA.

Chancay, Pérou.

N° 136

MOMIE DE FEMME

(Santa-Rosa, près Lima)

Tout a été dit, ou bien peu s'en faut, sur les rites funéraires des anciens indigènes du littoral péruvien, et de ceux en particulier, qui inhumaient leurs morts dans les *arenales* des rivages voisins de Lima. Des milliers de sépultures ont été ouvertes à Pachacamac, à Infantas, à Ancon, à Chancay, etc., etc., et des archéologues compétents et attentifs, à la tête desquels il convient de placer MM. W. Reiss et A. Stübel, ont inventorié, décrit, figuré d'énormes mobiliers funèbres, classés et conservés dans quelques grands musées d'Europe et d'Amérique[1].

Le Musée du Trocadéro est particulièrement bien partagé : il a recueilli en effet la plupart des collections formées sur la côte du Pérou par les explorateurs français, et il peut montrer avec orgueil une suite de pièces fort remarquables exhumées depuis un peu plus d'un siècle, et qui commençant avec la série que Dombey a rapportée de Pachacamac en 1785 ne s'arrête qu'avec les derniers numéros de la collection Quesnel provenant d'Ancon (1883).

La planche XLV et les planches suivantes montreront quelques-uns des objets les plus intéressants de ces riches collections. La première représente la momie bien connue depuis 1877 de tous ceux qui s'intéressent aux choses américaines sous le nom de *Momie de Santa-Rosa*. Elle a été découverte et rapportée par M. Léon de Cessac, chargé d'une mission scientifique au Pérou.

C'est une momie de femme parfaitement conservée, qui mesure 0^m,65 de hauteur des ischions au vertex, et 0^m,27 d'écartement aux épaules. Les cheveux longs et bruns sont maintenus par une résille analogue à quelques-unes de celles dont MM. Reiss et Stübel ont publié les figures; un turban en laine brodée tourne autour et serre contre la tempe gauche un bouquet de plumes de *chrysotis*[2].

La bouche est bourrée de laine de lama et obturée par une plaque d'argent rectangulaire fortement oxydée[3]. Une chemise en coton à manches courtes brodée en fil d'agave est serrée par une sorte de scapulaire dont le devant est orné d'une mosaïque de plumes de divers oiseaux et notamment de perroquets du genre *Ara*, tandis que le dos est fait d'une bande de tapisserie et d'une résille. Un petit sac en laine brochée est jeté sur les épaules. Des bagues d'argent, faites d'une mince lame de métal, entourent tous les doigts des mains et de fines espadrilles chaussent les deux pieds du sujet.

On voit dans la même vitrine à côté de cette momie de dame richement parée la misérable momie d'une pauvre femme de Chancay, couverte en partie seulement d'une méchante cotonnade et liée d'une corde grossière, puis des têtes de momies, dont une a conservé sa peinture faciale écarlate, tandis qu'une autre se pare d'énormes disques d'oreilles en bois léger, attachés extérieurement sur les enveloppes céphaliques.

Dans un meuble peu éloigné se trouve exposée une autre momie, la dernière qu'ait trouvée M. Quesnel, remarquable par l'agencement des ustensiles de tissage, qu'elle porte accrochés autour d'elle, et par la belle série de vases d'argent qui l'accompagnaient et dont nous reparlons plus loin. J'ajouterai que dans une autre vitrine voisine on peut voir, autour d'une momie accroupie, une restitution complète d'une petite chambre

---

1. MM. Reiss et Stübel ont fait connaître leurs trouvailles dans une splendide monographie, ornée d'une quantité de superbes planches en couleur, et qui est intitulée : *Das Todtenfeld von Ancon in Peru. Ein Beitrag zur Kenntniss der Kultur und Industrie des Inca-Reichs, nach den ergebnissen eigener Ausgrabungen* von W. Reiss und A. Stübel. Berlin. 1880-1887, 3 vol. in-folio.

2. Cf. W. Reiss und A. Stübel, *op. cit.*, Taf. 21, 34, 77, u. s. w.

3. J'ai observé ce rite particulier pour la première fois sur une momie péruvienne envoyée à la Société d'Anthropologie en 1860 par le Dr Moreno Maïz, de Lima.

funéraire d'Ancon. Le mort, paqueté et ficelé, a encore les grosses cordes croisées sous son bassin, qui ont servi à le descendre dans sa fosse. Masqué d'un petit oreiller carré en coton rouge, orné d'yeux en coquille, d'un nez taillé en bois et d'oreillères de roseaux, il porte sur la tête un bonnet plat, carré, en paille tressée, et devant la poitrine une enseigne funèbre en cotonnade peinte. Tout autour du corps desséché s'alignent des vases funéraires représentant ses proches dans l'attitude de l'offrande, de la déprécation ou de la douleur, et d'autres récipients encore contenant la chicha, le maïs, etc., puis des coquilles de spondyle qui renferment des matières colorantes, un lama de terre cuite, une bride, une massue de bois, en forme de palette, pour chasser les mauvais esprits, etc., etc.

TÊTE POSTICHE D'UNE MOMIE D'ANCON
(Coll. Wiener, nº 4140).

Chacune de ces différentes pièces du mobilier funéraire se retrouve, avec ses variétés, dans l'armoire correspondante, au dessus de la momie de Santa-Rosa. On voit là des masques rouges de plusieurs types, ornés parfois d'argent (nº 4140), des yeux postiches en argent, en cuivre ou en coquille, des nez en bois, des oreillères aussi en bois ou en métal, des semelles de cuivre et d'argent, etc., etc. Dans le haut de la vitrine, une collection de ces vases à têtes humaines, dont j'ai parlé plus haut, nous montre les oblations, les prières, les douleurs symbolisées tout autour du défunt.

Enfin dans une vitrine plate, j'ai exposé une main de momie de femme (nº 4643) avec ses bagues encore en place, une collection de bagues d'argent, pouvant atteindre jusqu'à 0ᵐ,019 de largeur, et dont la meilleure est élégamment estampée (nº 4568), puis des colliers, des bracelets, etc., etc.

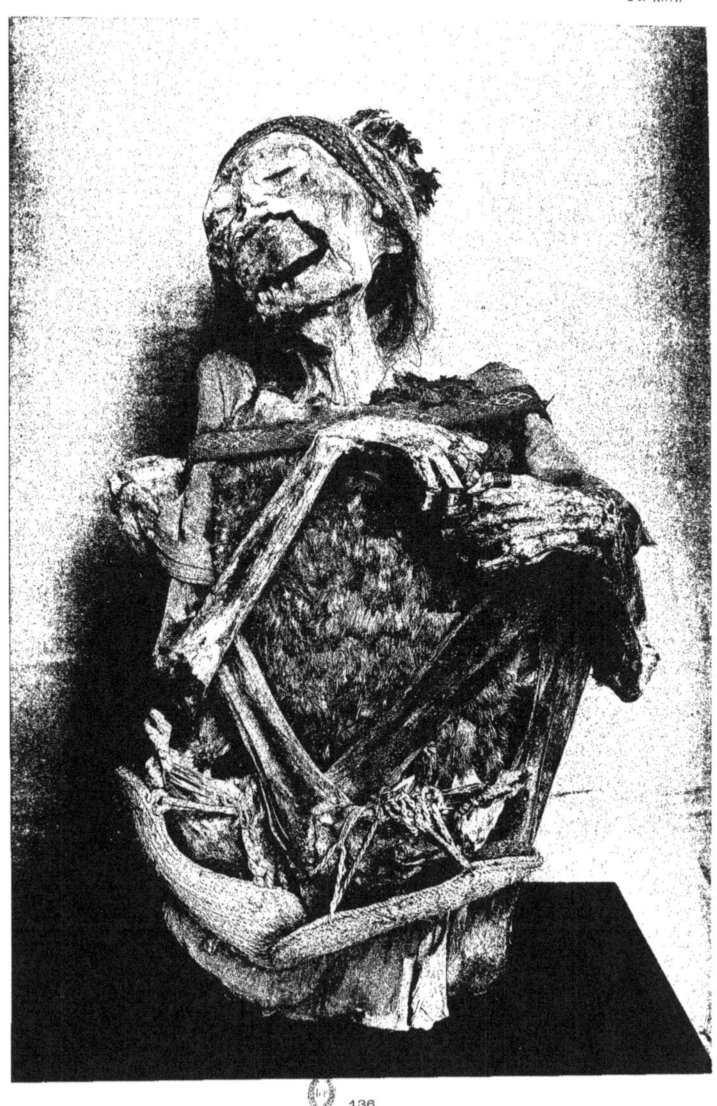

136

MOMIE DE FEMME RICHE.

Santa-Rosa, près Lima.

N° 137

TUNIQUE EN COTON BRODÉE EN LAINE

PACHACAMAC (PÉROU)

Presque introuvables sur les plateaux mexicains, très rares au Cundimarca[1], peu communes dans les hautes vallées de l'intérieur du Pérou[2] dont les conditions de conservation sont généralement médiocres, les étoffes se rencontrent, au contraire, en très grande abondance dans les sépultures du littoral péruvien, où une chaleur constante et une sécheresse exceptionnelle les ont préservées de la décomposition. Ce sont de grandes pièces de cotonnades unies ou rayées qui enveloppent les momies, en manière de suaires ou de linceuls, d'autres tissus moins grossiers, doublant les précédents; des costumes habillant les morts des deux sexes, manteaux, tuniques, chemises ou chemisettes, ceintures, bandeaux de tête, enfin divers accessoires, sacs, sachets, etc.

Les Musées de Madrid, de Berlin, de Paris, de Lille, et bien d'autres encore possèdent des séries considérables de ces diverses choses recueillies principalement dans les nécropoles maritimes voisines de Lima, Ancon, Pachacamac, etc. J'ai choisi, pour en reproduire la figure, entre plusieurs centaines de pièces intéressantes, la tunique brodée qui porte le n° 137 de l'Album, non seulement parce qu'elle donne une bonne idée du tissage et de la broderie péruviennes en général, mais aussi parce qu'elle offre, jusqu'à un certain point, un *caractère historique*. Elle provient, en effet, des premières fouilles véritablement scientifiques qui aient été exécutées au Pérou, et c'est Dombey, le voyageur naturaliste bien connu, qui l'a apportée au Cabinet du Roi, en janvier 1786[3]. Elle porte sur son catalogue le n° 52 et est étiquetée de sa propre main : *Tunique d'une vierge ou vestale du temple de Pachacamac.*

Cette tunique, qui mesure $0^m,83$ environ de hauteur, dépasse un peu $1^m,20$ d'envergure, d'une manche à l'autre. Elle est composée de deux lés d'un mince tissu de coton blanc assez régulièrement tissé, cousus ensemble en surjet, fermés sur les côtés et aux épaules par d'autres coutures semblables, et laissant une large fente verticale pour passer la tête et deux autres, moitié moindres, où viennent s'adapter les manches.

Les deux lés à peu près symétriques qui forment le corps de la tunique sont décorés de façon toute semblable. A la jonction du tiers supérieur et du tiers moyen une large bande de tapisserie de $0^m,06$ à $0^m,08$ de hauteur, déroule horizontalement sept bandelettes de couleur rouge, marron et jaune; la médiane, un peu plus large, semée de petits oiseaux rouges.

Au-dessous de cette bande, quatre personnages, deux en avant, deux en arrière, hauts de $0^m,37$, larges de $0^m,32$, exécutent une sorte de danse sacrée. Leur aspect général rappelle exactement celui de l'image de Manabi précédemment figurée et décrite[4], c'est-à-dire qu'ils ont ces allures anguleuses qu'impose le tissage à toute figure animée : face triangulaire, membres coudés à angle droit, pieds et mains en rateau, zébrés de jaune, de marron et de rouge, etc.

---

1. E. Uricoechea, qui avait fouillé un grand nombre de tombeaux sur le plateau de Bogota, possédait dans la collection considérable qu'il avait réunie un seul morceau de tapisserie ancienne (E. Uricoechea, *Les Chibchas de la Colombie* in *Congr. Internat. Sc. Géogr.* Paris, 1875, t. I, p. 312).

2. Voyez plus haut pl. XXXIII.

3. Cf. E.-T. Hamy, *Les origines du Musée d'Ethnographie*, p. 18 et 72.

4. Voyez plus haut, pl. XXXI.

L'ensemble du corps est en laine marron, la figure en laine rouge, la sclérotique, les dents se détachent en laine jaune, la pupille enfin est pointée de rouge, cerclé de marron ou de noir. Les oreilles, de couleur marron, cernées de rouge, s'écartent de la tête.

La coiffure est une sorte de casquette plate et large, jaune bordée de marron, ornée de longues touffes qui retombent sur les côtés; le cou est entouré d'un collier rouge; le corps, vêtu d'une courte blouse tissée de trois trapèzes concentriques, jaune, rouge, brun.

La bande qui limitait en haut le champ dans lequel s'agitent nos quatre danseurs, se répète au-dessous d'eux et à la même distance.

Toute cette décoration est superficiellement brodée sur le coton qui forme le fond de l'étoffe. Seules les deux bandes supérieure et inférieure sont de vraie tapisserie à deux faces et à renversement, la bande centrale de marron devenant rouge et les oiseaux qui s'y dessinent passant, au contraire, du rouge au marron.

La galerie américaine du Trocadéro possède plusieurs autres échantillons d'étoffes plus ou moins comparables à celle que je viens de décrire [1].

Le plus important de ces spécimens est une grande pièce de coton, sur laquelle sont brodés en laine brune, neuf grands danseurs, disposés symétriquement sur trois rangs, comme les neuf quilles d'un quillier. Ils sont plus larges (0^m,40) que hauts (0^m,32). Leurs bandeaux de plumes se développent en travers; leurs oreillères, dirigées en dehors, s'écartent de la face, et les membres s'étalent au large en moignons hexagonaux.

Tout le corps est brodé de brun, la face seule est rouge et les yeux et la bouche s'y détachent en jaune clair. On distingue les pupilles au milieu des cercles oculaires et les dents accentuent leurs pointes grossières à l'intérieur du cercle labial.

De petits oiseaux bruns, jaunes et blancs alternent sur la bordure rougeâtre qui fait le tour de la pièce.

On retrouve des bordures analogues, brodées ainsi en laine, autour de plusieurs autres pièces de cotonnades exhumées comme les précédentes des nécropoles maritimes du département de Lima. La partie brodée se restreint encore dans d'autres morceaux qui ne nous montrent plus que des figures décoratives isolées, oiseaux, poissons, etc., disposées en lignes ou en coins, ou formant des semis plus ou moins espacés, mais conservant toujours leurs allures géométriques.

La matière brodante, si l'on peut parler ainsi, se modifie elle-même et la laine du lama fait place, par exemple, à la fibre de l'agave, teinte de couleurs brillantes, et qui prend l'aspect de la soie. La collection du Musée d'Ethnographie est extrêmement riche en échantillons ainsi façonnés.

[1] Ils sont toutefois beaucoup plus rares que ceux dont il sera question plus loin.

137

TUNIQUE EN COTON, BRODÉE EN LAINE.

PACHACAMAC, PÉROU.

N°s 138-139

PANNEAU
DE TAPISSERIES PÉRUVIENNES
HOMMES ET ANIMAUX

Dans les étoffes dont il vient d'être question, la chaîne et la trame s'entrelaçaient régulièrement à angles droits et le décor en échiquier était obtenu à l'aide d'une broderie surajoutée. Celles que nous allons maintenant décrire ont été façonnées à l'aide d'un procédé fort différent. Les fils de chaîne étant parallèlement tendus entre deux minces baguettes, et serrés à raison de huit à dix par centimètre, la trame est conduite par petites portions correspondantes à des pièces d'une seule et même couleur, dont les contours transverses ou obliques font corps avec la chaîne, tandis que les bords verticaux, suivant celle-ci sans la croiser, laissent tout le long de chaque empiécement une ouverture parallèle à la chaîne et plus ou moins allongée (*open work* des archéologues américains)[1] que l'on est obligé de fermer, l'ouvrage une fois terminée, à l'aide de petits points passés de distance en distance d'un bord à l'autre de la fente.

A une exception près, les pièces groupées sur le panneau reproduit dans la planche XLIX, les cinq autres réunies sur la planche L ont été ainsi façonnées avec plus ou moins de délicatesse.

Les deux bandes de tapisseries à créneaux engagés, blancs et rouges, que l'on voit des deux côtés du châssis supérieur sont d'excellents exemples de cet *open work*; toutes les lignes perpendiculaires, parallèles à la chaîne, sont en effet largement séparées au changement de couleur, et la trame revient sur elle-même à la naissance des créneaux, des têtes, des yeux et des dents des animaux représentés. Ces animaux sont des poumas, la tête vue de face et le corps montré fort exactement de côté, de sorte que chacun des membres dont on voit le profil masque exactement le membre correspondant du côté opposé, ce qui donne au premier abord des silhouettes d'oiseaux à queue de félins assez embarrassantes. Ces carnassiers se détachent en blanc sur le fond rouge, en jaune sur le fond blanc; les yeux et les dents des uns sont jaunes et ceux des autres sont rouges[2].

Les coins brodés de Pisco, département de Iça[3], qu'on voit dans le même panneau entre les bandes dont il vient d'être question, sont travaillés de même; c'est-à-dire que tous les changements de couleur dans le sens de la chaîne correspondent à une fente. Un escalier traverse obliquement la plus petite de ces pièces : des têtes de poumas, jaunes et noires, sur fond rouge, des poissons jaunes cernés de rouge, en complètent le décor. Sur la plus grande, des poumas, rouges et jaunes, se profilent sur un fond bleu; leurs yeux et leurs dents alternativement jaunes ou rouges cerclés de noir; l'angle est couvert d'une décoration compliquée de dents de scie, de serpents et d'oiseaux, rouges, jaunes, gris, bleus, et le tout est bordé d'une petite bande de tapisserie rapportée et roulée[4].

Un tout petit fragment découvert à Pachacamac par M. Wiener (n° 4512) nous montre des cerfs de la

---

1. Cf. W. H. Holmes, *Textile fabrics of Ancient Peru*. Washington Governm. Print. Off., br. in-8°, 1889, p. 12-13.

2. Ces deux pièces (n°s 4502 et 4503), trouvées à Moche (département de Libertad), par M. Ch. Wiener, ont été figurées dans son livre souvent cité déjà (*Pérou et Bolivie*, p. 638).

3. Cf. Ch. Wiener, *ibid*, p. 637.

4. Un autre coin, trouvé à Ancon par Quesnel (n° 4543), décorait l'extrémité d'une pièce de coton brunâtre. L'ornement est composé d'un escalier jaune où sont figurés des fourmiliers (?), des canards, des poumas, des canards encore, d'autres poumas enfin de diverses couleurs.

Cordillère ; les bois cernés de noir ou de brun[1] sont parfaitement reconnaissables, les couleurs alternent (corps rouge et pattes jaunes, corps jaune et pattes rouges).

Deux autres morceaux, qui ont fait partie de bordures de chemises présentent la chaîne en travers, et se terminent par des franges cousues, épaisses et courtes, teintes en jaune vif ou en rouge.

Les fragments du panneau inférieur se rattachent tous à la même fabrication. Ils représentent de petites figures humaines, exécutant pour la plupart des danses plus ou moins animées. On remarquera la variété de coloration de ces personnages ; ceux de la longue bande qui porte le n° 3061 (Ancon, coll. Quesnel) sont au nombre de huit, tous de même galbe, mais de coloration différente, passant du blanc sale au jaune pâle, au brun jaune, au rouge vif, etc. Ceux de la bande du bas qui ne sont que six, se montrent également tout à fait polychromes, l'un deux est même d'une sorte de violet pâle. Dans une des bandes de droite un danseur d'un blanc éclatant, le nez, le tronc et les jambes jaunes, les pupilles et les dents rouges, la bouche et les yeux noirs, en tient par la main deux autres plus petits, la bouche et les yeux blancs, la face jaune et le corps rouge.

Toutes ces colorations sont de pure fantaisie, et M. Wiener a eu grand tort d'y vouloir chercher, en certains cas, des caractéristiques ethniques[2].

Les mêmes observations s'appliquent aux deux rangées de personnages assis de la pièce n° 20947 rapportée par Angrand de Pachacamac. Ces petits sujets, vus de profil assis par paires symétriques et tendant les mains vers un cippe, sont coloriés de la manière la plus variée. Il en est de même encore des singuliers bonshommes, coiffés de chapeaux triangulaires à longs panaches, assis sur fond jaune d'or, dans le fragment n° 3060 qui occupe le centre du panneau ; l'un est rougeâtre cerné de marron, l'autre jaune bordé de rouge.

J'ai réservé, pour la décrire à part, la bande de tapisserie tendue horizontalement tout en haut du panneau supérieur n° 138. Elle appartient, en effet, à un genre fort différent, représenté par un grand nombre de morceaux analogues dans notre collection. La trame semblable à un clayonnage passe au travers de la tapisserie et prend la chaîne de trois en trois brins, L'ouvrage est à deux faces et les couleurs s'y renversent.

La bordure est formée d'un galon jaune frangé, assuré par un point de couture.

---

1. On observe assez communément ce passage du noir au marron, dû très probablement à une décoloration partielle de la teinture.
2. Ch. Wiener, *Pérou et Bolivie*, p. 772 et fig.

138-139

PANNEAU DE TAPISSERIES PÉRUVIENNES.

Ancon, Chancay, etc.

PANNEAU
DE TAPISSERIES PÉRUVIENNES

Nᵒˢ 142-144

IMAGES DE DIEUX

La tapisserie qui occupe le haut de cette planche (n° 142) a déjà été figurée partiellement, d'une manière assez peu fidèle, dans l'ouvrage de M. Ch. Wiener[1] sous l'étiquette « *poncho trouvé à Ancon* ».

Ce voyageur n'a d'ailleurs proposé aucune explication de cet intéressant morceau.

C'est un ensemble de bandes cousues, de façon à former un parallélogramme dont la largeur double presque la hauteur. Il se compose de six pièces horizontales et d'un septième fragment verticalement posé. Les caractères de l'*open work* y sont extrêmement accusés; toutes les lignes parallèles à la chaîne qui séparent des couleurs sont ajourées et cousues de distance en distance, comme le sont les bandes elles-mêmes les unes avec les autres, ce qui donne l'impression d'une sorte de broderie à jour.

Le sujet figuré dans les deux bandes supérieures représente une même scène, reproduite quatorze fois sous des couleurs différentes. C'est le combat de deux monstres, dont l'un pourrait être une espèce de grand lézard, tandis que l'autre représenterait un poisson bizarre à la grosse tête plate, aux puissantes nageoires, à la queue large et courte, dévorant l'extrémité fortement recourbée de son adversaire. C'est une nouvelle expression de ces luttes entre les divinités cosmiques dont le vase Segrestan a donné précédemment un si remarquable exemple[2].

La troisième et la sixième bandes horizontales et le fragment disposé en hauteur dans l'angle gauche de la pièce porte treize fois répétée sous des couleurs non moins variées une autre figure monstrueuse, rampant de droite à gauche, et où je crois pouvoir démêler la représentation conventionnelle d'un grand crustacé[3]. La cinquième bande, enfin, représente superposé cinq fois *en travers* un personnage qui passe ainsi vu de profil entre les rangées de crustacés. Sa tête, fort grossière, est coiffée d'un bonnet plat que surmontent les serpents qui caractérisent le dieu de la terre[4]; son cou et sa poitrine sont garnis de médaillons; sa taille est entourée d'une ceinture de serpents; ses pieds, enfin, sont enfermés dans de très épaisses chaussures. Il porte dans la main droite une massue ornée d'une tête de serpent et dans la gauche un petit casse-tête terminé par une boule aplatie. C'est le dieu de la terre triomphant, cette fois encore, de ses ennemis aquatiques[5]. Devant lui sont dressées d'autres massues encore à tête de serpent.

Nous le retrouvons, dans le fragment très fin (n° 3047) représenté sous le n° 143. C'est un pectoral de chemise fait de deux parties presque symétriques, unies à peu près au milieu par un point de surjet. Le petit personnage qui se répète, en sens inverse, des deux côtés de la pièce, est caractérisé par les frondes à tête de serpent qu'il brandit dans ses deux mains. Un cadre, où se silhouettent en blanc sur brun des animaux que je prends pour des fourmiliers et des tapirs, entoure les deux images divines.

Une autre petite pièce, aussi d'un très fin travail, montre de nouveau trois fois répétée de trois couleurs diverses, cette même divinité encore, sous un aspect quelque peu différent. C'est cette fois de la bouche du dieu que semble sortir le serpent symbolique; un décor géométrique polychrome encadre la pièce.

---

1. *Pérou et Bolivie*, p. 47.
2. Voy., plus haut, pl. XLI.
3. La cinquième bande et le fragment vertical sont élargis d'une étroite bandelette cousue à points espacés, et ornée d'une grecque blanche et violette, séparée du dessin courant par un petit galon rouge. La quatrième bande plus étroite est géométriquement décorée.
4. Voy., plus haut, pl. XLI.
5. On remarquera qu'il n'a que trois doigts, comme le lézard des deux premiers bandeaux.

IMAGES DE PRINCES

Les deux autres morceaux, provenant d'Ancon, représentent, non plus des dieux, mais des chefs. Le premier, exécutant une danse guerrière très souvent représentée dans les céramiques et les tapisseries de la côte[1]: le second, défilant porté sur un pavoi au milieu d'un imposant cortège.

Le chef dansant est coiffé d'un casque surmonté d'immenses panaches, vêtu d'un court *poncho*, et porte dans les mains un sceptre et une fronde.

L'autre chef, porté sur un pavoi, passe de gauche à droite sur le champ médian d'un panneau de tapisserie horizontalement coupé en trois. Dans les champs supérieur et inférieur, défilent en sens inverse six personnages tous pareils, mais diversement coloriés. Leur tête est couverte d'un énorme bonnet plat, à garde-nuque; ils ont sur les épaules un grand camail brodé.

Le chef lui-même, coiffé d'un casque empanaché, l'épaule droite ornée d'un énorme plumet terminé par un appendice triangulaire assez semblable à ceux que l'on voit encore en usage chez certains Indiens des Guyanes, brandit dans la main gauche un bâton de commandement qui n'est pas non plus sans analogie avec certains *boutous* du versant oriental des Andes[2].

Cette belle tapisserie, qui vient d'Ancon, a déjà été figurée dans l'ouvrage, souvent cité, de M. Ch. Wiener[3].

1. Cf. Wiener, *Pérou et Bolivie*, p. 514, fig. — E. Van Drival, *Momies et antiquités péruviennes du Musée d'Arras* (*Revue de l'Art chrétien*, 2ᵉ sér, T. I, p. 1-14, pl. I et II) — Etc.
2. Dans cette pièce, comme dans les précédentes, les lignes perpendiculaires sont ouvertes au changement de couleur, mais comme il y a peu de lignes verticales, l'*open work* est moins visible. Pour varier l'allure du décor, le tapissier a conduit obliquement son travail en certains points, dans les ornements des personnages en particulier.
3. Cf. Wiener, *Pérou et Bolivie*, p. 639.

PANNEAU DE TAPISSERIES PÉRUVIENNES.

Ancon.

ANCIENS PORTRAITS D'INCAS

PEINTS A L'HUILE SUR COTON

———

Les *Antiguedades* de Rivero et Tschudi, publiées à Vienne en 1851, sont précédées d'un frontispice, sur lequel on a groupé assez gauchement divers morceaux d'archéologie péruvienne [1]. De chaque côté du titre on a placé sept petit cadres représentant les bustes des *quatorze Incas*, depuis Manco-Capac jusqu'à Atahuallpa. Ce sont les reproductions peu attentives d'une série de peintures indigènes sur coton, qu'on pouvait voir au Musée de Lima, et qui, disparues pendant l'occupation chilienne, se sont retrouvées en 1892 à l'Exposition de Gênes entre les mains de l'avocat Pozzo [2].

Les figures peintes que groupe la planche LI de cet album et que j'ai acquises à Rochefort par l'entremise du Dr Bourru [3], reproduisent, à bien plus petite échelle, les mêmes images royales.

Mais ce ne sont plus *des bustes*, ce sont *des portraits en pied* qu'elles représentent, ce qui permet d'étudier en détail toutes les pièces du costume.

Sur la tête, couverte de longs cheveux noirs pendant sur les épaules, les six Incas portent tous un même diadème, le *capacllaoto* [4], sorte de large bandeau en or repoussé, qui s'évase en formant quatre tores parallèles; au-dessous du tore inférieur déborde sur le front la frange de laine rouge, qui, avec les deux plumes d'oiseau constitue l'attribut de la royauté, *borla del reino*. On voit se recourber au-dessus d'une grosse boucle d'or ovale qui forme le centre de la couronne, ces deux plumes ou plutôt les deux bouts d'aile noirs et blancs du rare et précieux *corequenque* [5].

Les deux extrémités de la frange se terminent par deux ganses qui supportent de larges oreillères ovales en or repoussé. On sait que tous les hauts personnages de l'ancien Pérou portaient ainsi des disques plus ou moins riches, engagés dans les lobules largement perforés de leurs oreilles [6], ce qui leur valut de la part des conquérants espagnols le sobriquet méprisant d'*orejones*.

Dans la main droite, les Incas portent un sceptre d'or, le *tapayaori* ou *sunturpaucur*, renflé en son milieu et terminé par un épais fleuron : une hache d'or à large tranchant courbe, *guamanchampi*, s'y insère un peu au-dessous de l'extrémité fleurie. La gauche supporte un bouclier carré aussi en or, *huallcanca*, couvert de plumes formant une mosaïque dont le brillant dessin, sorte d'armoirie personnelle, varie avec chacune des personnes royales. Ce bouclier est souvent garni d'un large pendentif de plumes sombres, *orocaba*.

La robe ou tunique couvre les genoux; elle aussi est en plumes de couleurs variées, bleues à reflets verdâtres, rouges, blanches, avec un semis de petits bouquets aussi de plumes, se détachant sur le fond, rouges

1. *Antiguedades Peruanas*, por Don Mariano Eduardo de Rivero y Dr. Don Juan Diego de Tschudi. Viena. 1851. in-f° obl.

2. Cf. E.-T. Hamy. *Étude sur les collections américaines réunies à Gênes à l'occasion du IVe centenaire de la découverte de l'Amérique* (Journ. de la Soc. des Américanistes de Paris, t. I, p. 21, 1896, in-4°).

3. Ces curieux petits panneaux ornaient depuis longtemps le jardin d'hiver de l'*hôtel de la Rochelle*, à Rochefort ; c'est mon collègue au Muséum, M. Stanislas Meunier, qui m'en a signalé le premier l'existence. M. le Dr Bourru m'a gracieusement servi d'intermédiaire et j'ai pu acquérir la collection à très bon compte. (Cf. E.-T. Hamy. *Note sur six anciens portraits d'Incas du Pérou, conservés au Musée d'Ethnographie du Trocadéro* (Acad. des Inscript. et Belles-Lettres, Comptes rendus des séances de l'année 1897, p. 10-17.)

4. D. J. de Santacruz Pachacuti Yamqui, *Relacion de Antiguedades deste Reyno del Piru* (ap. Tres Relaciones de Antiguedades Peruanas. Madrid, 1879. in-8°, p. 297). — Cette relation, où l'on trouve des renseignements détaillés sur le couronnement de Guayna-Capac, le dixième Inca, a été écrite vers 1613. (Cf. M. X. de la Espada, *Carta al Exc[mo] Sr D. Francisco de Borja Queipo de Llano*, etc., ap. Tres Relaciones, p. XLIV.)

5. « Au district de Villcanata, qui est à trente-deux lieues de Cuzco, dit Garcillasso de la Vega, au bas de la grande montagne neigeuse, il y a un petit marescage ou se trouvent les oyseaux desquels on tire ces plumes... On n'en voit jamais que deux a la fois, a sçavoir le masle et la femelle qui sont toujours les mesmes a ce qu'ils disent, sans qu'on scache d'ou ils viennent ny ou ils se nourrissent et sans qu'on ait jamais apperçeu que ceux ia dans le Peru... Pour avoir ces plumes qu'ils portoient sur la bordure rouge un peu éloignées l'une de l'autre, ils alloient à la chasse de ces oyseaux le plus doucement qu'il leur estoit possible et après les leur avoir arrachées ils les laschoient » (Garcillasso de la Vega, trad. cit., p. 775-777).

6. « ...la señal que avian de tener para ser temidos era horadarse las orejas de la manera que le vian, y que dicho esto, les parecio que le vieron con vnas oregeras de oro de gran rodondez... » (Herrera, Decad. V, libr. III, cap. VII, p. 78.)

sur le blanc ou le bleu, blancs sur le rouge, etc. Les bords inférieurs de la robe exécutés en mosaïque de pierreries forment des escaliers, des chevrons, des triangles accôtés tout semblables à ceux du premier vase de bois de Pisacc (pl. XL, n° 115). Un hausse-col, monté en métal, alterne les chevrons d'or repoussé avec les triangles de plumes.

Les épaules sont parfois emboîtées dans de riches ornements d'or en forme de têtes de puma.

Une ceinture en plumes brillantes serre à la taille la tunique et un long manteau de fine étoffe rougeâtre, purpurine, bleue, jaunâtre, le *compa* sans doute réservé à la famille royale[1], couvre les épaules et pend en arrière presque jusqu'au sol. L'Inca porte parfois un bracelet d'or au poignet, la *chipana do oro*; des jarretières en plumes noires serrent le haut des jambes, mais les pieds sont sans chaussures. C'est, en effet, les pieds nus qu'il vient, sur la grande place de Haocaypata, saluer le lever du soleil, le jour du solstice d'été, où se célèbre la plus grande fête de l'année, le *Raymi* ou *Inlip-Raymi*.

Aucune pièce de ce splendide équipage n'est venue jusqu'à nous. Il existe toutefois dans quelques musées d'Europe des objets de qualité inférieure, dont la vue peut suppléer, dans une certaine mesure, à l'absence des ornements royaux, fondus par un conquérant avide, ou cachés par les indigènes dans des retraites inaccessibles[2]. Ainsi on peut étudier au Trocadéro divers objets en or mêlé d'argent, repoussés avec adresse, brassards, pendentifs, etc. On y trouvera aussi des espèces d'épaulettes en relief, qui sont en laine au lieu d'être en métal; on y examinera enfin deux grands manteaux de chefs en laine dite *campi*, ornés d'élégantes appliques.

Nous possédons en outre une sorte de *poncho* en plumes brunes semées de bouquets de plumes jaunes trouvé par M. de Cessac dans ses fouilles à Ancon. L'examen de cette pièce fort rare permet de détailler les pratiques du mosaïste, qui disposait ses plumules en rangs serrés, superposés. Chaque plume, aplatie et repliée en boucle, se trouvait prise dans une anse de fil de coton et montée ainsi sur le canevas de même nature qui formait le fond du poncho.

MM. W. Reiss et A. Stübel ont décrit et figuré une pièce fort analogue dans leur grand ouvrage sur Ancon[3] et l'on peut voir au Musée du Trocadéro toute une série de petits tapis rapportés de Truxillo par Angrand en 1839[4], et dont les bordures en plumes d'ara jaunes et bleues sont fixées de la même manière.

Nous reviendrons plus loin sur les boucliers et les haches en étudiant les armes défensives et offensives des guerriers de l'ancien Pérou[5].

1. Garcillasso de la Vega, *trad. cit.*, p. 520-521.

2. La fameuse chaîne d'or, par exemple, qu'avait fait faire Huayna-Capac, et qui était de la grosseur du poignet et mesurait 700 pieds espagnols, fut jetée dans le lac d'Urcos où elle est encore. Les onze mille lamas chargés d'or, qui portaient la rançon d'Atahualpa, furent enterrés par les Indiens quand ils surent que Pizarre avait assassiné ce prince infortuné. Et cependant, en moins de vingt-cinq ans, plus de 400 millions de ducats d'or et d'argent, dont les neuf dixièmes provenaient de pillages, furent importés en Espagne. (Cf. Rivero et Tschudi, *op. cit.*, trad. fr. extr. de la *Revue des Races latines*. Paris, 1859, in-8°, p. 172.)

3. W. Reiss und A. Stübel, *Das Todtenfeld von Ancon in Peru*, Bd. II, Taf. 40.

4. A. de Longpérier, *Notice des monuments exposés dans la salle des Antiquités américaines*, etc. 2° éd., p. 93, n°° 806-812.

5. Voy. plus loin, pl. LIII, fig. 147 à 149.

PORTRAITS D'INCAS PEINTS A L'HUILE SUR COTON.

(Vers 1615).

PLANCHE LII

———

N°s 147-149

ARMES OFFENSIVES ET DÉFENSIVES
DU PÉROU

Une panoplie centrale, où l'on a groupé provisoirement les meilleures pièces de la collection et de chaque côté un vase en forme de guerrier armé, forment cette planche. Les pièces de la panoplie proviennent presque toutes de la nécropole d'Ancon[1].

En effet, la grande massue à manche court, en forme de rame plate et ovale, que l'on voit au centre de la panoplie, le bâton à extrémité côtelée placé à droite représentent seuls les fouilles de Paramonga et si les deux bâtons de commandement qu'on voit plus haut sont de Pachacamac, si la massue ornée d'une tête de guerrier a été trouvée au Gran Chimu, tout le reste vient d'Ancon.

ARMES OFFENSIVES. — L'arme offensive, par excellence, du Péruvien est la fronde, dont la figure 149 montre trois spécimens. L'échantillon supérieur est une corde, nattée à plat au centre, sur une longueur de 0^m,22 et ornée d'une petite tapisserie de 0^m,032. Le reste de la corde est natté en rond, et se termine par un anneau plat garni de laine marron. L'échantillon intermédiaire est encore en corde ornée de laine marron, mais la partie centrale forme un filet entre les deux branches divergentes de la corde. L'échantillon inférieur est tressé en laine et en corde; le milieu est une tapisserie plate de 0^m,28 de côté; le décor est un losange brodé sur quatorze fils et les couleurs alternent par deux brins. L'appareil se termine à chaque bout par un gland en laine de lama, d'un rouge vif.

Cette fronde est ornée de pierres brutes : le guerrier, le chasseur la portent roulée en turban.

Presque toutes les autres armes sont des armes contondantes; armes de bois, armes de pierre ou de métal. Les armes de bois les plus simples sont : un court poignard acéré, des sabres larges et plats à un et à deux bouts, des assommoirs en forme de pagaie, et des bâtons terminés par un nœud; le nœud se transforme en une masse pesante, diversement modifiée : c'est un losange plus ou moins aplati, muni quelquefois d'un galon, c'est encore un champignon à bord tranchant, ou c'est enfin une tête armée de pointes.

La partie renflée est souvent faite d'une pièce à part : boule en pierre trouée, champignon plus ou moins entamé sur ses bords, enfin et surtout étoile, ordinairement à six rayons, en pierre ou en cuivre, montée en corde sur son manche.

Le Péruvien de la côte possède aussi la hache; hache de cuivre plate, au tranchant fort convexe, hache de même métal, plus épaisse et plus lourde, reproduisant le type de pierre précédemment décrit de Tarma et de Tiahuanaco[2].

ARMES DÉFENSIVES. — Le casque, dont nous connaissons déjà plusieurs modèles, la cuirasse en coton matelassé, le bouclier carré ou discoïde sont les armes défensives de l'indigène. J'ai représenté en haut de la planche LII un essai de restitution de casque tenté par M. Ch. Wiener.

Sur une coiffe en coton grossièrement tressé, des plumes étaient montées en cercles concentriques. Chaque cercle de corde avait ses plumes (réduites à leurs tuyaux) groupées trois par trois, fendues, aplaties, recourbées en anse et fixées par une attache de coton. Le tour de la coiffe et les pendants qui en descendent

1. Cf. Reiss und Stübel, *op. cit.*, Taf. 84. — Ch. Wiener, *Pérou et Bolivie*, p. 684.
2. Voy. plus haut, p. 68.

étaient ornés d'une mosaïque de plumules fixées de même. M. Wiener a eu l'idée ingénieuse de faire attacher au bout de chacun des tuyaux de plumes resté en place sur cette pièce ancienne une longue plume de coq, et il a obtenu ainsi l'image fidèle du vieux casque.

Le Musée contient quelques spécimens d'autres bonnets anciens en laine et en vannerie, des débris de cuirasse en coton matelassée et piquée, une ceinture de coton qu'on voit au milieu de la planche LII, ornée de trente rangées de coquilles découpées, etc., etc.

Insignes de chef. — On y voit aussi, dans la même armoire, à côté des armes, des cannes de chefs en bois dur[1], ornées d'un puma, d'oiseaux découpés[2], etc., des drapeaux en coton bordés de plumes montées comme celles du casque dont il vient d'être question, des bâtons de commandement ornés de poils de lama, de petits glands en laine rouge, des filets cylindriques garnis de laine et de plumes; des espèces d'épaulettes en laine, ornées de têtes humaines[3], etc., etc.

Deux vases en forme de guerriers, posés l'un à droite, l'autre à gauche de la panoplie, aideront à préciser nos connaissances sur l'équipement guerrier des anciens peuples du littoral péruvien.

Celui de gauche (Cat., n° 704), trouvé au temple du Soleil à Moche, par M. Droullion, représente un guerrier chimu. La terre en est lustrée et noire; l'anse tubulée a été brisée. Le personnage a le genou droit en terre, dans une attitude que la céramique locale a fréquemment reproduite. Sa tête est coiffée d'un casque assuré par une jugulaire et surmonté d'un grand cimier un peu évasé; le bandeau orné de sept rondelles évidées est bordé en haut d'une sorte de large visière, et le garde-nuque, retombant en trois gros plis en relief, rappelle celui des casques japonais. Des deux côtés, de grosses mèches de cheveux descendent jusqu'à la ceinture, et d'énormes disques, ornés comme le casque, couvrent les oreilles et cachent en partie les joues. Le type facial est extrêmement accentué, les yeux, grands ouverts, ont les deux paupières égales, le nez est aquilin et dilaté à la base, la bouche large, aux lèvres minces, est très fermement dessinée, le menton est volumineux et arrondi, enfin le pli génio-labial se montre très accusé.

Les bras et les jambes nues, notre personnage est vêtu d'un justaucorps serré à la taille et ses épaules sont ornées de pendentifs carrés. La main gauche posée sur le genou embrasse le gros bout d'une massue à large tête de champignon, dont le manche s'appuie sur le sol en arrière de la cuisse. La main droite, appuyée à plat sur la jambe du même côté, tient un bouclier carré, strié de lignes parallèles et entouré d'un cadre piqué de douze petits cercles évidés. Les ongles des mains sont indiqués en creux, le poignet gauche est orné d'un bracelet décoré de petits cercles disposés deux par deux.

Le second guerrier (Cat., n° 20988), qui provient d'un don fait au Louvre par M. Colpaërt, n'a pas d'origine bien connue, mais la nature de la terre et des engobes révèle de nouveau le travail du céramiste chimu. Le sujet porte un casque hémisphérique attaché par une large jugulaire et orné de deux bouquets de plumes étalées au dessus des tempes. La cuirasse de coton, engobée de blanc, sans décor, laisse voir des jambes nues peintes en rouge. Le genou gauche en terre soutenant le coude du même côté, la main fermée sur le manche d'une massue analogue à celle dont il vient d'être question, notre guerrier soulève de la droite l'extrémité de son lourd et volumineux casse-tête.

Le visage, engobé de rouge, est régulier, assez semblable à celui du personnage précédent. Il a toutefois le globe de l'œil mieux indiqué et plus saillant, et la paupière inférieure plus marquée. Le nez est fort, dilaté à la base; les narines sont marquées par un évidement bien visible; la bouche est mince et large; le menton haut et arrondi. Les bras nus portent de grands bracelets, les ongles des mains sont tracés en creux.

J'aurais pu, si la place ne m'avait pas été mesurée, reproduire encore d'autres vases analogues du Musée du Trocadéro, tels que le *silvador* au guerrier accroupi de Dombey (n° 2839) déjà figuré à petite échelle dans la *Nature* du 10 juin 1882. L'intérêt de cette figurine se tire surtout de l'identité qu'elle présente d'une part avec une gravure sur os, de l'autre avec une des sculptures du monolithe de Tiahuanaco. Dans ces trois petites compositions militaires, le héros, accroupi ou marchant, tient d'une main sa massue étoilée et de l'autre la tête coupée d'un ennemi. Son petit bouclier, jeté avec aisance sur les épaules, est analogue à ceux des personnages royaux dont il était question un peu plus haut[4]; il est, en effet, à peu près carré et orné d'un décor en creux, composé de lignes brisées et de losanges.

---

1. Voyez plus bas, p. 106. — On a imprimé par erreur, dans le titre du paragraphe n° 153, *corne* pour *canne*.
2. *La Nature*, n° du 10 juin 1882.
3. Voyez plus haut, pl. LI.
4. Voyez plus haut, pl. LI.

147

GUERRIER CHIMU.

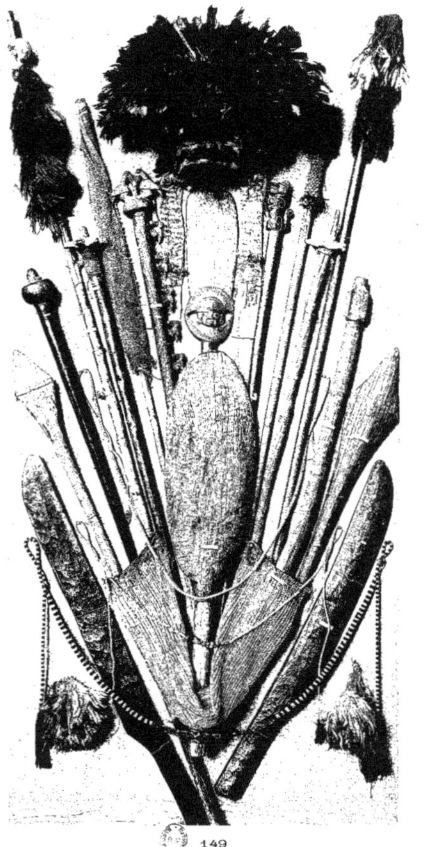

149

PANOPLIE D'ARMES PÉRUVIENNES.

148

GUERRIER CHIMU.

Nᵒˢ 150 à 153.

ORFÈVRERIE PÉRUVIENNE

Nᵒ 150.

GROUPE FUNÈBRE, ARGENT ET PLOMB
DU SACSAÏHUAMAN

Cette pièce (nᵒ 4056 du *Cat. gén.*), haute de 0ᵐ,125, large de 0ᵐ,09, épaisse de 0ᵐ,08, et qui pèse 2,400 grammes, a été dessinée déjà, mais à très petite échelle, dans le livre de M. Ch. Wiener[1].

Il a été trouvé, assure ce voyageur, dans une grotte du Sacsaïhuaman. C'est pour lui une *idole* formant un groupe de trois personnes. « Un Indien assis (probablement une momie) est servi par un Indien tenant un vase et une Indienne tenant une coupe. » Après avoir cru tout d'abord que la pièce en question était d'argent massif[2], M. Ch. Wiener a bien voulu, un peu plus tard, admettre qu'elle se composait d'*un alliage d'argent et de plomb*[3].

C'est, en effet, de ces deux métaux réunis que le groupe du Sacsaïhuaman a été composé. Mais il est assez malaisé de distinguer, sans analyse chimique, la nature du mélange. Des essais superficiels me portent cependant à croire que c'est bien de l'argent à peu près pur qui forme la surface des trois statuettes, mais que l'intérieur, où l'outil de notre monteur a pénétré avec la plus grande aisance, est *fourré* avec du plomb[4].

Fort heureusement, cette adultération n'a modifié en rien la surface, seule intéressante, de ce petit groupe.

On y voit le mort assis, beaucoup plus grand que ceux qui viennent le servir[5], porter dans un geste douloureux ses deux mains vers les joues. Debout, à sa droite, un serviteur s'apprête à lui verser à boire en inclinant une grande aryballe semblable à celles de nos planches XXXVII et XXXVIII. A gauche, une femme aussi debout, et nue, tient dans les mains un petit plat creux à manche courbe, en forme de tête de lama; ce récipient est tout semblable à quelques-unes des terres cuites les mieux caractérisées de l'Entre-Sierras.

Nᵒ 151.

STATUETTE EN ARGENT INCRUSTÉ
(Sans localité, Bas-Pérou)

Lorsque Castelnau visita à Lima, en 1846, la collection d'antiquités péruviennes rassemblée par Lemoine, alors consul-général dans cette capitale, il obtint la permission de dessiner pour son album quelques pièces qui lui semblaient particulièrement intéressantes. Une statuette d'argent fut du nombre et le croquis qui en fut exécuté vint prendre place sur la planche XXXVI des antiquités du *Voyage* à travers l'Amérique[5].

J'ai fait faire une nouvelle figure de cette pièce, entrée au Louvre, et passée depuis lors au Musée d'Ethnographie, dans le double but de donner la démonstration matérielle de l'insuffisance absolue des horribles planches de Castelnau, et de permettre aux archéologues de se rendre compte d'un mode d'ornementation usité au temps des Incas et dont l'on ne connaît jusqu'à présent que de rares exemples.

La statuette de la collection Lemoine (nᵒ 21117), haute de 0ᵐ,20 et large, d'une oreille à l'autre, de 0ᵐ,065, porte, en effet, une coiffure incrustée de pâtes de couleur. L'artiste péruvien a rapporté autour de la tête un bandeau en forme de bague qui forme, avec les parties les plus voisines du front, un bonnet cylindrique plus court en arrière qu'en avant, et décoré de lignes, de carrés, de losanges et de chevrons alternativement verts ou roses.

Les oreilles et les larges oreillères cylindriques évidées qui percent leurs lobules, sont visiblement martelées à part et soudées au reste. La statuette, qui est faite d'une feuille mince d'argent battu, montre des traces de soudure très habilement dissimulées le long du dos et des jambes. La face, sans expression, a un grand nez tout droit et un menton carré; les bras coudés et trop courts ramènent sur la poitrine deux vilaines petites mains en éventail, enfin les pieds gros et plats ont été fraîchement raccommodés par quelque réparateur malhabile.

---

1. Ch. Wiener, *op. cit.*, p. 588.

2. « Au dessus de S. Sebastian, dit M. Wiener, j'ai fait une fouille très heureuse : j'ai découvert onze idoles, dont une en *argent massif* représente un personnage accroupi, de grande taille, servi par deux autres de petite taille debout auprès du maître; les autres idoles sont également en argent massif, excepté trois qui sont en bronze, etc. » (*op. cit.*, p. 370).

3. Le cerf assis (nᵒ 4057) provenant de la même localité prête aux mêmes observations. Il mesure 0ᵐ,10 de long, 0ᵐ,085 de haut, 0ᵐ,03 de large et pèse 760 grammes.

4. On rapprochera cette disproportion voulue de celle que l'on trouve dans bien des monuments antiques, dans ceux de l'Égypte en particulier.

5. De Castelnau, *op. cit.*, IIIᵉ partie. *Antiquités des Incas*, pl. XXXVI.

N° 152.

TIMBALE D'ARGENT A TÊTE HUMAINE

(Gran Chimu)

L'une des fouilles les plus fructueuses qui aient été faites dans tout le Pérou maritime est celle qu'a poursuivie, pendant plusieurs années dans les ruines du Gran Chimu, près Truxillo, le persévérant chercheur de trésors connu sous le nom de colonel La Rosa. C'est lui qui a notamment découvert cette chambre, toute pleine de vases d'or et surtout d'argent, dont parle longuement Squier[1].

Au temps de la lutte entre les Chimus et les Incas, on avait caché ces objets précieux qu'on voulait soustraire à la rapacité du vainqueur : les vases étaient disposés en piles régulières; c'étaient, pour la plupart, des coupes à boire, les unes lisses, les autres ornées, faites d'argent fin, allié parfois de cuivre et plus ou moins oxydé. Quelques-uns seulement de ces vases purent être conservés, Squier en obtint deux pour sa part, et l'amiral Dupetit-Thouars, qui vint à passer dans ces parages, en acquit un troisième qu'il rapporta au Muséum d'Histoire naturelle, d'où il est allé enrichir le Trocadéro en 1882. C'est celui que représente, vu de face, la figure 152 de la planche LIII.

Ce vase (n° 4774), haut de 0ᵐ,19, large de 0ᵐ,085, est, comme celui que Squier a figuré, martelé, mais à double fond, et les deux feuilles d'argent emboîtées l'une dans l'autre, qui en constituent les parois, sont si habilement réunies, qu'on ne voit nulle part, ni en dedans ni en dehors, aucune trace de la soudure. Un bord à vive arête dissimule adroitement, sous le fin quadrillé qui le décore, le joint des deux lames.

Comme le vase de Squier encore, celui de Dupetit-Thouars représente une tête humaine, avec un grand nez aquilin, les yeux enveloppés d'un double cercle, la bouche petite, les joues et le menton rudement exprimés, la coiffure, enfin, tombant carrément sur la nuque en étages superposés[2].

N° 153

EXTRÉMITÉ TERMINALE D'UNE CORNE DE COMMANDEMENT

Cette quatrième pièce de notre planche LIII n'est pas, comme les trois autres, en argent plus ou moins pur, mais en cuivre fondu et retouché. C'est une sorte de douille d'un travail assez médiocre, qui devait s'ajuster à l'extrémité d'une grande et forte canne. J'en emprunte la description à M. Verneau, qui a le premier fait connaître cette curieuse pièce dans *La Nature* de 1888[3].

« Abstraction faite des sujets qui la décorent, écrit M. Verneau, elle mesure 0ᵐ,060 de long : son diamètre intérieur est de 0ᵐ,025 dans presque toute son étendue. En bas, le bord, ramené en dedans, diminue quelque peu les dimensions de l'ouverture.

« Le cylindre présente, dans sa longueur, deux rangées parallèles de doubles spirales à jour. Ces spirales, en se réunissant deux à deux, donnent naissance sur chaque rang, à quatre signes assez comparables à des S couchés.

« Douze anneaux fixes[4], faisant corps avec la douille, sont également disposés par rangées de quatre. Ceux du premier rang se trouvent placés exactement au dessus de ceux du troisième; les anneaux de la deuxième rangée sont situés dans l'intervalle des précédents.

« Des anneaux mobiles, offrant en bas une partie renflée en forme de boule, sont suspendus aux anneaux fixes des deux rangées supérieures; ils viennent frapper la douille chaque fois qu'on agite l'objet. Fixes ou mobiles, tous les anneaux sont grossièrement fondus.

« La douille se termine en haut par un rebord plat de 0ᵐ,012 de largeur, qui supporte quatre personnages disposés en deux groupes placés l'un en face de l'autre et reproduisant la même scène. Un homme mal proportionné, à nez très saillant, avec de grands yeux et des oreilles détachées, portant, sur sa chevelure courte, une sorte de calotte sans ornements, se tient debout et s'apprête à trancher avec sa hache, la tête du second personnage qu'il maintient accroupi au moyen d'une main posée sur la tête. Ce dernier, le vaincu, ressemble à son vainqueur par les caractères de la face; il s'en distingue toutefois par ses longs cheveux qu'il porte tressés en trois nattes qui lui retombent sur le dos. Il est coiffé d'une sorte de bonnet étroit, en forme de cône tronqué qui est orné, sur le pourtour, de croix en relief. »

M. Verneau rapproche, dans la suite de son article, la pièce ainsi décrite des armatures à anneaux mobiles que l'on voit, dans l'iconographie bouddhique, terminer les bâtons des saints personnages, considérés comme les patrons des voyageurs et rappelle, à ce propos, quelques-uns des arguments que l'on a fait valoir à l'appui des relations anciennement établies entre l'Extrême-Orient et le Nouveau-Monde.

Sans aller chercher si loin, nous trouvons, dans le matériel encore en usage chez les Péruviens du temps de la conquête, des instruments analogues, dont l'usage ne fait aucun doute. Ce sont de grandes cannes de bois dur, sculpté, évidées à leur extrémité terminale, en une cavité cylindrique, où sont enfermées de petites balles de pierre qui font un bruit sec, lorsque l'on secoue le bâton. Les anneaux de cuivre, frappant sur la douille, ont seulement perfectionné cette musique bien primitive. Les chefs militaires des Péruviens marquaient ainsi la marche, comme faisaient les guerriers aztèques en raclant les fémurs striés dont nous avons parlé plus haut.

Quant à la scène représentée, elle symbolise la victoire, de la même façon que celles de la pierre de Tizoc[5], à Mexico, et bien d'autres empruntées aux civilisations les plus diverses et dans le détail desquelles je ne saurais entrer ici.

1. G. Squier, *Peru. Incidents of Travel and Exploration in the Land of the Incas*, New-York, 1877, in-8°, p. 141-142, fig.

2. La Condamine, avait, le premier, recueilli et décrit des pièces de ce genre, dans un mémoire communiqué en 1746 à l'Académie de Berlin. Il avait notamment parlé dans ce travail d'un vase cylindrique de huit à neuf pouces de haut et de plus de trois de large avec masque en relief, « aussi mince que deux feuilles de papier collées ensemble, et les côtés ... entés d'équerre sur le fond à vive arête, sans aucun vestige de soudure. »

3. *La Nature*, n° 795, 25 août 1888, p. 194-196, fig. — M. X. de la Espada a bien voulu me montrer en 1892, à l'Exposition de Madrid, trois pièces fort analogues à celle-ci, et qui sont encore inédites.

4. Deux de ces anneaux étaient dès lors brisés, dit M. Verneau.

5. Cf. M. Orozco y Berra, *El Cuauhxicalli del Tizoc* (*Anales de Museo Nacional del México*, t. 1, p 3-36 et pl., 1877).

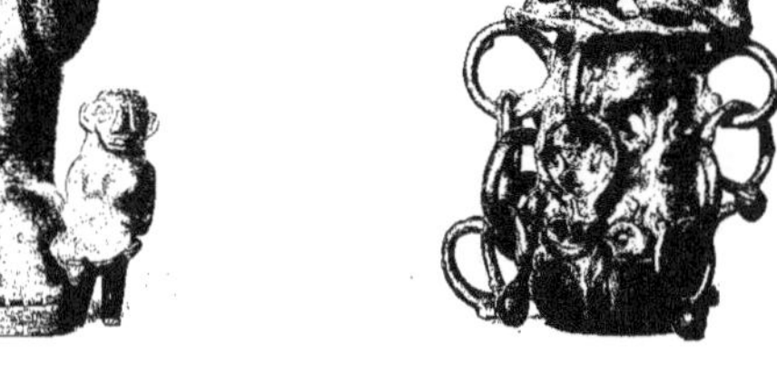

150

153

151

152

ORFÈVRERIE PÉRUVIENNE.

Statuettes et vase en argent, armature de bâton de commandement en cuivre.

Sacsaïhuaman, Gran-Chimu, etc.

PLANCHE LIV

N°s 154-167

ORFÈVRERIE PÉRUVIENNE

TIMBALES D'OR ET D'ARGENT

ANCON (PÉROU)

D. Francisco Xeres, le secrétaire de Pizarre, raconte qu'il y avait à bord de la *Santa Maria del Campo*, qui rentrait du Pérou en Espagne en janvier 1534, « trente-huit vases d'or et quarante-huit vases d'argent parmi lesquels on distinguait surtout un aigle de même métal ne contenant pas moins de deux outres d'eau, » et deux immenses bassins, l'un d'or, l'autre d'argent, « où l'on aurait pu mettre un bœuf entier coupé par morceaux ».

Les récipients en or et en argent que possède le Musée du Trocadéro sont des spécimens d'orfèvrerie beaucoup plus modestes. Il n'en est aucun qui dépasse 0^m,25 en hauteur (fig. 155), et le plus lourd ne pèse guère que 203 grammes.

Toutefois, sous ces formes réduites, ils donnent une idée suffisante de l'art des orfèvres Yuncas, et permettent d'apprécier le degré de perfection relative de leur fabrication[1].

Tous ces vases, au nombre de quatorze, viennent de la nécropole d'Ancon dont j'ai déjà parlé à plusieurs reprises. Ceux des deux premières rangées (Cat. du Musée, n°s 12989 à 12996) ont été recueillis auprès d'une momie de femme par Quesnel, les autres font partie de la collection Wiener et cinq d'entre eux ont été trouvés au cours des fouilles exécutées par ce voyageur avec le concours des marins de l'amiral Périgot[2].

Trois de ces pièces affectant des formes très simples et dont une seule présente un décor légèrement repoussé sont d'un or mêlé d'argent, tantôt d'un beau jaune brillant, tantôt d'un jaune beaucoup plus pâle. Elles mesurent de 0^m,09 à 0^m,13 de hauteur, et leurs diamètres varient de 0^m,056 à 0^m,072 pour le fond, de 0^m,115 à 0^m,138 pour l'ouverture. Le décor repoussé du n° 167 se compose de quatre têtes, coiffées d'une auréole losangée et ornées de pendants striés au cou.

Le n° 166, tout semblable à ses voisins, est en argent lourdement façonné. Le n° 162, plus léger, présente cinq gradins et un bord plat; on y remarque deux pièces de raccommodage assez grossièrement appliquées au milieu des degrés[3].

Enfin le n° 164[4], terminé aussi par un bord plat présente, dans sa moitié supérieure un décor repoussé formé de six champs dont deux montrent un singe et un arbre, les quatre autres décorés de dents de loup et de losanges cantonnés de points. On remarquera que ces reliefs s'enlèvent sur un fond pointillé, qui a été repiqué après coup. La timbale ainsi décorée mesure 0^m,122 de hauteur, 0^m,104 de diamètre supérieur, 0^m,066 de diamètre inférieur.

---

1. Je distingue expressément ces vases faits d'une simple feuille de métal estampé des vases martelés à double fond comme celui du Gran Chimu décrit précédemment, ou des pièces fondues en divers métaux que l'on voit dans la même planche (pl. LIII).

2. Ch. Wiener, *Pérou et Bolivie*, p. 46 et suiv. — On peut voir, aux p. 46 et 49, de grossières petites figures représentant assez mal nos n°s 164 et 167. Le n° 164 avait été donné à M. Wiener par Quesnel, qui l'avait trouvé isolément à Ancon.

3. Id., *ibid.*, p. 583. — Le vase est ici donné comme de Chancay, quoique catalogué par le voyageur dans ses envois d'Ancon.

4. Id., *ibid.*, p. 46.

Les huit vases qu'il reste à décrire viennent tous d'une seule et même tombe, la dernière que Quesnel ait fouillée à Ancon (1884) avant sa mort. Les quatre de la rangée supérieure sont de grandes timbales d'argent oxydé, variant en hauteur de o^m,21 à o^m,25. L'une est tout à fait lisse (n° 156), évasée tout à la fois du bas et du haut (diam. sup. o^m,138; inf. o^m,09); une autre est seulement ornée d'une vingtaine de tores superposés, formant presque l'escalier vers le haut, à peu près cylindrique vers le bas (diam. sup. o^m,115; inf. o^m,07). Les deux dernières, bien plus intéressantes, sont ornées de décors composés. L'une des scènes poussée en relief montre des singes à têtes humaines portant en bataille un chapeau de plumes, qui marchent en file vers la gauche, escortés de poumas, d'oiseaux de deux espèces difficiles à déterminer, de poissons, etc. Un rang de crosses fortement recourbées limite la scène vers le bas.

L'autre décoration est formée de trois listes de figures superposées, séparées par des tores d'un assez fort relief. La liste supérieure et la moyenne sont ornées de poumas passant, que séparent des lignes de crosses toutes semblables à celle de la pièce précédente. La troisième liste nous montre des singes grimpant à l'arbre au dessus d'une nouvelle ligne de crosses qui surmonte une rangée de losanges scalaires.

Avec ces quatre grandes timbales, Quesnel en avait recueilli deux beaucoup plus petites (haut. o^m,048 à o^m,05; diam. sup. o^m,055; inf. o^m,03) assez finement chevronnées en travers dans leur tiers supérieur, et deux vases à têtes, beaucoup plus primitifs que les autres objets de la même fouille (n°s 159 et 160).

Ces deux dernières pièces, hautes de o^m,14 à o^m,15, larges de o^m,07 à o^m,09, représentent d'une façon assez rudimentaire une tête humaine, figure et cheveux. Celle de droite a des yeux ovoïdes à deux contours, un nez droit et court, une petite bouche tracée par un ovale en creux: les lignes génio-labiales et mandibulaires sont fortement accentuées et les oreilles indiquées par un double relief contournant un point central. Les cheveux sont représentés par un réseau de losanges en relief.

La pièce de gauche, où l'on voit les traces d'une soudure transversale à travers le front et d'un autre qui contourne le nez, a les mêmes yeux cerclés, mais n'a point de bouche. Le rendu des oreilles et des cheveux est plus arrêté, et la ligne mentonnière est durement exprimée.

Sauf sur cette dernière pièce, l'art du soudeur est porté dans toute cette collection de vases, au plus haut degré de perfection, et ne le cède en rien à celui des artistes du Gran Chimu que nous admirions plus haut. Le repoussé atteint une assez grande finesse et le martelage est des plus réguliers.

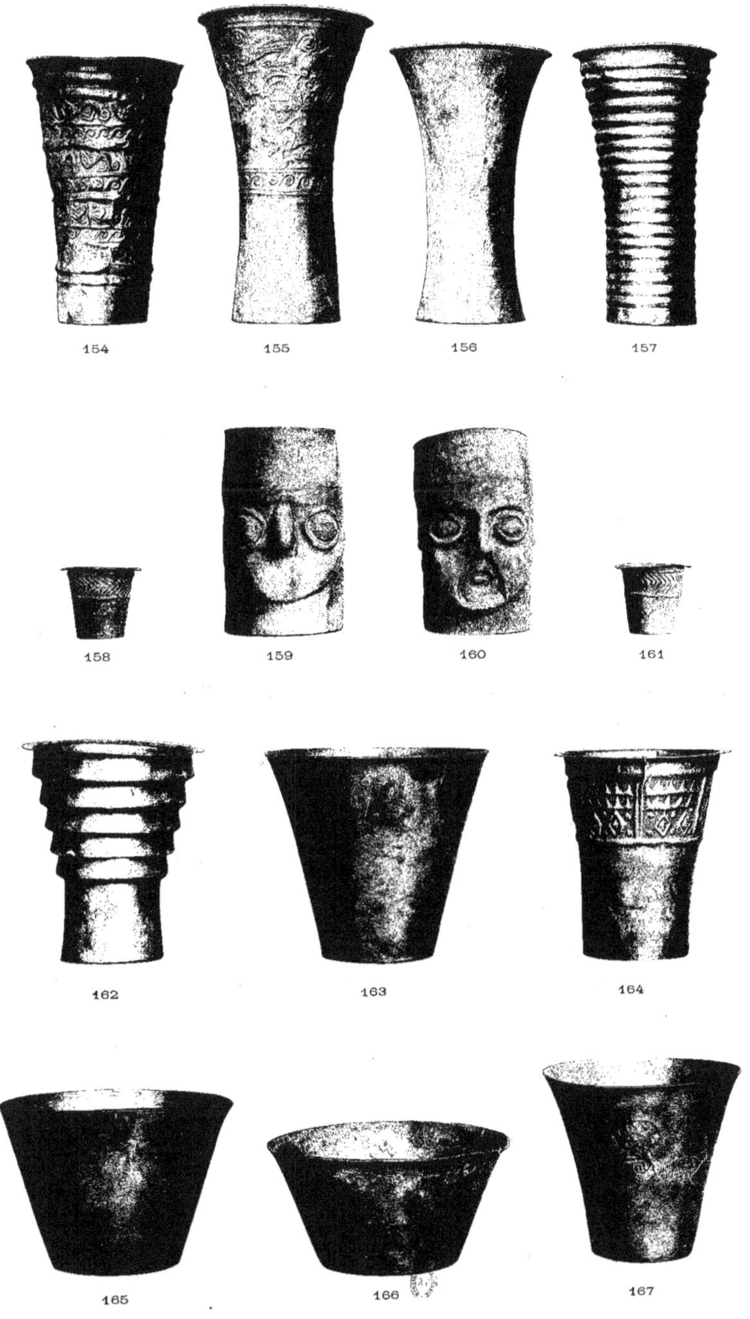

ORFÈVRERIE PÉRUVIENNE.

Timbales d'or et d'argent.

Ancon, Pérou.

PLANCHE LV

N° 168

QUIPPU PÉRUVIEN

« Les *quippus* des Péruviens, dit Rivero, sont de laine tordue : ils consistent en un fil ou gros cordon servant de base au document et en fils plus ou moins déliés qui s'attachent au fil principal. Ces rameaux, si l'on peut parler ainsi, renferment le contenu du quippu exprimé par des nœuds simples ou compliqués. La longueur des quippus est variable : souvent le fil principal a cinq ou six vares (4^m,20 à 5 mètres), d'autrefois il n'est que d'un pied (0^m,28); les rameaux ont rarement plus d'un vare de long (0^m,835) et en général ils sont très courts. Près de Lurin, nous avons vu un quippu pesant un demi-arrobe (16 livres d'Espagne), et nous sommes certains qu'il en est encore de plus volumineux.

« Les diverses couleurs des fils, continue le savant archéologue, ont diverses significations: ainsi le fil rouge veut dire soldat en guerre; le fil jaune désigne l'or; le fil blanc, l'argent ou la paix; le vert, le blé ou le maïs, etc. Dans le système des nombres un nœud simple équivaut à *dix*; deux nœuds simples à *vingt*; le nœud deux fois entrelacé exprime *cent*; trois fois *mille*; deux nœuds entrelacés de cette dernière façon *deux mille*, etc. Non seulement la couleur et la manière d'entrelacer les nœuds, mais aussi la manière de tordre les fils, et surtout la distance des fils au nœud principal sont d'une grande importance pour l'intelligence de l'écriture.

« Il semble probable que ces nœuds, dans le principe, servaient simplement à compter; mais les siècles suivants apportèrent à cette science un tel degré de perfection, que les savants purent par là consigner les faits historiques, les lois et les décrets, de manière qu'ils transmettaient à la postérité les événements principaux de l'empire et que les quippus devenaient de véritables chroniques. Les registres des impôts, l'immatriculation des populations, en tant que tributaires, anciens, invalides, femmes et enfants ; l'état des armées, des soldats, des officiers et de leur grade; les inventaires de provisions de blé, de maïs, d'armes, de souliers et de vêtements dans les magasins de l'État; l'inscription des morts et des naissances; tout cela fut transmis par les quippus avec une admirable exactitude. Toute localité un peu importante avait un officier appelé *quippu camayos*[1], souvent plusieurs, pour établir et expliquer ces documents. Mais quelle que fût leur habileté, chaque fois qu'un quippu venait d'une province éloignée, il fallait un commentaire verbal, établissant le sujet dont il était question, soit tribut, soit matricule de population, etc.

« Pour indiquer les événements survenus dans leur district, ces officiers faisaient certaines marques à l'extrémité du fil mère, marques connues d'eux seuls, et ils conservaient toujours les quippus de même nature réunis dans des sortes de coffres, afin de n'être pas exposés à prendre un quippu militaire pour un quippu d'impôt[2].

« Aujourd'hui même, dit encore Rivero, dans les *punas* du Pérou, on compte à l'aide de quippus. Il en est de même dans certaines fermes et *estancias* de troupeaux. Au premier rameau, les bergers mettent ordinairement les taureaux; au second, les vaches laitières; au troisième, les vaches stériles; enfin les veaux par âge et par sexe. Les autres rameaux comprennent la liste des bêtes à laine, avec leurs subdivisions, le nombre des renards tués, la dépense de sel et le détail des pertes.

« Les nombreux essais tentés de nos jours pour expliquer les quippus ont été inutiles, tant la tâche est difficile. En effet chaque nœud représente une idée, tandis qu'il manque les idées intermédiaires. Il y a un autre obstacle plus sérieux pour interpréter les quippus trouvés dans les *huacas*; c'est le défaut de commentaire verbal pour mettre au fait du document, ce qui nécessitait l'intervention du plus habile *quippu camayos*. Nous savons qu'il existe, encore de nos jours, dans les provinces méridionales du Pérou, un certain nombre d'Indiens habiles à déchiffrer ces titres entrelacés; mais ils gardent leur science comme un religieux secret qu'ils tiennent de leurs aïeux[3]... »

Je n'ai presque rien à ajouter à ce paragraphe dont la lecture fournit à ma figure n° 168 un commentaire fort complet.

Il me suffira de dire que le quippu qu'elle représente, découvert à Ancon par M. le docteur Macedo et

---

1. On trouvera des détails curieux sur ces *quipocamayos* dans la vieille relation espagnole que vient de publier D. M. J. de La Espada sous ce titre : *Un antigualla peruana*. Madrid, 1892, or. in-8°.

2. On peut voir dans le volume IV de Kingsborough la représentation d'un de ces coffres.

3. *Trad. fr. cit.*, p. 94-95.

offert généreusement par cet habile archéologue au Musée du Trocadéro, se compose de quatre paquets de cordelettes assez régulièrement espacées, teintes de blanc, de gris, de brun marron ou de bleu, ou tressées de deux de ces couleurs. La plus grande partie de ces cordelettes sont simples, avec un ou plusieurs nœuds systématiquement espacés, mais il en est un certain nombre qui portent de petites cordes secondaires attachées à certaines hauteurs, et deviennent ainsi, en s'éloignant de la corde principale, doubles, triples, etc.

Le premier paquet est de treize cordelettes, dont deux simples, six doubles, cinq triples; le deuxième en a dix-neuf, dix-huit simples et une double; le troisième en possède quinze, dont deux doubles et une triple; enfin le quatrième et dernier paquet en montre seulement huit, dont une est de six brins à son extrémité, quatre en comptant deux, et trois restant simples. En résumé, sur cinquante-cinq appendices, trente-cinq sont simples, treize doubles, six triples et un sextuple.

On pourra comparer cette curieuse pièce à celle du *Museum für Völkerkunde* de Berlin publiée en 1888, par l'*Archiv für Post und Telegraphie*[1], ou encore à cette autre, beaucoup plus simple, que le Musée du Trocadéro a reçue du professeur E. H. Giglioli, de Florence, qui l'avait trouvée aussi à Ancon[2].

On pourra aussi comparer notre *quippu* aux objets similaires d'origine inconnue, figurés par Aglio et par M. Berger; — ces objets qui ne sont pas péruviens, appartiennent toutefois à une civilisation fort analogue à celle de l'ancien Pérou.

On pourra enfin établir un rapprochement intéressant entre le *quippu* et le *chimpu*, corde numérique relativement simple, encore usitée en quelques parties reculés du Pérou et de la Bolivie[3].

N° 169

BALANCES ET POIDS DU PÉROU

C'est Joseph Dombey qui a, le premier, constaté l'existence de la balance à fléaux égaux chez les anciens peuples du Pérou. La pièce qu'il a découverte se voit tout au centre du panneau droit de la planche LV; c'est une planchette de bois (n° 4003), large de 0^m,105, haute de 0^m,026, découpée à jour; de petits quadrupèdes à longues oreilles, d'espèce indéterminable, marchent en deux files à la rencontre les uns des autres. Une mince cloison qui correspond à l'axe de la planchette sépare les deux groupes et est transpercée d'un trou vertical; les angles inférieurs sont aussi perforés mais obliquement et l'ensemble représente le fléau de la balance rustique que l'on tient encore suspendue à la main dans certains marchés reculés.

Depuis Dombey, bien d'autres archéologues, tels qu'Angrand[4] et Cessac, MM. Wiener et Th. Ber ont exhumé aussi des fléaux de balance, en bois, en os, etc., encore munis des cordes de suspension qui en précisaient l'emploi, et L. de Cessac a même été assez heureux pour trouver à Ancon une petite balance dont le fléau de bois était muni de son attache et dont les plateaux de cuivre (diam. 0^m,07) en partie conservés et bien reconnaissables étaient encore soutenus par leurs trois cordes (n° 8634)[5].

J'ai fait représenter, sous le n° 169, outre la balance de Cessac qu'on voit au centre du panneau, six autres fléaux. Ceux-ci sont unis, et ceux-là gravés, mesurant les uns ou les autres de 0^m,10 à 0^m,13. Les fléaux unis sont en bois (n° 609) ou en os (n° 11595); les fléaux gravés sont tous en bois dur. On y voit figurés des têtes humaines découpées en hexagones réguliers, des singes affrontés, des grecques, etc. Les cordes de suspension sont simples ou tressées, et parfois de couleurs alternées, vertes et jaunes par exemple.

On peut voir en outre dans cette même planche, symétriquement disposés, deux petits parallélogrammes de pierre polie, l'un en basalte vert clair, l'autre en jaspe rubanné, que l'on suppose avoir servi de poids aux balances péruviennes[6]. Ils mesurent l'un 0^m,046 sur 0^m,040 et 0^m,012; l'autre 0^m,050 sur 0^m,052 et 0^m,028 et pèsent exactement 80 et 110 grammes.

1. Cette figure se trouve à la fin d'un article publié par l'*Archiv für Post.* en septembre 1888, et intitulé : *Das altperuanische Reich und sein Verkehrswesen.* — Le quippu du *Museum für Völkerkunde* qui faisait partie de la collection acquise au D' Macedo par cet établissement est fait de deux paquets largement séparés, le premier subdivisé en quatre, le second en sept paquets secondaires qui comptent de huit à vingt cordelettes chargées de nœuds dont un grand nombre s'attachent à la même distance de ce que Rivero nommait le *fil principal*. L'examen de la phototypie montre qu'il peut y avoir jusqu'à cinq nœuds sur une même cordelette.

2. M. Berger en a publié un bon dessin dans le premier chapitre de son *Histoire de l'écriture dans l'Antiquité* (2e éd. Paris, Imp. nat., 1893, in-4°, p. 5). — C'est un assemblage de quinze cordelettes dont la septième, la huitième, la onzième et la douzième sont nouées une fois, la neuvième portant deux nœuds fort espacés.

3. Cf. E.-T. Hamy, *Le chimpu* (*La Nature*, 3 décembre 1892). — Le *chimpu* se compose essentiellement d'un certain nombre de cordelettes liées ensemble à une de leurs extrémités et le long desquelles peuvent glisser de petites boules transpercées. Les ficelles sont choisies de couleurs différentes et les boules sont empruntées à la coque de divers fruits. Ces boules peuvent être enfilées à la fois sur toutes les ficelles ou sur un certain nombre. Celles qui ne sont traversées qu'une fois représenteront des unités; deux fois ce seront les dizaines, etc. Les Indiens arrivaient ainsi à exprimer facilement des chiffres élevés.

4. Cf. *Notice des monuments exposés dans la salle des Antiquités américaines... au Musée du Louvre.* 2e éd., Paris, 1851, p. 112.

5. M. Ch. Wiener a figuré à la p. 656 de son livre, une curieuse balance provenant d'un tombeau d'Ancon dont les plateaux de métal sont remplacés par des anses de filets. Je n'ai pas retrouvé cette pièce, dont j'avais vu l'original chez le dessinateur Schmidt, dans la collection livrée par M. Wiener au Ministère de l'Instruction publique.

6. Cf. *Notice cit.*, p. 113.

168

QUIPPU PÉRUVIEN.

169

BALANCES ET POIDS DU PÉROU.

PLANCHE LVI

N° 170

CÉRAMIQUE DE L'ILE MARAJÓ

(BRÉSIL)

Tous les objets anciens de l'Amérique du Sud, qui viennent de passer sous les yeux du lecteur, provenaient des bords du Pacifique ou des hautes vallées creusées entre les chaînes parallèles de la Cordillière des Andes et habituellement désignées dans leur ensemble sous le nom d'*Entre-Sierras*.

C'est très exceptionnellement, en effet, que l'on a découvert sur le versant atlantique proprement dit de l'une et de l'autre Amériques, des vestiges de civilisations antérieures aux établissements européens[1]. Toutes les localités sud-américaines où l'on a signalé ainsi des trouvailles archéologiques intéressantes appartiennent d'ailleurs à une seule et même région, celle du Bas Amazone.

Ainsi les environs d'Obidos ont donné depuis un quart de siècle plusieurs curieux fétiches de pierre[2] et un grand nombre de poteries[3]. Les grottes de Maracà, sur la même rive gauche du fleuve, en face de l'île de Gurupa, explorées dès 1872 par M. Ferreira Penna, contenaient entre autres céramiques originales de grands vases anthropomorphes. Mais c'est surtout sous les collines artificielles ou *tymbatibi* de Pacoval et de Camutins, dans l'île de Marajó, vers l'embouchure du grand fleuve, que l'on a recueilli, sur la rive orientale du lac Arary, d'importantes collections d'antiquités.

La première de ces stations, signalée par MM. Barnard et O. Derby en 1870, a été d'abord fouillée par M. F. Penna et le professeur Steure de l'Université de Michigan. Celle de Camutins, à quelques lieues à l'ouest-sud-ouest de celle de Pacoval, près de la rivière Anajas, était explorée par M. Derby quelques années plus tard (1876-1877). L'une et l'autre ont été de nouveau examinées en 1880 par M. Ladislau Netto, qui leur a consacré une monographie volumineuse publiée en 1885 dans les *Archivos do Museu Nacional de Rio de Janeiro*[4].

L'auteur de cette étude[5] décrit longuement des statuettes en terre cuite (*aceraangua*)[6] d'aspect extrêmement varié, d'autres en pierre plus grossières, des haches polies (*igaçabs*), des *tembetas*, enfin des urnes ornées de dessins en relief ou de peintures compliquées, et dont les plus remarquables imitent grossièrement la forme humaine et sont parfois closes à l'aide d'une coupe renversée. D'autres récipients sont façonnés en timbales, en tasses, en gamelles, en calebasses, etc.[7], ornées aussi de peintures, ou de gravures imbriquées, dans lesquelles, à

---

1. Le versant atlantique de l'Amérique du Nord n'a point connu de nation vraiment civilisée au delà du Rio Bravo del Norte. C'est seulement, de la Huaxtèque au Darien, dans les parties plus resserrées du Centre Amérique que la civilisation se distribue à peu près également sur toute la surface du pays. Dès la Colombie, tout le courant civilisateur est de nouveau à l'ouest, sauf la dérivation peu importante de l'Amazone qui descend à Marajó, en passant par Obidos et Gurupa.

2. Cf. Barboza-Rodriguez, *Idolo Amazonico achado no Rio Amazonas* (*Jornal do Commercio*, 19 Agost. de 1875, Rio Janeiro, 1825, br. in-8°).—R. Andree, *Ein Idol von Amazonenstrom* (*Anthrop. Geselssch. in Wien.* Bd IX. nr. 9-10 taf. V, 1879). — Fischer, *Referate* in *Archiv für Anthrop.* Bd XIV, s. 438-443, 1882.— J. Verissimo, *Idoles de l'Amazone* (Extr. des *Annales du Musée Guimet*, t. X). Lyon, 1884, br. in-4°, 2 pl. — P. de l'Isle du Dreneuc. *Nouvelles découvertes d'idoles de l'Amazone*, Paris, 1889, br. in-4°, 2 pl.

3. Le Musée de Nantes en possède une nombreuse collection.

4. L. Netto, *Investigações sobre a archeologia brazileira* (*Arch. do Mus. Nac.*, vol. VI, 1885).

5. Je ne veux ici parler que de la partie purement descriptive du mémoire de M. L. Netto. sans entrer dans le détail des querelles violentes que ce travail a soulevées (Cf. Ferraz de Macedo, *Ethnogénie brésilienne. Essai critique sur les âges préhistorique du Brésil et l'autochthonie polygéniste...*, trad. fr. de Gérard. Lisbonne, Imp. Roy., 1886 1 vol. in-8°).—Id., ibid., 2ᵉ éd., trad. fr. de Courtois. Lisbonne, Imp. Roy., 1887, 1 vol. in-8°. — Ladislau Netto, *Quelques vérités sur un diffamateur*, Paris, 1889, br. in-8°). Je ne crois pas, du reste, qu'il y ait lieu de tenir aucun compte des rapprochements fantaisistes que M. L. Netto a cherché à établir entre ce qu'il appelle les *caractères figuratifs symboliques* des céramiques de Marajó et les hiéroglyphes égyptiens, mexicains, etc.

6. J'emprunte ce terme indigène et ceux qui suivent à la nomenclature employée par M. de Rio Branco dans la monographie qui fait partie de l'ouvrage sur le Brésil publiée par le syndicat franco-brésilien sous la direction de M. Levasseur, membre de l'Institut, à l'occasion de l'Exposition de 1889 (Paris, 1889, br. in-4°, p. 20).

7. Une catégorie tout à fait curieuse de ces terres cuites est celle des *Tangas* ou *babals*. La *tanga* est une sorte de cache-pudeur de terre peinte, en forme de triangle à côtés supérieurs convexes, à côtés inférieurs concaves, percé de trous aux angles et destiné à s'adapter fort exactement au bas du ventre (cf. C. Fr. Hatt, *Nota sobre algumas tangas de barro cosido dos antigos indigenas da ilha de Marajó* (*Ibid.*, vol. I. p. 21-25, est. III-V, 1876).—Cf. L. Netto, *op. cit.*, *ibid.*, vol. VI, p. 433-439). M. de Rio Branco désigne ces appareils sous les noms de *tambeúo tamatiâtang* ou *tamatiâ açoyaba* (*loc. cit.*, p. 21).

force de rapprochements et de comparaisons, on finit par reconnaître certains motifs ornementaux, dont celui qui représente un visage est le plus apparent.

Le lecteur pourra se rendre compte de l'aspect de la décoration propre aux céramistes de Marajó, en examinant sur la planche LVI ci-jointe la reproduction de l'une des plus remarquables pièces qui aient été trouvées dans le *tymbatibi* de Pacoval.

Ce vase, d'une terre mal cuite, façonné en forme de jatte à gros bords est au Musée d'Ethnographie depuis 1889; nous le devons à la générosité de M. S. Verissimo, du Para (Cat. n° 31331). Il mesure o^m,29 de hauteur et o^m,43 de diamètre maximum. Son décor est essentiellement composé de baguettes plates, étroites, de o^m,005, recoupées en deux par un trait. Ces baguettes forment par leurs méandres des figures en relief, dont les intervalles ont été champlevés à petits coups transversaux sur la terre encore molle. Les motifs où l'on croit distinguer entre autres des feuilles, des crochets et des grecques, la lance, la flèche, etc., se répètent symétriquement en se renversant. Les deux plans dont se compose le vase sont séparés par un large galon; les barrettes inférieures sont beaucoup plus larges et recoupées deux et trois fois, elles encadrent des ovales ornés de croisettes.

En avant du vase, un bouton fait saillie et, de chaque côté, des oreilles ornées de même façon que la panse doublent l'épaisseur du bord sur une longueur de o^m,17.

Le Musée du Trocadéro possède un autre vase incomplet du Marajó, offert par L. Netto, à la suite de l'Exposition Universelle de 1889 (Cat., n° 31819). Le diamètre de cette seconde pièce est de o^m,35 et la hauteur de la paroi conservée en atteint o^m,28. Elle est en forme de marmite, engobée d'un rouge cru, et champlevée *après cuisson* avec un instrument acéré, tel que serait un éclat de coquille. Le décor à renversements symétriques, est surtout formé de barrettes plates, coupées d'un trait médian, et renfermant dans leurs replis géométriques des figures inexpliquées ou l'on a cherché sans succès d'ailleurs à reconnaître des signes hiéroglyphiques.

De gros bourrelets en relief, demi-ronds, constituent dans leur ensemble une sorte de monstre, formé de deux corps de singes opposés, fusionnés vers le milieu du tronc et armés l'un et l'autre de gigantesques pattes coudées à angle droit et terminées par un épais trident[1]. Au-dessus de chacune des têtes se dresse un long cylindre que supporte un gros bouton fermé. Cette figure se répète symétriquement de l'autre côté du vase, et à droite et à gauche se dessinent deux autres décors de même épaisseur et de même saillie, qui forment une sorte d'H majuscule à double jambage en crosse.

Un troisième vase du Marajó nous est aussi resté à la suite de l'Exposition de 1889. Cette grosse marmite (diam. o^m,30) avait été sciée horizontalement, de façon à montrer les ossements d'un adulte vus en coupe dans la terre durcie. En même temps que s'accentuait ainsi le caractère funéraire du récipient, la tranche compacte grisâtre au centre, rosée sur les bords, témoignait d'une supériorité considérable de fabrication. Un décor simple, au trait, répète six fois sur la panse ses volutes incomplètes, bordées des deux côtés d'escaliers à rayures verticales[2].

---

1. Cf. L. Netto, *op. cit.*, p. 351-352, etc., est. I-II.

2. On peut rapprocher de ces trois types de céramiques de l'île Marajó divers débris de poterie ancienne trouvés à Manaos par M. J. d'Antonay et déposés par ce zélé correspondant dans les vitrines brésiliennes du Musée du Trocadéro. Ce sont les bords de deux vases à oreilles plates décorés de grecques en creux : une coupe ornée aussi de grecques, enlevées à l'ébauchoir, sur la terre encore molle; un cachet à décor en relief à double trait, etc

CÉRAMIQUE DE L'ILE MARAJO.

BRÉSIL.

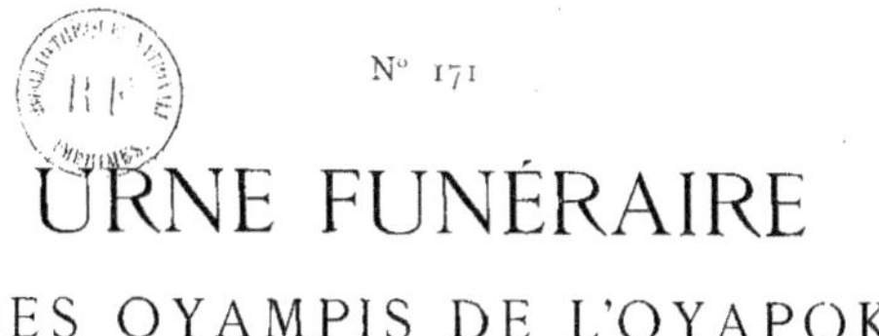

N° 171

URNE FUNÉRAIRE
DES OYAMPIS DE L'OYAPOK

Une grande partie des peuples de race guarani avaient l'habitude d'ensevelir leurs morts dans de grandes urnes en terre cuite. Leurs potiers parvenaient même à confectionner parfois des récipients funéraires assez vastes pour y loger, dans une attitude accroupie, un corps desséché tout entier[1].

Mais les tribus du nord, celles des Guyanes et de l'Orénoque en particulier, se contentaient d'enfermer dans des urnes bien moins volumineuses les restes de leurs morts réduits au préalable à l'état de squelettes désarticulés.

Les Indiens Oyampis, par exemple, qui vivent sur les bords du Haut-Oyapok, commencent par enterrer le corps « dans un trou très profond, mais n'ayant pas plus d'un mètre de largeur. Le cadavre est placé verticalement, les jambes, les bras et la tête fléchis comme le fœtus dans le sein maternel.

« Quelquefois ils le laissent se décomposer dans le bois et ce n'est qu'au bout d'une année qu'ils ensevelissent les os dans un grand pot d'argile[2]. »

Mgr Emonet, préfet apostolique de la Guyane française, a découvert, dans un de ses voyages sur l'Oyapok, un de ces vases fort bien conservés, qu'il a fait remettre au Musée par le regretté Crevaux[3]. La planche LVII représente à l'échelle de $\frac{6}{10}$ environ cette sépulture bien caractéristique.

Le vase principal, qui contient les ossements, mesure 0^m,40 de hauteur et 0^m,365 de diamètre maximum. Il est pétri d'une terre rougeâtre, montée sans l'aide du tour et assez grossière; on n'y voit aucune trace d'ornementation.

La base est tronc-conique et la panse se renfle, puis se rétrécit, de manière à se réduire à 0^m,215 au niveau de l'ouverture. Le haut de la pièce prend la forme d'un chapeau, grâce à un rebord assez mince qui fait saillie à 0^m,05 au-dessous de l'orifice.

On ne voit pas ces derniers détails dans la planche où le vase est représenté, tel qu'il a été rencontré, couvert d'une grande écuelle renversée, en terre lisse et rougeâtre, mesurant 0^m,35 de diamètre et 0^m,17 de hauteur[4]. Cette dernière pièce offre des analogies qui ne sont pas sans intérêt avec certains objets de l'Amazone et de l'Orénoque.

On remarque, par exemple, dans la collection recueillie par Crevaux chez les Ticunas du Rio-Javari une écuelle (Cat., n° 31744) de 0^m,28 de large et de 0^m,15 de profondeur, dont la matière et la forme rappellent celles du couvercle de la sépulture oyampi. Toutefois la cuisson de cette pièce se montre irrégulière; la pâte est d'un rouge gris, plus soignée à l'intérieur, et le bord est relevé par des coups frappés de distance en distance sur la terre encore fraîche et formant une série de petits bourrelets.

Les écuelles rapportées par M. Chaffanjon du pays des Bares ont aussi la même forme (Cat., n°s 31734, 31735), mais la terre est encore plus mal cuite. L'extérieur est brunâtre, l'intérieur engobé de blanc porte un décor brun formant grecque. Quelques-unes de ces céramiques des sauvages de l'intérieur s'agencent du reste à peu près de même que l'urne et le couvercle de Mgr Emonet. On trouve ainsi des écuelles en forme

---

1. Debret, *Voyage pittoresque au Brésil*, t. II. Paris, 1820, in-f°.

2. J. Crevaux, *Voyages dans l'Amérique du Sud. De Cayenne aux Andes*. Paris, 1883, in-4°, p. 157-158. · — Les Roucouyennes brûlent les morts, et ce sont les cendres qu'ils recueillent dans un vase en terre qu'ils ensevelissent beaucoup plus tard (Id., *ibid.*, p. 121).

3. Id., *ibid.*, p. 158. — On en peut voir la figure, à très petite échelle, à la page 144 du même ouvrage. Le couvercle est posé par terre à droite de l'urne, qu'il servait à clore.

4. Le vase et le couvercle, posés l'un sur l'autre, atteignent ensemble 0^m,45 d'élévation.

de calottes, recouvrant de grands vases, qui n'ont pas habituellement le caractère mortuaire, mais pourraient être aisément transformés en récipients funèbres. Un grand vase à panse élargie et à fond tronc-conique, engobé de blanc et décoré de lignes brunes, est ainsi obturé par une calotte décorée dans la même gamme que le vase auquel elle sert de couvercle.

Tous ces récipients en terre, d'un travail fort médiocre, ont été exécutés suivant les procédés que l'on a pu suivre en 1882 chez les Galibis du Jardin d'Acclimatation.

La terre, après avoir été nettoyée et roulée en boudin, est montée en spirale et lissée avec une spatule, faite d'un morceau de calebasse, tantôt uni, tantôt finement denticulé. Le fond est fait d'une seule pièce et raccordé à la spatule avec les bords; la bouche est aussi montée à l'aide des doigts et raclée doucement.

On engobe avec une préparation colorée rouge, blanche, etc., et on donne le lustre ; on finit par cuire, toujours insuffisamment, la vaisselle ainsi confectionnée.

Le Musée d'Ethnographie a reçu de M. le Dr Capitan toute la série des pièces de démonstration se rapportant à cette industrie élémentaire.[1]

1. Cf. L. Capitan, *Sur les procédés qu'emploient les Galibis pour la fabrication de la poterie* (Bull. Soc. d'Anthrop., 3ᵉ sér., t. V, p. 649-651. 1882).

171

URNE FUNÉRAIRE

DES OYAMPIS DE L'OYAPOK.

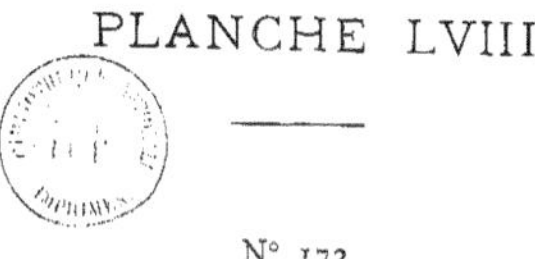

PLANCHE LVIII

N° 172

URNE FUNÉRAIRE DES ATURES
DES RAUDALS DE L'ORÉNOQUE

Humboldt a le premier parlé des grottes funéraires du *raudal* des Atures, sur le cours moyen de l'Orénoque. Il n'a d'ailleurs visité que celle d'Ataruipe [1], où se trouvaient associées des sépultures d'origines fort diverses.

Crevaux et Lejanne ont, bien des années après Humboldt et Bonpland, exploré de nouveau plus longuement les *cuevas* des anciens Atures et, plus heureux que leurs illustres devanciers, ils ont pu rapporter en Europe des collections bien caractéristiques. Ils ont notamment fouillé dans l'île de Cucurital « une grotte naturelle très basse, formée par des entassements d'énormes rochers. » Ils y ont trouvé un grand nombre de poteries, dont chacune contenait « les restes d'un Indien [2] » et ont bien pris soin de distinguer ces sépultures plus anciennes attribuées aux Atures des *catoumares* ou nattes en feuilles de palmier provenant évidemment des Guahibos actuels.

La plupart des poteries funéraires, recueillies ainsi par les voyageurs soit dans les grottes, soit sur les bords taillés à pic de la colline qui borde le *raudal*, sont de véritables urnes, à fond convexe, graduellement rétrécies vers le haut et surmontées d'un couvercle, sorte de calotte hémisphérique, dont une statuette de singe, marchant à quatre pattes, forme la poignée.

D'autres urnes, beaucoup plus rares, s'évasent quelque peu en se terminant vers le haut et sont munies de petites anses verticales, attachées un peu au-dessous de l'orifice.

M. V. Marcano et ses compagnons de la mission venezuelienne ont visité à leur tour les *raudals* de l'Orénoque et dépouillé notamment le vaste ossuaire d'Ipi-Iboto sur la rive gauche du fleuve [3].

Enfin, M. J. Chaffanjon [4] a recueilli pour le Musée d'Ethnographie des pièces intéressantes dans la *spelonque* d'Arvina, dans l'île Cucurital, déjà fouillée par Crevaux et dans la caverne dite Cerro de los Muertos, à 3 kilomètres en amont d'Atures. C'est de sa précieuse collection (n° 16734) que j'ai tiré la grande urne décorée, représentée à l'échelle de $\frac{23}{40}$ dans ma planche LVIII. Haute de 0^m,40 et large vers le bas d'environ 0,^{m}39, elle se rétrécit graduellement jusqu'à se réduire à 0^m,165 de diamètre au niveau de l'entrée.

---

1. « C'est moins, dit Humboldt, une caverne qu'un rocher saillant, dans lequel les eaux ont creusé un vaste enfoncement lorsque, dans les anciennes révolutions de notre planète, elles atteignoient à cette hauteur. Dans ce tombeau de toute une peuplade éteinte, continue le célèbre voyageur, nous comptâmes en peu de temps près de six cents squelettes bien conservés et disposés si régulièrement qu'il auroit été difficile de se tromper sur leur nombre. Chaque squelette repose dans une espèce de corbeille faite avec des pétioles de palmier. Ces corbeilles que les indigènes appellent *mapires*, ont la forme d'un sac carré. Leur grandeur est proportionnée à l'âge des morts : il y en a même pour des enfans moissonnés à l'instant de leur naissance. Nous en avons vu de 10 pouces à 5 pieds 4 pouces de longueur. Tous ces squelettes repliés sur eux-mêmes sont si entiers qu'il n'y manque ni une côte ni une phalange. Les os ont été préparés de trois manières différentes, ou blanchis à l'air et au soleil, ou teints en rouge avec de l'*onoto*, matière colorante tirée du *Bixa orellana*; ou, comme de véritables momies, enduits de résines odorantes et enveloppés de feuilles d'*heliconia* et de bananier. Les Indiens nous racontoient que l'on met le cadavre frais dans la terre humide, afin que les chairs se consument peu à peu. Après l'espace de quelques mois, on le retire, et, avec des pierres aiguisées, on racle la chair restée sur les os. Plusieurs hordes de la Guyane suivent encore cette coutume. Près des *mapires* ou paniers, on trouve des vases d'une argile à moitié cuite : ils paroissent contenir les os d'une même famille. Les plus grands de ces vases ou urnes funéraires ont 3 pieds de haut et 4 pieds 3 pouces de long. Ils sont d'une couleur gris-verdâtre et d'une forme ovale assez agréable à l'œil. Les anses sont faites en forme de crocodiles ou de serpens ; le bord est entouré de méandres, de labyrinthes et de vraies grecques à lignes droites diversement combinées... Nous ne pûmes acquérir aucune idée précise sur l'époque à laquelle remonte l'origine des *mapires* et des vases peints que renferme la caverne ossuaire d'Ataruipe. La plupart ne paraissent pas avoir au delà d'un siècle. Il circule une tradition parmi les Indiens Guahibes, d'après laquelle les belliqueux Aturès, poursuivis par les Caribes, se sont sauvés sur les rochers qui s'élèvent au milieu des Grandes Cataractes. C'est là que cette nation, jadis si nombreuse, s'éteignit peu à peu ainsi que son langage » (A. de Humboldt, *Voyage aux régions équinoxiales du Nouveau Continent*. Paris, 1824, t. VIII, p. 263-266. — Cf. *Ibid.*, t. VII, *pass.* et *Considérations sur la cataracte de l'Orénoque* (A. de Humboldt, *Tableaux de la nature*. Paris, 1828, in-8°, t. I, *in fine*).

2. J. Crevaux, *A travers la Nouvelle-Grenade et le Venezuela* (*Voyage dans l'Amérique du Sud*. éd. cit., p. 56, 563).

3. Cf. G. Marcano, *Ethnographie précolombienne du Vénézuéla. Région des raudals de l'Orénoque* (*Mém. Soc. d'Anthrop. de Paris*, 2, sér., t. IV, p. 126 et suiv., 1890).

4. J. Chaffanjon, *L'Orénoque et le Caura*. Paris, 1889, in-12, p. 183. — On trouve dans cette partie du récit de M. Chaffanjon de nombreux et curieux détails sur les mœurs funéraires des anciens Indiens Imos et des Guahibos actuels.

Le bord est partout creusé de petites cavités égales, régulièrement espacées ; deux trous sont largement percés pour la ficelle qui attache le couvercle au vase, et une espèce de grecque irrégulière ornée de points, court tout autour de l'orifice, entre deux lignes à peu près parallèles.

Un couvercle en forme de calotte, de 0ᵐ,19 de diamètre, est surmonté d'un singe marchant, très grossièrement modelé, long de 0ᵐ,10, haut d'un peu plus de 0ᵐ,05, qu'on prendrait facilement pour un sajou cornu (*Cebus fatuellus*).

On sait que le singe joue un rôle décoratif important dans toute la céramique du nord de l'Amérique méridionale, et que c'est notamment sa tête qui forme le principal décor des anciennes terres cuites des Antilles [1].

L'intérieur du vase de la collection Chaffanjon contenait encore des débris d'un squelette humain. C'est, en effet, Humboldt le savait déjà, le résidu qui subsiste après de longs mois d'attente que les anciens Indiens de l'Orénoque confiaient aux vases funéraires, dont il est ici question. Le dépôt des os des morts dans l'urne n'était, on l'a vu plus haut, que la phase ultime de funérailles, fort compliquées et fort longues, qui avaient commencé, par une véritable inhumation.

[1]. La plus remarquable de ces petites figures est sans aucun doute celle que Crevaux a découverte le 11 décembre 1881 dans le sac d'un de ses pagayeurs Piapocos sur les rives du Goyabero.

C'était, nous dit le regretté voyageur, « une petite statuette en terre figurant assez bien une tête de singe avec une partie de son buste. » — « Maminaïmi ! » répondit l'Indien, interrogé à propos de la terre cuite dont il était possesseur.

Il avait trouvé cette pièce sur une plage voisine fréquentée par les Maminaïmis. « Les Maminaïmis, ajoute Crevaux, sont les *diables d'eau*. Ils ont la taille d'un petit enfant et le type de la race nègre. Ils vivent le jour au fond de l'eau ; la nuit, ils se promènent, poussant des cris de jeunes enfants. Nos Indiens les ont entendus et en ont éprouvé une belle peur. Tous les Indiens Piapocos croient aux Maminaïmis » (J. Crevaux, *A travers la Nouvelle-Grenade et le Venezuela, Voyages dans l'Amérique du Sud*. Paris, 1883, in-4°. p. 525).

Acquise par Crevaux de l'Indien qui l'avait découverte, la terre cuite de Goyabero, fabriquée par un *diable de l'eau*, est maintenant au Musée d'Ethnographie sous le n° 5037. Ce n'est point une statuette, comme Crevaux l'avait pensé, mais bien une applique en haut relief, haute de deux centimètres et demi, large de près de quatre, qui décorait jadis le bord d'une assiette en terre cuite. Une tête de singe, assez fidèlement reproduite dans ses caractères essentiels, surmonte une portion de buste grossièrement modelée ; les membres supérieurs contournés en arc de cercle et séparés du tronc par un trou assez large, de manière à former deux petites anses en arrière et sur les côtés de la tête, sont terminés par des mains à peine indiquées, où trois rainures dessinent vaguement les doigts de l'animal. La face a la forme d'un triangle équilatéral dont les angles seraient émoussés ; les yeux sont formés de deux petites pastilles appliquées sur la pièce et percées d'un trou central ; le nez à peine ébauché est perforé de deux trous, aussi largement espacés qu'il convient à un singe du type catarrhinien ; enfin la bouche entr'ouverte est largement fendue.

Au dessous du col que le Piapoco, possesseur de cette relique des anciens jours, avait entouré d'une ficelle tournée un grand nombre de fois, commence le bord de l'assiette auquel s'attachent les pattes du petit animal, et dont il n'existe, du reste, qu'un fragment de 0ᵐ,012 sur 0ᵐ,038 de large. La cassure, ancienne et peut-être régularisée après la trouvaille de l'objet par son propriétaire indien, montre une terre d'un gris noirâtre, bien cuite, homogène et résistante, la surface en est rougeâtre, tachée de noir par places et presque partout brillante.

J'ai montré ailleurs (E.-T. Hamy, *Decades Americanæ*, III, p. 24 et suiv. Cf. *Revue d'Ethnogr.*, t. III, p. 150-154, 1887) l'intérêt de la découverte sur le cours du Goyabero, affluent du Haut-Orénoque, d'un objet tout semblable à ceux que MM. Salet et Alph. Pinart nous ont rapportés de Haïti et de Porto-Rico.

C'est un document de plus à ajouter à ceux que l'on possédait déjà sur les relations commerciales anciennes des îles et du plateau par la route de l'Orénoque.

VASE FUNÉRAIRE DES ATURES, DES RAUDALS

DE L'ORÉNOQUE.

N° 173

COSTUME DE FÊTE
D'UN CHEF CORÉGUAJE

Les tribus indiennes de la grande famille Tupi-Guarani se recommandent particulièrement à l'attention des ethnographes par la richesse originale et l'admirable éclat des parures qu'ils empruntent aux oiseaux de leurs forêts. Les livres de voyages au Brésil ou dans les Guyanes, depuis Jean Mocquet jusqu'à Ehrenreich, sont pleins de portraits de sauvages ornés de panaches, de pectoraux, de tabliers, de jambières, de brassards ainsi façonnés avec magnificence, et l'*arte plumaria* (dont Ferdinand Denis a été l'historien), presque disparu du Pérou et de l'Équateur, conserve encore aujourd'hui dans les vallées orientales et septentrionales de fervents admirateurs.

Les Roucouyennes des monts Tumuc-Humac, les Mundurucus du haut Tapajos, les Pariquis du Rio Negro, les Ticunas, les Karayas, les Tupinambas se distinguent entre tous par l'éclat et la variété de leurs ornements[1].

Le Musée d'Ethnographie possède une belle collection ancienne de parures de plumes de la Guyane, et bon nombre de pièces de même nature recueillies chez les Indiens modernes de l'Amazone et de l'Orénoque. J'ai choisi, pour la représenter de préférence, une élégante statue, exécutée avec un très grand soin par M. J. Hébert, inspecteur du Musée, et montrant en pied le jeune chef d'une ces tribus peu connues du pied des Andes, que les ethnographes désignent collectivement sous le nom de Carijonas. La tribu que commande ce chef indien est celle des Coréguajes, et parcourt quelques rivières, affluents supérieurs de l'Ica et du Yapura. Les analogies saisissantes qu'a signalées Crevaux entre ces Indiens du pied des Andes et les Roucouyennes de la Haute-Guyane se retrouvent dans le goût tout particulier que partagent ces deux groupes d'une même nation, aujourd'hui largement séparés l'un de l'autre, pour les *parures ornithologiques*.

Crevaux, qui a visité les Coréguajes en juin 1879[2], n'a dit que quelques mots de leur ethnographie, mais il avait rapporté au Trocadéro un costume complet qui a servi à Riou à les mettre en scène, et a donné à M. Hébert les matériaux décoratifs de la statue reproduite dans la planche LIX.

Le chef qu'elle représente est coiffé d'une couronne de plumes d'un travail fort curieux, que je vais d'abord décrire avec quelques détails. Cette coiffure consiste essentiellement en une bande d'écorce cylindrique de 0^m,08 de haut, dont les extrémités superposées sont cousues avec de la ficelle, et qui est revêtue d'une brillante mosaïque de plumes formée de deux rangées circulaires montées de gauche à droite à l'aide d'une résine noire. La rangée du bas est composée de plumes alternativement blanches et bleues, séparées de deux en deux par une plumule perpendiculaire rouge. La rangée du haut est faite de plumes jaunes et noires, et des plumules rouges, bleues et fauves s'insèrent perpendiculairement à son bord supérieur. D'autres petites plumes blanches bordent intérieurement l'écorce et une touffe en éventail de couleurs variées, grise et blanche, jaune, verte, rouge, surmonte le tout, terminée elle-même par trois plumets bleus maintenus dans trois tuyaux de plume.

De petits bâtons garnis d'une touffe blanche et de plumes bleues, rouges et jaunes percent les lobules des oreilles : un court bâtonnet plus large traverse la sous-cloison, deux griffes de jaguar sont plantées en manière

---

1. Voy. en particulier les pl. IX, X, XII et XII^a du mémoire de M. Ehrenreich, *Beiträge zur Völkerkunde Brasiliens (Veröffentlichungen aus dem königlichen Museum für Völkerkunde*, II Bd. 1, 2. Hf. Berlin, 1891, in-4°).
2. J. Crevaux, *Voyages dans l'Amérique du Sud. De Cayenne aux Andes*. Paris, 1883, in 4°. p 362.

de moustaches retroussées dans la lèvre supérieure et la griffe d'un grand oiseau de proie, enfoncée dans le creux sus-mentonnier, dessine une sorte d'impériale.

Au cou s'attache un collier formé de vingt-sept pièces, dents et griffes de jaguar, d'oiseaux de proie, etc., isolées par des perles cylindriques de verre de couleur, rouges, bleues et noires. Une amulette en coquille étroite et allongée est suspendue au milieu du collier.

Des bandeaux de plumes brillantes contournent le haut du bras et de la jambe. Les plumes placées deux par deux, bleues, roses, blanches, jaunes, etc., sont montées sur deux galons de coton tissés blanc et brun, et cette monture est cachée par un rang de plumules jaunes et rouges collées avec de la résine.

Un superbe jupon de plumes, qui mesure o^m,43 de hauteur, est attaché à la taille. Cette pièce qui se compose de deux demi-jupons, l'un antérieur et l'autre postérieur, attachés sur les côtés, est formée par la superposition de quatre rangées de grandes plumes montées la pointe en bas sur des cordes en fibres de palmier. Les rangées se superposent pour cacher les attaches et vont en diminuant de hauteur, de telle sorte que l'inférieure mesurant o^m,17, la supérieure n'en atteint que o^m,105 ou environ. Les rangées alternent d'ailleurs par groupes de même couleur, et forment ainsi une espèce de damier. La première rangée comprend seulement des plumes blanches et bleues, la seconde est faite de plumes bleues, blanches et grises, la troisième et la quatrième ne comptent plus que des plumes noires et blanches. Enfin la base des grandes plumes est masquée par des plumules collées, vertes, jaunes ou orangées.

Le guerrier tient en mains un paquet de sept longues javelines polies, faites d'un bois brun fort souple, terminées par une pointe mince montée avec de la ficelle et enduite d'une résine vénéneuse. Elles sont isolément logées dans de petits étuis en feuilles groupés en une sorte de carquois conique, fait lui-même de feuilles de palmiers cousues et long de o^m,28.

On trouve des javelines et des carquois presque semblables, chez les Puinavis de l'Inirida et quelques autres tribus des mêmes régions.

COSTUME DE FÊTE

D'UN CHEF CORÉGUAJE DU RIO ICA.

N° 174

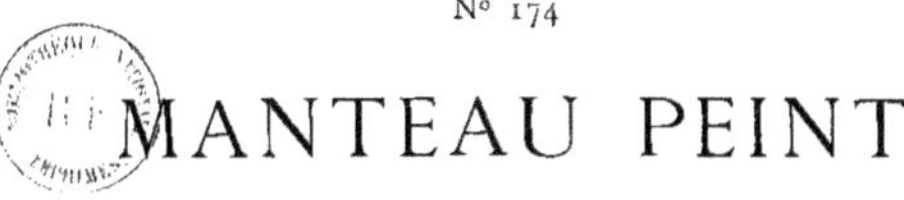

MANTEAU PEINT

DE CHEF PATAGON DE LA BAIE BOUCAULT

(XVIIIe SIÈCLE)

Le Patagon dessiné par Alcide d'Orbigny à l'entrée d'une tente, dans la planche de *Costumes* n° 1 de son grand *Atlas historique*[1], porte sur le dos une grande peau de guanaco, le poil tourné en dedans. Et toute la surface tannée qui est visible à l'extérieur estornée de dessins jaunes sur fond rouge représentant un réseau de bandelettes, tantôt plus étroites et tantôt plus larges, se succédant sous des angles divers, et formant dans l'ensemble une sorte de labyrinthe irrégulièrement géométrique.

La femme qui accompagne ce personnage a aussi jetée sur son dos une grande peau dont le poil est en dehors et dont la face profonde est également peinte en jaune et en rouge, mais présente en outre des traits noirs dans sa composition décorative[2].

Ces peaux peintes, que d'Orbigny avait ainsi sous les yeux, il y a cinquante ans[3], ne se rencontrent plus guère aujourd'hui.

Hutchinson qui a décrit, en 1869, une petite bande de Tehuelches du Chupat, vue à Buenos-Ayres, parle bien des manteaux en guanaco que ces sauvages portaient, le poil en dedans, mais il ne fait mention d'aucune peinture appliquée sur ces peaux[4].

Musters, qui a séjourné douze mois en Patagonie et traversé tout le pays du nord au sud, connaît le goût des Indiens pour les couleurs voyantes et notamment pour le rouge, dont ils se teignent le corps. Il parle longuement des manteaux « de six pieds carrés, faits en peau de guanaco jeune ou plutôt mort-né, *young or by preference unborn* », décrit les ceintures qui les fixent à la taille, etc., mais ne mentionne nulle part les ornements géométriques polychromes qu'avait figurés d'Orbigny[5].

Cette ornementation se montre avec ses allures bien spéciales sur la pièce que j'ai fait figurer sur la planche LX de mon album. C'est un vieux manteau, acheté par Bougainville à la baie Boucault, vers l'entrée orientale du détroit de Magellan le 8 décembre 1767[6] et qui a figuré dans les collections des Génovéfains jusqu'à la création du *Muséum des Antiquités* à la Bibliothèque nationale. Depuis 1881 cette relique ethnographique est au Trocadéro, où elle a été enregistrée sur le n° 104 de l'*Inventaire général*.

Ce manteau est irrégulièrement quadrilatère, fait de pièces assemblées par des coutures en surjet exécutées à l'aide de fils en tendons d'animaux. Il mesure 1^m,85 de longueur et 0^m,96 de largeur. Le fond est de la couleur du cuir, le décor géométrique cerné de noir est rouge, bleu et jaune, avec prédominance du rouge; c'est encore cette couleur qui forme exclusivement tout l'encadrement du dessin : c'était, nous dit Bougainville, la nuance favorite de ces sauvages. « Le rouge sembloit les charmer : aussitôt qu'ils appercevoient sur nous quelque chose de cette couleur, ils venoient..... Quelques-uns, ajoute-t-il, avoient les joues peintes en rouge... etc... »

1. A. d'Orbigny, *Voyage exécuté dans l'Amérique méridionale ... exécuté pendant les années 1826...1833. Atlas de la partie historique. Costumes*, pl. 1. Paris, Arthur Bertrand, 1846, in-4°.

2. Un troisième personnage vu de dos est vêtu de même, mais, comme il est au second plan et assez petit, l'ornementation de son manteau n'apparaît pas bien nette.

3. Voici, au surplus, ce qu'il en a dit dans l'*Homme américain* (t. II, p. 72): « Les femmes, avec une patience extrême, écorchent les animaux tués, en préparent les peaux, les assouplissent, les cousent ensemble quand elles sont petites, au moyen de tendons d'animaux, et en confectionnent ainsi principalement de grands manteaux, ornés de peintures, servant d'habillement aux deux sexes... »

4. Th. Hutchinson, *The Tehuelche Indians of Patagonia* (*Transact. of the Ethnol. Soc. of London*, vol. VII, p. 114, 1869).

5. Lieut. Musters. *On the Races of Patagonia* (*Journ. Anthrop. Institute*, vol. I, p. 196-197, 1872).

6. Bougainville, décrivant le costume de ces Patagons, parle d' « un grand manteau de peaux de guanaques ou de sourillos, attaché autour du corps avec une ceinture ; il descend jusqu'aux talons et ils laissent communément retomber en arrière la partie faite pour recouvrir les épaules... Nous échangeons quelques bagatelles précieuses à leurs yeux contre des peaux de guanaques et de vigognes » (*Voyage autour du monde par la frigate du roi La Boudeuse et la flûte L'Étoile, en 1766-1769*. Paris, 1771, in-4°, pp. 128 et 130).

174

PARTIE D'UN MANTEAU, EN PEAU PEINTE, D'UN CHEF PATAGON.

XVIIIe siècle.

TABLE DES MATIÈRES

ANGERS, IMPRIMERIE DE A. BURDIN, 4, RUE GARNIER